Grundlagen des Privatrechts

Fallorientierte Einführung

Von

Dr. jur. Christian Bernzen

und

Dr. jur. Frank Diedrich, MLE.

R. Oldenbourg Verlag München Wien

Die Deutsche Bibliothek - CIP-Einheitsaufnahme

Bernzen, Christian:
Grundlagen des Privatrechts : fallorientierte Einführung / von Christian Bernzen und Frank Diedrich. - München ; Wien : Oldenbourg, 1996
ISBN 3-486-23863-9
NE: Diedrich, Frank:

Gesamtherstellung: R. Oldenbourg Graphische Betriebe GmbH, München

ISBN 3-486-23863-9

Inhaltsverzeichnis

Abkürzungsverzeichnis

Abs.	Absatz
AbzG	Gesetz betreffend die Abzahlungsgeschäfte vom 16.05.1894 i.d.F. vom 03.12.1976 (BGBl. 1976 I, S. 3281)
AC	Appeals Cases (Fallsammlung)
ADHGB	Allgemeines Deutsches Handelsgesetzbuch vom 31. Mai 1861
AG	Aktiengesellschaft
AGB	Allgemeine Geschäftsbedingungen
AGBG	Gesetz zur Regelung des Rechts der Allgemeinen Geschäftsbedingungen vom 09.12.1976 (BGBl. 1976 I, S. 3317)
AktG	Aktiengesetz vom 06. September 1965 (BGBl. 1968 I, S. 1089)
All E.R.	The All England Law Reports
ALR	Allgemeines Landrecht für die Preußischen Staaten von 1794
Anm.	Anmerkung
ArbGG	Arbeitsgerichtsgesetz i.d.F. vom 02.07.1979 (BGBl. 1979 I, S. 853)
Aufl.	Auflage
BB	Der Betriebsberater
Bd.	Band
BGB	Bürgerliches Gesetzbuch vom 18.08.1896 (RGBl. 1896, S. 195)
BGBl.	Bundesgesetzblatt
BGH	Bundesgerichtshof
BGHZ	Rechtsprechung des Bundesgerichtshofs in Zivilsachen (amtliche Sammlung)
BRAO	Bundesrechtsanwaltsordnung vom 01. August 1959 (BGBl. 1959 I, S. 565)
BVerfG	Bundesverfassungsgericht
BVerfGE	Entscheidungen des Bundesverfassungsgerichts (amtliche Sammlung)
BVerfGG	Gesetz über das Bundesverfassungsgericht (Bundesverfassungsgerichtsgesetz) i.d.F. vom 11. August 1993 (BGBl. 1993 I, S. 1473)

bzw.	beziehungsweise
ca.	zirka
CISG	U.N. Convention on Contracts for the International Sale of Goods of 11th April 1980 (Wiener Kaufrecht)
DB	Der Betrieb
DDR	Deutsche Demokratische Republik
ders.	derselbe
d.h.	das heißt
DM	Deutsche Mark
EAG	Einheitliches Gesetz über den Abschluß von internationalen Kaufverträgen über bewegliche Sachen vom 17. Juli 1973 (BGBl. 1973 I, 868)
Ed.	Edition/Editor
EFTA	European Free Trade Association
EG	Europäische Gemeinschaft
EGBGB	Einführungsgesetz zum BGB vom 18. August 1896 (RGBl. 1896 I, S. 604), i.d.F. vom 21. September 1994 (BGBl. 1994 I, S. 2494)
EKG	Einheitliches Gesetz über den internationalen Kauf beweglicher Sachen vom 17. Juli 1973 (BGBl. 1973 I, S. 856)
EU	Europäische Union seit dem Vertrag von Maastricht vom 07.02.1992 i.d.F. vom 01. Juli 1995 (BGBl. 1992 II, S. 1253; 1994 II, S. 2024)
EuGH	Gerichtshof der Europäischen Gemeinschaften
EuGRZ	Europäische Grundrechte Zeitschrift
EuGVÜ	Europäisches Übereinkommen über die gerichtliche Zuständigkeit und die Vollstreckung gerichtlicher Entscheidungen in Zivil- und Handelssachen vom 27. September 1968 (BGBl. 1972 II, S. 773)
EVÜ	Römisches EWG-Übereinkommen über das auf vertragliche Schuldverhältnisse

	anzuwendende Recht vom 19. Juni 1980 (BGBl. 1986 II, S. 810)
EWIW	Europäische Wirtschaftliche Interessenvereinigung (Verordnung Nr. 2137/85 des EG-Ministerrats vom 25. Juli 1985)
EWG	Europäische Wirtschaftsgemeinschaft
EWGV	Vertrag zur Gründung der Europäischen Wirtschaftsgemeinschaft vom 25. März 1957 i.d.F. vom 01. Juli 1987 (BGBl. 1957 II, S. 766, 1958 II, S. 1, 64; 1986 II, S. 1104; 1987 II, S. 451)
f(f).	folgend(e)
FGG	Gesetz über die Angelegenheiten der freiwilligen Gerichtsbarkeit vom 17. Mai 1898 i.d.F. vom 20. Mai 1898 (RGBl. 1898 I, S. 771)
Fn	Fußnote
FS	Festschrift
GbR	Gesellschaft bürgerlichen Rechts
gem.	gemäß
GG	Grundgesetz vom 23. Mai 1949 (BGBl. 1949 I, S. 1)
GKG	Gerichtskostengesetz vom 15. Dezember 1975 (BGBl. 1975 I, S. 3047)
GmbH	Gesellschaft mit beschränkter Haftung
GmbHG	Gesetz betreffend die Gesellschaften mit beschränkter Haftung vom 20. April 1892, i.d.F. vom 20. Mai 1898 (RGBl. 1898, S. 846)
Haager Einheitskaufrecht	Rahmenübereinkommen vom 01. Juli 1964 zur Einführung eines Einheitlichen Gesetzes über den internationalen Kauf beweglicher Sachen und Übereinkommen zur Einführung eines Einheitlichen Gesetzes über den Abschluß von internationalen Kaufverträgen über bewegliche Sachen (Den Haag)
HGB	Handelsgesetzbuch vom 10. Mai 1897 (RGBl. 1897 I, S. 219)

HaustürWG	Gesetz über den Widerruf von Haustürgeschäften und ähnlichen Geschäften vom 16. Januar 1986 (BGBl. 1986 I, S. 122)
i.d.F.	in der Fassung
IntHK	Internationale Handelskammer, Paris
IPR	Internationales Privatrecht
IPRax	Praxis des Internationalen Privat- und Verfahrensrechts
Incoterms	International Commercial Terms der IntHK von 1936, ergänzt und aktualisiert 1953,1974,1976,1980
i.S.	im Sinne
i.S.d.	im Sinne des
i.S.v.	im Sinne von
JA	Juristische Arbeitsblätter
JuS	Juristische Schulung
JZ	Juristenzeitung
KG	Kommanditgesellschaft
KO	Konkursordnung vom 10. Februar 1877, i.d.F. vom 20. Mai 1898 (RGBl. 1898 I, S. 369, 612)
m.w.N.	mit weiteren Nachweisen
NJW	Neue Juristische Wochenschrift
NJW-RR	Neue Juristische Wochenschrift-Rechtsprechungsreport
OHG	Offene Handelsgesellschaft
OLG	Oberlandesgericht
PartGG	Gesetz über Partnerschaftsgesellschaften Angehöriger Freier Berufe (Partnerschaftsgesellschaftsgesetz) vom 25. Juli 1994 (BGBl. 1994 I, S. 1744)
PflVG	Gesetz über die Pflichtversicherung für Kraftfahrzeughalter (Pflichtversicherungsgesetz) vom 05. April 1965 (BGBl. 1965 I, S. 213)

ProdHaftG	Gesetz über die Haftung für fehlerhafte Produkte (Produkthaftungsgesetz) vom 15. Dezember 1989 (BGBl. 1989 I, S. 2198)
RabelsZ	Rabels Zeitschrift für ausländisches und internationales Privatrecht
RGBl.	Reichsgesetzblatt
RGZ	Entscheidungen des Reichsgerichts in Zivilsachen
RIW	Recht der Internationalen Wirtschaft
Rn	Randnummer
RPflG	Rechtspflegergesetz vom 5. November 1969 (BGBl. 1969 I, S. 2065)
Rspr.Slg.	Amtliche Sammlung der Rechtsprechung des EuGH
S.	Seite
s.o.	siehe oben
sog.	sogenannte
s.u.	siehe unten
u.a.	unter anderem
UCC	Uniform Commercial Code
UK	United Kingdom
UmweltHG	Umwelthaftungsgesetz vom 10. Dezember 1990 (BGBl. 1990 I, S. 2634)
U.N.	United Nations
UNCITRAL	United Nations Commission on International Trade Law
UNIDROIT	Institut International pour l'Unification du Droit Privé/ International Institute for the Unification of Private Law
Urt.	Urteil
u.U.	unter Umständen
VerbrKrG	Verbraucherkreditgesetz vom 17. Dezember 1990 (BGBl. 1990 I, S. 2840)
vgl.	vergleiche
VwGO	Verwaltungsgerichtsordnung i.d.F. vom 19. März 1991 (BGBl. 1991 I, S. 686)
VwVfG	Verwaltungsverfahrensgesetz vom 25. Mai 1976 (BGBl. 1976 I, S. 1253)

Wiener UN-Kaufrecht	Übereinkommen der Vereinten Nationen vom 11. April 1980 über Verträge über den internationalen Warenkauf (U.N. Convention on Contracts for the International Sale of Goods), völkerrechtlich in Kraft getreten am 01.01.1988, innerstaatlich für die Bundesrepublik Deutschland am 01.01.1991 (BGBl. 1989 II, S. 586), für die ehemalige DDR schon am 01.03.1990 (Gesetzblatt (DDR) 1989 II, S. 65).
WM	Wertpapiermitteilungen
ZEuP	Zeitschrift für Europäisches Privatrecht
ZHR	Zeitschrift für das gesamte Handels- und Wirtschaftsrecht
ZIP	Zeitschrift für Wirtschaftsrecht und Insolvenzpraxis
ZPO	Zivilprozeßordnung vom 30. Januar 1877, i.d.F. vom 12. September 1950 (BGBl. 1950 I, S. 533)
ZRP	Zeitschrift für Rechtspolitik
ZVG	Gesetz über die Zwangsversteigerung und die Zwangsverwaltung vom 24. März 1897, i.d.F. vom 20. Mai 1898 (RGBl. 1898 I, S. 369, 713)

Literaturverzeichnis

Rechtssystem, Normenhierarchie, Staatsrecht:

Hesse, Hans Albrecht, Das Rechtssystem der Bundesrepublik Deutschland, Heidelberg 1984*

Hesse, Konrad, Grundzüge des Verfassungsrechts der Bundesrepublik Deutschland, 19. Aufl., Heidelberg 1993

Jarass, Hans D./ Pieroth, Bodo, Grundgesetz, 3. Aufl., München 1995

Läufer, Thomas, Europäische Union, Europäische Gemeinschaft - Die Vertragstexte von Maastricht mit den deutschen Begleitgesetzen, Bonn 1995*

von Münch, Ingo, Kommentar zum Grundgesetz, 4. Aufl., München 1992

Notthoff, Martin, Grundrechte in der Europäischen Gemeinschaft, in: RIW 1995, S. 541 ff.

Beutler, Bengt/ Bieber, Roland/ Pipkorn, Jörn/ Streil, Jochen, Die Europäische Gemeinschaft - Rechtsordnung und Politik -, 3. Aufl., Baden-Baden 1987*

Vertragsrecht allgemein:

Brox, Hans, Allgemeiner Teil des BGB, 19. Aufl., München 1995*

Coester-Waltjen, Dagmar, Die AGB-Problematik, Jura 1991, S. 474 ff.

Emmerich, Volker, Franchising, in: JuS 1995, S. 761 ff.

Fikentscher, Wolgang, Schuldrecht, 8. Aufl., Berlin/New York 1992

Martinek, Dieter, Moderne Vertragstypen, Bd. I-III, München 1987 ff.

Medicus, Dieter, Allgemeiner Teil des BGB, 6. Aufl., Heidelberg 1994*

Palandt, Otto, Bürgerliches Gesetzbuch (Kommentar), 55. Aufl., München 1996

Kaufrecht:

Reinicke, Dietrich/ Tiedtke, Klaus, Kaufrecht, 4. Aufl., Neuwied/Frankfurt a.M 1989

Walter, Gerhard, Kaufrecht, Tübingen 1987

Handels- und Gesellschaftsrecht (Steuerrecht):

Arndt, Hans-Wolfgang/ Zierlinger, Siegfried, Steuerrecht, 2. Aufl., Heidelberg 1991

Baumbach, Adolf/ Duden, Konrad/ Hopt, Klaus J., Handelsgesetzbuch, 28. Aufl., München 1989

Baumbach, Adolf/ Hueck, Alfred, GmbH-Gesetz (von: Hueck, Götz/Schulze-Osterloh, Joachim/Zöllner, Wolfgang), 15. Aufl., München 1988

Hueck, Götz, Gesellschaftsrecht, 19. Aufl., München 1991

Brox, Hans, Handelsrecht und Wertpapierrecht, 11. Aufl., München 1994

Capelle, Karl-Hermann/ Canaris, Claus-Wilhelm, Handelsrecht, 21. Aufl., München 1989

Hoffmann-Becking, Wolfgang, Gesetz zur „kleinen AG“ - unwesentliche Randkorrekturen oder grundlegende Reform?, ZIP 1995, S. 1 ff.

von Hoyningen-Huene, Gerrick Der Handelskauf, Jura 1982, S. 8 ff.

Roth, Günter H., Handels- und Gesellschaftsrecht, 4. Aufl., München 1994

Sotiropoulos, Georgios, Partnerschaftsgesellschaft: Haftung der Partner und Haftungsbeschränkungswege, ZIP 1995, S. 1879 ff.

Schmidt, Karsten, Die freiberufliche Partnerschaft, NJW 1995, S. 1 ff.

Werner, Horst S., Die Grundbegriffe der Unternehmensverbindungen des Konzerngesellschaftsrechts, JuS 1977, S. 141 ff.

Zöllner, Wolfgang, Wertpapierrecht, 14. Aufl., München 1987

Zivilverfahrensrecht:

Baumbach, Adolf/ Lauterbach, Wolfgang/ Albers, Jan/ Hartmann, Peter, Zivilprozeßordnung (Kommentar), 52. Aufl., München 1994*

Baur, Fritz/ Stürner, Rolf, Zwangsvollstreckungs-, Konkurs- und Vergleichsrecht, 11. Aufl., Heidelberg 1983*

Brox, Hans/ Walker, Wolf-D., Zwangsvollstreckungsrecht, 3. Aufl., Köln/Berlin/Bonn/München 1990*

Habscheid, Walter, Freiwillige Gerichtsbarkeit, 7. Aufl. 1983

Jauernig, Othmar, Zivilprozeßrecht, 24. Aufl., München 1993

Jauernig, Othmar, Zwangsvollstreckungs- und Konkursrecht, 19. Aufl., München 1990

Rosenberg, Leo/ Schwab, Karl-Heinz/ Gottwald, Peter, Zivilprozeßrecht, 15. Aufl., München 1993

Stein/Jonas, Kommentar zur Zivilprozeßordnung, (hrsg. von Grunsky, Leipold, Münzberg, Schlosser, Schumann), 20. Aufl., Tübingen 1977 et seq.*

Thomas, Heinz/ Putzo, Hans, Zivilprozeßordnung (Kommentar), 18. Aufl., München 1993

Zöller, Richard, Zivilprozeßordnung, 19. Aufl., Köln 1995*

Internationales Privat- und Prozeßrecht, Rechtsvergleichung:

von Caemmerer, Ernst/ Schlechtriem, Peter, Kommentar zum UN-Kaufrechtsübereinkommen (CISG), 2. Aufl. 1995

Blumenwitz, Dieter,	Einführung in das anglo-amerikanische Recht, 4. Aufl., München 1990
Cheshire/North,	Private International Law, (by P.M. North/J.J. Fawcett), 12. Aufl., London 1992
Diedrich, Frank,	Anwendbarkeit des Wiener Kaufrechts auf Softwareüberlassungsverträge, RIW 1993, S. 441 ff.
Hay, Peter,	Einführung in das amerikanische Recht, 3. Auf., Darmstadt 1990
Herber, Rolf/ Czerwenka, Beate,	Internationales Kaufrecht (Kommentar), München 1991
James, Philip S.,	Introduction to English Law, 12. Aufl., London 1989
Jayme, Erik/ Hausmann, Rainer,	Internationales Privat- und Verfahrensrecht (kommentierte Gesetzessammlung), 7. Aufl., München 1994
Kegel, Gerhard,	Internationales Privatrecht, 7. Aufl., München 1995
Kropholler, Jan,	Europäisches Zivilprozeßrecht, 4. Aufl., Heidelberg 1993
Piltz, Burghard,	Internationales Kaufrecht, München 1993*
Schack, Haimo,	Internationales Zivilverfahrensrecht, München 1991*
Zimmermann, Reinhard,	Der europäische Charakter des englischen Rechts. Historische Verbindungen zwischen civil law and common law, ZEuP 1993, S. 4 ff.
Zweigert, Konrad/ Kötz, Hein,	Einführung in die Rechtsvergleichung, 2 Bände, 2. Aufl., Heidelberg 1984

*: Bei diesen Werken handelt es sich um ergänzende bzw. weiterführende Literatur, die im Text keine weitere Erwähnung gefunden hat.

I. Einleitung

Das vorliegende Werk soll eine fundierte Einführung in das deutsche Privat- und Prozeßrecht für deutsche und ausländische Studierende bieten. Es ist gleichsam als "roter Faden" durch das oftmals schwer überschaubare Zivilrecht konzipiert. Der stufenweise Aufbau ermöglich auch Nicht-Juristen einen leichten Einstieg, ohne zu überfordern oder lediglich punktuelles Wissen zu vermitteln. Wer indes "nur" eine Darstellung des Privatrechts, einschließlich des Sonderprivatrechts für Kaufleute (Handelsrecht) und Gesellschaftsrechts, erwartet, wird überrascht sein: Da auch die privatrechtlichen Regelungen auf staatliches Recht (Gesetzesrecht) zurückgehen, ist es zum Verständnis des Rechts als ein in sich geschlossenes System unerläßlich, die zugrundeliegenden staatsrechtlichen Implikationen zu erläutern. Rechtsvergleichende Erfahrung lehrt zudem, daß Privatrecht niemals isoliert, sondern immer im Kontext des gesamten Rechtssystems gesehen werden muß, in das es eingebettet ist. Unser Anliegen ist es, ein möglichst umfassendes Bild von der Rechtsrealität in Deutschland zu vermitteln, weshalb auch jeweils ein Kapitel der gerichtlichen Durchsetzung vertraglicher Ansprüche sowie dem internationale Zivilverfahrensrecht gewidmet ist. Denn wie bereits Oliver Wendell Holmes treffend bemerkte: "Law is what the courts do.".

Vom didaktischen Konzept her dominiert die fall- und praxisorientierte Darstellung. Jura wird am besten mittels eines konkreten Falles verstanden und zugleich auch leichter wieder "abrufbar" gemacht. Abstrakte dogmatische Ausführungen sowie Hinweise zum historischen Hintergrund bilden mithin die Ausnahme, sind jedoch an vielen Stellen unumgänglich, um das Funktionieren und Zusammenspiel einzelner Rechtsnormen besser verstehen zu können.

Hervorgegangen ist das vorliegende Werk aus einer Vorlesungsreihe im Herbst 1995 am Kolping College in Kaunas/Litauen, dessen Leiterin, Dr. Diana Adliene, unser besonderer Dank gilt. Hierbei wollen wir indes die vielfältigen Hilfestellungen von Gintaras Grachauskas und Saulius Filipavicius nicht unerwähnt lassen.

Abschließend möchten wir betonen, daß es uns um eine kurze, leicht verständliche Einführung in das deutsche Privatrecht geht, die ob ihres immensen inhaltlichen Umfanges nur als exemplarisch zu verstehen ist und daher keinen Anspruch auf Vollständigkeit erheben kann. Zum vertieften Selbststudium finden sich an entsprechenden Stellen weiterführende Literaturhinweise. Dem somit gesetzten Rahmen sind etwa Fragen des Umweltrechts (z.B. Tannenbäume als Monokulturen), der Produkthaftung sowie des Familien- und Erbrechts zum Opfer gefallen. Insofern erlauben wir uns, auf die reichlich vorhandene Spezialliteratur zu verweisen.

II. Das Rechtssystem der Bundesrepublik Deutschland

Die Bundesrepublik Deutschland ist der Nachfolgestaat des Deutschen Reiches und nach seiner Verfassung, dem Grundgesetz vom 23. Mai 1949, eine demokratische und soziale Republik (vgl. Art. 20 Abs. 1 GG). Die konstituierenden Einzelstaaten, die Bundesländer, sind ebenso auf republikanischen Grundsätzen aufgebaut und bestanden ursprünglich aus Baden-Württemberg, Bayern, Bremen, Hamburg, Hessen, Niedersachsen, Nordrhein-Westfalen, Rheinland-Pfalz, Saarland und Schleswig-Holstein wobei Westberlin einen speziellen Status hatte aufgrund der durch die vier Alliierten reservierten Sonderrechte.
Am 03. Oktober 1990 wurde die frühere DDR Teil der Bundesrepublik mit den neugeschaffenen fünf Ländern Mecklenburg-Vorpommern, Brandenburg, Sachsen-Anhalt, Sachsen und Thüringen sowie dem wiedervereinigten Berlin als separates Land und zugleich als die neue Hauptstadt anstelle von Bonn. Geographisch besteht die Bundesrepublik Deutschland nunmehr aus dem Gebiet seiner 16 Bundesländer. Der Beitritt der neugegründeten fünf ostdeutschen Länder geschah aufgrund der Abstimmung des ersten freigewählten DDR-Parlamentes auf der Grundlage des westdeutschen Rechtssystemes und beendete mehr als 40 Jahre getrenntes politisches und rechtliches Leben in Deutschland. Somit hat die frühere DDR mit ihrem sozialistischen Rechtssystem beinahe vollständig ihr Dasein mit dem Datum des Beitritts, dem 03. Oktober 1990 - nunmehr ein Nationalfeiertag -, aufgegeben. Allerdings gibt es aufgrund des Einigungsvertrages zwischen den beiden deutschen Staaten zahlreiche Übergangsregelungen, die ausschließlich im Bereich der früheren DDR, also in den neuen fünf Ländern, gelten.

Die Struktur des deutschen Regierungs- und Rechtssystems ist durch das Prinzip der Gewaltenteilung gem. Art. 20 Abs. 1 und Abs. 2 GG festgelegt, das sowohl auf Bundes- wie auch auf Länderebene gilt. Hieraus folgt eine Trennung der legislativen, judikativen und exekutiven Funktionen (vgl. Art. 20 Abs. 2 GG). Bezüglich der Machtverteilung zwischen der Bundesregierung und den Regierungen der Länder geht das Grundgesetz von dem Vorrang der Länder aus. Daher haben die Länder die ursprüngliche Gesetzgebungshoheit solange nicht dem Bund die Gesetzgebungszuständigkeit zugewiesen ist (vgl. Art. 30, 70 Abs. 1 GG). Häufig ist aber eine spezielle rechtliche Institution eine Mischung aus Bundes- und Länderhoheit, beispielsweise hat das Gerichtssystem in Zivilsachen Gerichte in den Ländern in der ersten Instanz und in der Berufungsinstanz, jedoch ist der Bundesgerichtshof, also ein Bundesgericht, für Revisionssachen zuständig.

Im Hinblick auf die Gesetzgebung in privatrechtlichen Angelegenheiten ist indes das Bundesrecht dominierend aufgrund der Gesetzgebungszuständigkeit, die Art. 74 GG dem Bund durch die sog. konkurrierende Gesetzgebung zuweist. Denn gem. Art. 72 GG haben die Länder im Bereich der konkurrierenden Gesetzgebung nur Gesetzgebungsbefugnis, solange und soweit nicht der Bund von seiner konkurrierend gegebenen Gesetzungszuständigkeit Gebrauch macht. Letzteres hat der Bund gem. Art. 74 Nr. 1 GG im wesentlichen für das Bürgerlichen Recht sowie das Handelsrechts getan, um einheitliches Recht im gesamten Bundesgebiet zu schaffen, dessen Übersichtlichkeit sowohl Rechtsangelegenheiten der Wirtschaft als auch von Privatpersonen vereinfacht. Darüberhinaus ist der Bund gem. Art. 32 GG für ausländische Angelegenheiten und den Abschluß internationaler Staatsverträge zuständig, was etwa für Internationales Einheitsrecht von Bedeutung ist.

Den Anfang einer juristisch präzisen Fallösung sollte stets ein Fragesatz mit den berühmten fünf "Ws" bilden:

Wer will was von wem woraus?

Nur wenn man sich genau an diese Fragestellung hält und so auf das Wesentliche beschränkt, entgeht man der Gefahr, in einem Meer von irrelevanten Fragen und Problemen, die meistens gar nicht Gegenstand des betreffenden Falles sind, unterzugehen. Natürlich sollte man an dieser Stelle auch nicht das zentrale Problem unterschlagen, nämlich die Kunst, das *juristisch* Wesentliche von dem Unwesentlichen zu trennen. Letzteres zu erkennen bedarf, wie bei jeder halbwegs seriösen Tätigkeit, der Übung. Daher die vielen Beispielsfälle, die ausschnitthaft die Rechtspraxis in die Rechtstheorie bringen und das juristische Denken, auch unabhängig vom deutschen Recht, schulen sollen:

Fall: *"Zinserhöhung"*

Der Deutsche Bundestag beschließt mit Zustimmung des Bundesrates ein Gesetz mit dem Ziel, die öffentlichen Ausgaben einzugrenzen. In dem Gesetz ist unter anderem eine Regelung enthalten, nach der diejenigen, die öffentliche Wohnungsbauförderungsdarlehen nicht innerhalb der nächsten sechs Monate vollständig zurückzahlen, statt des bisher geltenden Zinssatzes von 1 % nunmehr 5 % Zinsen per anno zu zahlen haben.

1. Ist die Regelung verfassungsgemäß?
2. Kann die Regierung des Freistaates Sachsen, die die Vorschrift für verfassungswidrig hält, Rechtsschutz erhalten?
3. Kann das Wohnungsunternehmen Maier und Partner, welches Wohnungsbauförderungskredite in erheblichem Umfang in Anspruch genommen hat, sich gegen das Gesetz wehren?

Lösungsvorschlag:

1. Frage:

Das Gesetz wäre verfassungsmäßig, wenn es formell und entsprechend der Verfassung zustandegekommen wäre sowie materiell mit der Verfassung im Einklang stände.

A. Formelle Rechtmäßigkeit

Das Gesetz wäre formell rechtmäßig, wenn der Bundesgesetzgeber zuständig wäre, das Gesetzgebungsverfahren des Grundgesetzes eingehalten worden wäre und das Gesetz in der vorgeschriebenen Form veröffentlicht worden wäre.

Die Frage, ob der Bund oder die Bundesländer zuständig sind, ist in Art. 70 GG geregelt. In dessen Absatz 1 heißt es:

> "Die Länder haben das Recht der Gesetzgebung, soweit dieses Grundgesetz nicht dem Bunde Gesetzgebungsbefugnisse verleiht."

Nach dem Grundgesetz hat der Bund zunächst die Kompetenz zur *ausschließlichen Gesetzgebung* (Artt. 71, 73 GG). Dabei handelt es sich vor allem um Fragen der Staatsangehörigkeit, des Paß- und Meldewesens, der Währung, Maße und Gewichte, des Verkehrs, der Telekommunikation und des öffentlichen Dienstrechtes für Bundesangestellte sowie bestimmte ausgewählte Bereiche des Polizeirechts. Weiter hat der Bund entsprechend der Artt. 72, 74 GG die *konkurrierende Gesetzgebungskompetenz*. In diesem Bereich haben die Länder dann die Befugnis zur Gesetzgebung, solange und soweit der Bund von seiner Gesetzgebungszuständigkeit nicht durch Gesetz Gebrauch gemacht hat (Art. 72

Abs. 1 GG). Der Bereich der konkurrierenden Gesetzgebung erfaßt einen Großteil der Regelungsbereiche, die in einem modernen Rechtsstaat durch Gesetz geregelt werden, jedoch sind insbesondere die Bereiche des Polizeirechtes sowie des Bildungs- und Schulrechts nicht erfaßt.

Nach Art. 74 Abs. 1 Nr. 18 GG erstreckt sich die konkurrierende Gesetzgebung auf "den Grundstücksverkehr, das Bodenrecht (ohne das Recht der Erschließungsbeträge) und das landwirtschaftliche Pachtwesen, das Wohnungswesen, das Siedlungs- und Heimstättenwesen". Mit dem hier zu überprüfenden Gesetz wird eine Regelung auf dem Gebiet des Wohnungswesens getroffen. Der Bund hat somit die Zuständigkeit für das Gesetz. Regelungen über das Gesetzgebungsverfahren treffen insbesondere die Art. 76 bis 78 GG. Danach wird ein Gesetz gem. Art. 77 Abs. 1 GG durch den Bundestag beschlossen. Es kommt gem. Art. 78 GG zustande, wenn der Bundesrat zustimmt. Der Bundestag ist die Vertretung der von den wahlberechtigten Bürgererinnen und Bürgern frei gewählten Abgeordneten. Der Bundesrat ist die von den jeweiligen Landesregierungen gebildete Vertretung der Bundesländer. Beide zusammen werden also im Gesetzgebungsverfahren tätig.

Hier haben laut Sachverhalt Bundesrat und Bundestag zugestimmt. Das Gesetzgebungsverfahren, welches durch das Grundgesetz vorgeschrieben wird, ist also eingehalten worden.

Gemäß Art. 82 GG ist das Gesetz vom Bundespräsidenten, dem deutschen Staatsoberhaupt, auszufertigen und im Bundesgesetzblatt zu verkünden. Davon, daß beides geschehen ist, kann ausgegangen werden. Das Gesetz ist also formell rechtmäßig zustandegekommen.

B. Materielle Rechtmäßigkeit

Materiell könnte das Gesetz verfassungswidrig sein, weil es gegen Art. 14 Abs. 3 GG verstoßen könnte. Art. 14 GG lautet:

> (1) "Das Eigentum und das Erbrecht werden gewährleistet. Inhalt und Schranken werden durch die Gesetze bestimmt.
>
> (2) Eigentum verpflichtet. Sein Gebrauch soll zugleich dem Wohl der Allgemeinheit dienen.
>
> (3) Eine Enteignung ist nur zum Wohle der Allgemeinheit zulässig. Sie darf nur durch das Gesetz oder aufgrund eines Gesetzes erfolgen, das Art und Ausmaß der Entschdädigung regelt. Die Entschädigung ist unter gerechter Abwägung der Interessen der Allgemeinheit und der Beteiligten zu bestimmen. Wegen der Höhe der Entschädigung steht im Streitfalle der Rechtsweg vor die ordentlichen Gerichte offen."

Gegen Art. 14 Abs. 3 S. 2 GG könnte das Gesetz nur dann verstoßen, wenn durch das Gesetz in den Schutzbereich der Norm eingegriffen würde. Dafür ist erforderlich, daß durch die Zinserhöhung Eigentum beseitigt wird. Zur Frage, ob durch eine solche Zinserhöhung in das Grundrecht auf Eigentum eingegriffen wird, hat das Bundesverfassungsgericht folgendes ausgeführt:

> "Das Eigentum im verfassungsrechtlichen Sinn ist gekennzeichnet durch die Zuordnung eines vermögenswerten Rechtes zu einem Rechtsträger, in dessen Hand es als Grundlage privater Initiative und im eigenverantwortlichen Interessen von Nutzen sein soll und den grundsätzlich die Verfügungsbefugnis über den Eigen-

> tumsgegenstand zusteht ... Die Gewährung zinsgünstiger Wohnungsfürsorgedarlehen stellt eine staatliche Subvention dar. Es handelt sich um eine freiwillig finanzielle Zuwendung des Staates... Die Begünstigten haben keine Rechtspostition, die der eines Eigentümers entspricht, die ihn also nach Art eines Ausschließlichkeitsrechtes zugeordnet ist. Es fehlt bereits an einem Anspruch, der Gegenstand des Schutzes der Eigentumsgarantie sein könnte. Der versprochene Subventionsvorteil betrifft nur das Vermögen der Darlehensempfänger als Ganzes, das als solches nicht durch Art. 14 Abs. 1 S. 1 GG geschützt wird ... Daß der Begünstigte ohne die staatliche Förderung den Bau oder Erwerb von Wohnraum unterlassen hätte, ist eine Frage der Subventionssicherheit und damit des Vertrauensschutzes, begründet aber keine Eigentumsposition."

Damit ist auch hier der Schutzbereich der Art. 14 GG nicht berührt.

Aus Art. 20 Abs. 3 GG, welcher lautet:

> "Die Gesetzgebung ist an die verfassungsmäßige Ordnung, die vollziehende Gewalt und die Rechtsprechung sind an Gesetz und Recht gebunden.",

ergibt sich als Anforderung an Gesetze u. a. das Gebot der Vorhersehbarkeit. Durch die Zinserhöhung wird in laufende Darlehensverhältnisse eingegriffen. Damit könnte die Vorhersehbarkeit staatlichen Handelns durch eine unzulässige Rückwirkung verletzt worden sein. Das Bundesverfassungsgericht hat dazu ausgeführt:

> "Der Gesetzgeber hat mit den beanstandeten Bestimmungen nicht in abgewickelte, der Vergangenheit angehörende Tatbestände eingegriffen. Die Regelungen ... wirken vielmehr auf Rechtsbeziehungen ein, die in der Vergangenheit begründet worden, auf Dauer angelegt und noch nicht abgeschlossen sind. Regelungen mit derartiger unechter Rückwirkung sind grundsätzlich zulässig... Das Vertrauen der Begünstigten in den ungeschmälerten Fortbestand der ihnen gewährten Zinsvergünstigungen war ... nur beschränkt schutzwürdig. Die erfaßten Darlehen haben sehr lange Laufzeiten. In diesem Fall können die Begünstigten nicht darauf vertrauen, daß grundlegende Änderungen in den Allgemeinen Rahmenbedingungen der Förderung unberücksichtigt bleiben."

Auch ein Verstoß gegen Art. 20 Abs. 3 GG liegt also nicht vor.

Die Regelung ist somit nicht nur formell, sondern auch materiell verfassungsmäßig.

2. Frage:

Die Rechtsbeziehungen zwischen verschiedenen Verfassungssubjekten, also z.B. dem Bund und den Ländern, stehen nicht außerhalb der gerichtlichen Überprüfung. Die Verfassung selbst trifft in Art. 93 GG Regelungen. Nach dieser Vorschrift entscheidet das Bundesverfassungsgericht u. a. "bei Meinungsverschiedenheiten oder Zweifeln über die förmliche oder sachliche Vereinbarkeit von Bundesrecht oder Landesrecht mit diesem Grundgesetz oder die Vereinbarkeit von Landesrecht mit sonstigem Bundesrecht auf Antrag der Bundesregierung, einer Landesregierung oder eines Drittels der Mitglieder des Bundestages."

Erforderlich wäre also, daß die Landesregierung des Freistaates Sachsen eien Antrag auf Feststellung der Verfassungswidrigkeit der Vorschrift beim Bundesverfassungsgericht stellt. Das Bundesverfassungsgericht würde feststellen, daß der Antrag zwar zulässig aber unbegründet wäre, da das Gesetz - wie oben zu Frage 1 ausgeführt - mit der Verfassung vereinbar ist.

3. Frage:

Bürgerinnen und Bürger haben die Möglichkeit, staatliche Entscheidungen, die sie direkt und unmittelbar betreffen, zur gerichtlichen Überprüfung zu stellen. Dies geschieht grundsätzlich vor den Verwaltungsgerichten. Zur Kontrolle der grundrechtspezifischen Beeinträchtigung steht ihnen auch der Weg zum Bundesverfassungsgericht offen. Es heißt in Art. 93 GG, das Bundesverfassungsgericht entscheidet "über Verfassungsbeschwerden, die von jedermann mit der Behauptung erhoben werden könen, durch die öffentliche Gewalt in einem seiner Grundrechte oder in seinem seiner in Artt. 20 Abs. 4, 33, 38, 101, 103 und 104 GG enthaltenen Rechte verletzt zu sein".

So sollte das Wohnungsunternehmen entsprechend der in Ausführung dieser Bestimmung im Bundesverfassungsgerichtsgesetz (§§ 93 ff. BVerfGG) niedergelegten Vorschrift Verfassungsbeschwerde einlegen. Sofern die Zulässigkeitsvoraussetzungen gewahrt wären, würde das Bundesverfassungsgericht feststellen, daß die Verfassungsbeschwerde zulässig, aber unbegründet ist, da das Gesetz, wie oben zu Frage 1 ausgeführt, materiell mit dem Grundgesetz in Einklang steht.

III. Normenhierarchie

Gesetzesrecht ist die hauptsächliche Rechtsquelle in dem Rechtssystem der Bundesrepublik Deutschland, was allerdings auch nicht sehr überraschend ist, weil die Bundesrepublik dogmatisch zum germanischen Zweig der sog. Civil Law-Ländern gehört. Obwohl sich in den vergangenen Jahren eine Art von Konvergenz zwischen Civil und Common Law-Traditionen im Hinblick auf den praktischen Wert von Präzedenzfällen entwickelt hat, gibt es keinen Zweifel, daß die abstrakt deduktive Methode der deutschen Rechtstradition im starken Kontrast zu dem induktiven Denken der Common Law-Methode steht.[1] Die Zuständigkeit zum Erlaß von zivilrechtlichen Normen ist zwischen dem Bund und den Ländern konkurrierend geregelt (vgl. Art. 74 Nr. 1 GG). Da der Bund seine Gesetzgebungszuständigkeit in diesem Bereich sehr weiträumig ausgeübt hat, gelten die Gesetzesnormen für das Privatrecht als Bundesrecht, allen voran BGB, HGB, aber auch Spezialgesetze[2], im gesamten Bundesgebiet gleich.

Das Verhältnis von Bundesrecht zu Landesrecht regelt Art. 31 GG recht lakonisch mit dem Satz: Bundesrecht bricht Landesrecht. Abschließend sollte man nicht vergessen, die Gesetzgebung durch die EU in Form von Richtlinien und Verordnungen (vgl. Art. 189 EG-Vertrag) zu erwähnen. Denn gem. Artt. 23, 25 GG ist dieses EU-Recht gegenüber nationalem deutschen Recht grundsätzlich vorrangig.[3]

---

[1] S. zur Einteilung der Rechtsordnungen weltweit in Rechtsfamilien oder Rechtskreise *Zweigert/Kötz*, Bd. I, S. 72 ff.; hinsichtlich der fortschreitenden Konvergenz zwischen Common Law und Civil Law aus rechtshistorischer Sicht s. *Zimmermann*, ZEuP 1993, 4ff..

[2] Vgl. etwa das Umwelthaftungsgesetz oder das Straßenverkehrsgesetz.

[3] Zu den Ausnahmen vom Vorrang des EU-Rechts bei Unstimmigkeiten mit dem im Grundgesetz verankerten Grundrechten s. BVerfGE 37, 271 (Solange I-

Ursprünglich waren im deutschen Recht alle Bereiche des Privatrechts (Bürgerliches Recht, Handelsrecht) *vollständig* in einzelnen Gesetzesbüchern kodifiziert. Allerdings bildete das Prozeßrecht schon immer eine hiervon separate Gesetzesmaterie, die anderen Prinzipien folgte und folgt[4]. Indes stammen die meisten der bedeutenden Gesetzestexte ursprünglich aus der Zeit vor 1900 (GmbH-Gesetz: 1892, HGB: 1897, BGB: 1900). Daher sind im Laufe der Zeit eine Unmenge von Änderungen und Verbesserungen notwendig geworden, die nur teilweise Eingang finden konnten. Dies hat dazu geführt, daß die großen alten Gesetzesbücher umgeben sind von einer Menge von kleineren Spezialgesetzen, z. B. für Allgemeine Geschäftsbedingungen (AGBG), Haustürgeschäfte (HaustürWG), Produkthaftung (ProdHaftG), Umwelthaftung (UmweltHG) und Verbraucherkredite (VerbrKrG). Zudem haben nicht nur Gesetzgeber, sondern auch die Gerichte und Rechtsgelehrte an der Entwicklung des auf den alten Gesetzen beruhenden Rechts teilgenommen. Ihr Beitrag lag vor allem in der Auslegung und im Ausfüllen von Lücken in den ursprünglichen Gesetzestexten. Letztere Entwicklung läßt sich am besten als Versuch umschreiben, größere Gerechtigkeit im Einzelfall zu erzielen. Gleichwohl ist nicht-kodifiziertes Gewohnheitsrecht vor allem in dem eng umgrenzten Gebiet des Handelsrechts als Rechtsquelle (sog. *lex mercatoria*) von großer praktischer Bedeutung.[5] Wesentlich bedeutender als Rechtsquelle ist der sog. **Gerichtsgebrauch**, der aus einer fortgesetzt gleichbleibenden Entscheidungsreihe eines Gerichts resultiert. Allerdings sind auch die aus dem Gerichtsgebrauch resultierenden Regeln keineswegs für die Gerichte bindend, so daß man

Beschluß); BVerfGE 73, 339ff. (Solange II); BVerfGE 89, 155, 209ff. (Maastricht-Urteil) sowie aktuell *Notthoff*, .RIW 1995, S. 541 ff.

[4] S. zum Zivilprozeßrecht im Detail unten VIII.

[5] Hier handelt es sich um die sog. lex mercatoria, die allerdings nur dann von einem staatlichen Gericht angewendet wird, wenn es die Parteien ausdrücklich oder stillschweigend in ihrem Vertrag so vereinbart haben, weil es ansonsten an einem für die Gerichte bindenden Rechtsanwendungsbefehl fehlt.

diese Rechtsquelle deutlich von den Präzedenzfällen im Common Law differenzieren muß:

Es gibt im deutschen Recht gerade nicht die aus den Common Law-Ländern bekannte "Doctrine of Binding Precedent" (sog. *stare decisis*), wo Gerichtsentscheidungen, also Richterrecht, für die untergeordneten Gerichte bindend sind.[6] Der Vollständigkeit halber sei aber erwähnt, daß deutsche Gerichte in der Praxis nur sehr selten von einer ständigen Rechtsprechung etwa des Bundesgerichtshofes oder des örtlich zuständigen Oberlandesgerichts abweichen. Aus diesem Grund spielen die Entscheidungen der deutschen Obergerichte in der Praxis eine sehr große Rolle, wenn es darum geht, den möglich Ausgang eines Rechtsstreites abzuschätzen.

Jedoch stehen die zivilrechtlichen Gesetze im deutschen Recht keineswegs isoliert da, sondern sind stets im Lichte der durch das Grundgesetz niedergelegten Prinzipien zu sehen, insbesondere im Hinblick auf die Grundrechte in den Artt. 1 - 19 GG (Menschenwürde, Gleichheit vor dem Gesetz, Meinungsfreiheit, Religionsfreiheit, Versammlungsfreiheit, Berufsfreiheit, Eigentumsgarantie). Diese Grundrechte sind jedem Bürger garantiert, unabhängig von seiner Staatsangehörigkeit in dem Sinne, daß er oder sie eine (angebliche) Verletzung von Grundrechten durch die öffentliche Gewalt vor ein Gericht bringen kann (Rechtsweggarantie, Art. 19 Abs. 3 GG). Im letzteren Fall kann nach Erschöpfung des Rechtsweges schließlich sogar von jedermann gem. Art. 93 Abs. 1 Nr. 4 a GG Verfassungsbeschwerde beim höchsten deutschen Gericht, dem Bundesverfassungsgericht, erhoben werden.

Ebenfalls bedeutsam für die Gesetzgebung auf dem Gebiet des Privatrechts ist das in Artt. 1, 20 Abs. 1 GG niedergelegte Grundsatz, daß die Bundesrepublik Deutschland ein Sozialstaat ist. Dieses Prinzip legt dem Staat und der Regierung die Verpflichtung auf, eine rechtliche und wirt-

---

[6] Vgl. hierzu *Zweigert/Kötz*, Bd. I, S. 299 ff..

schaftliche Ordnung herzustellen und aufrechtzuerhalten, die die sozial schwachen Teile der Gesellschaft schützt. Letzteres ist auch der Grund für zahlreiche Spezialregelungen im deutschen Zivilrecht, wie z.B. im Mietrecht oder allgemein zum Schutz des Verbrauchers (AGBG; HaustürWG; VerbrkrG).

Darüberhinaus garantiert das Grundgesetz durch Art. 97 GG die Unabhängigkeit der Richter, denen gem. Art. 20 Abs. 3 GG im Gegenzug (nur) die Bindung an Gesetz und Recht auferlegt ist. Der Begriff "Recht" ist in diesem Zusammenhang weit aufzufassen, weil er aufgrund der Erfahrungen des Dritten Reiches die unreflektierte Anwendung von formell rechtmäßigen Gesetzen verhindern soll.[7]

Fall: ***"Ölbohrplattformenteignung"***

Nach einem Störfall auf einer Ölbohrplattform im Schleswig-Holsteinischen Wattenmeer, in dessen Folge eine große Zahl von Seevögeln und Robben umgekommen war, beschließt das Bundesland Schleswig-Holstein ein Gesetz, nach dem die privaten Ölbohrplattformen enteignet, den Eigentümern eine Entschädigung gewährt und die Anlagen stillgelegt werden.
Die Schleswig-Holsteinische Ölaktiengesellschaft (SHOAG) betreibt eine solche Plattform und will sich gegen die Enteignung ihrer Anlage wehren. Bestehen Aussichen auf Erfolg?

---

[7] Vgl. *von Münch*, Art. 20 Rn 36.

Sachverhaltsalternative:

Wie würde sich die Rechtslage ändern, wenn in dem Gesetz nur die Möglichkeit der Enteignung durch Gesetz geregelt und der SHOAG ein Enteignungsbescheid zugehen würde?

Lösungsvorschlag:

Die SHOAG könnte mit einer Verfassungsbeschwerde beim Bundesverfassungsgericht gegen das Landesgesetz vorgehen.

Die **Zulässigkeit** einer solchen Verfassungsbeschwerde beurteilt sich nach Art. 93 Abs. 1 Nr. 4 a GG, §§ 13 Nr. 8 a, 90 ff. BVerfGG.

Der Streitgegenstand ist ein Gesetz, mithin eine Maßnahme der öffentlichen Gewalt. Die SHOAG wird behaupten, selbst gegenwärtig und unmittelbar in einem Grundrecht verletzt zu sein. Als verletztes Grundrecht kommt in diesem Zusammenhang Art. 14 Abs. 1 GG in Betracht. Die SHOAG ist als juristische Person des Privatrechts (vgl. § 1 AktG) für dieses Grundrecht auch grundrechtsfähig. Die SHOAG wird eine unmittelbare Grundrechtsverletzung durch das Gesetz behaupten. Diese läge dadurch vor, daß im Gesetz ein Eigentumserwerb kraft Gesetzes angeordnet ist und die SHOAG demgemäß ihr Eigentum an der Plattform ohne eine zusätzliche Verwaltungsmaßnahme verlieren würde. Rechtsschutz gegen ein Gesetz vor ordentlichen Gerichten ist nicht zu erreichen. Mithin ist auch der Rechtsweg erschöpft.

Die Verfassungsbeschwerde wäre **begründet**, wenn durch das Gesetz rechtswidrig in das Grundrecht der SHOAG aus Art. 14 Abs. 1 GG (Eigentumsgarantie) eingegriffen würde.

Durch das Gesetz wird Eigentum unmittelbar entzogen, also in den Schutzbereich des Art. 14 GG eingegriffen. Grundrechtswidrig wäre dies, wenn dieser Eingriff nicht Ausdruck der Schrankensystematik des Art. 14 GG wäre. Enteignungen durch Gesetze sind nur dan Ausdruck der Schrankensystematik, wenn sie zum Wohle der Allgemeinheit erfolgen, das Gesetz Art und Ausmaß der Entschädigung regelt und das Gesetz im übrigen verhältnismäßig und verfassungsmäßig zustande gekommen wäre.

Das Gesetz wäre **verhältnismäßig**, wenn es geeignet, erforderlich und zulässig wäre.[8] Das Gesetz ist **geeignet**, den vom Gesetzgeber angestrebten Zweck zu erreichen. Es ermöglicht eine rasche Unterbindung jeder Ölbohrtätigkeit im Wattenmeer. Die Enteignung und Stillegung ist ein geeignetes Mittel, dieses Ziel zu erreichen. Zu prüfen bleibt, ob es sich auch um den **mildestmöglichen** Eingriff (Verhältnismäßigkeit im engeren Sinn/Angemessenheit) handelt. Dies ist insbesondere deshalb zweifelhaft, weil durch Gesetz direkt enteignet wird **(Legalenteignung)** anstatt durch das Gesetz lediglich die Möglichkeit der Enteignung durch die Verwaltung aufgrund eines Gesetzes **(Administrativenteignung)** zu schaffen. Auf der anderen Seite ist zu beachten, daß gegen Administrativenteignungen Rechtsschutzmöglichkeiten bestehen, die eine Verwirklichung des vom Gesetzgeber angezielten Zweckes für viele Jahre verzögern

[8] Zum Grundsatz der Verhältnismäßigkeit als Verfassungsprinzip s. BVerfGE 61, 126, 134; *Konrad Hesse,* Rn 185, sowie *ders.* zur Herstellung praktischer Konkordanz durch das Verhältnismäßigkeitsprinzip bei der Auslegung von Grundrechten Rn 318, 319, jeweils m.w.N..

können. Zur Erreichung des angestrebten Zieles ist deshalb kein milderes Mittel zu erkennen. Die Angemessenheit der Regelung ergibt sich auch daraus, daß der Eingriff in die Rechte der betroffenen Grundrechtsträger durch Entschädigungszahlung ausgeglichen wird.

Weiter ist zu prüfen, ob der Eingriff auch im übrigen in rechtmäßiger Weise erfolgt ist. Dies wäre dann nicht der Fall, wenn das Land keine Gesetzgebungskompetenz für die Regelungen hätte. Gem. Art. 74 Nr. 11 GG gehört das Recht des Bergbaus zur konkurrierenden Gesetzgebungskompetenz des Bundes. Nach Art. 72 Abs. 1 GG ist die Gesetzgebungskompetenz der Länder ausgeschlossen, wenn der Bund von seinem Gesetzgebungsrecht Gebrauch gemacht hat. Dies ist in der Bundesrepublik Deutschland durch das Bundesberggesetz und dazu ergangene Ausführungsverordnungen, insbesondere die Bergverordnung für den Festlandssockel, geschehen. Auf der anderen Seite ist zu beachten, daß das Recht der Enteignung in Art. 74 Nr. 14 GG eigenständig erwähnt wird. Von dem Recht, die Enteignungen von Ölbohrplattformen eigenständig zu regeln, hat der Bund bisher nicht Gebrauch gemacht. Insofern könnte die Gesetzgebungskompetenz des Landes weiter bestehen. Im Bundesberggesetz sind jedoch der Widerruf der Erlaubnis und die Aufhebung von Bergwerkseigentum erwähnt. Der Bund hat also von der konkurrierenden Gesetzgebung im Sinne des Art. 74 Nr. 14 GG Gebrauch gemacht. Deshalb ist auch sinsoweit die Landeskompetenz entfallen. Der Grundrechtseingriff wäre somit nicht auf im übrigen rechtsmäßige Weise erfolgt. Die zulässige Verfassungsbeschwerde wäre also auch begründet.

Die SHOAG könnte sich mithin mit Aussicht auf Erfolg gegen die Enteignung der Ölbohrplattform durch Gesetz mittels einer Verfassungsbeschwerde vor dem Bundesverfassungsgericht zur Wehr setzen.

Lösungsvariante:

Wäre die Enteignung durch einen Verwaltungsakt erfolgt, der sich auf ein Ölbohrplattformenenteignungsgesetz stützen könnte, wäre Rechtsschutz gegen diesen Verwaltungsakt nach § 40 Abs. 1, 45 VwGO vor dem Verwaltungsgericht zu suchen.

Zunächst wäre gem. § 68 VwGO Widerspruch gegen den Verwaltungsakt einzulegen und für den Fall, daß diesem von der Verwaltungsbehörde nicht abgeholfen würde (Erlaß eines Widerspruchsbescheids, § 73 VwGO), Anfechtungsklage gem. § 42 VwGO vor dem Verwaltungsgericht zu erheben. Nach Abschluß des Widerspruchverfahrens wäre die Klage zulässig, wenn sie innerhalb eines Monats eingelegt würde (vgl. § 74 VwGO). Zur Klage befugt wäre die SHOAG nur dann, wenn sie geltend machen würde, durch den Verwaltungsakt in ihren Rechten verletzt zu sein (vgl. § 42 Abs. 2 VwGO). Als verletztes Recht kommt hier das Eigentum der SHOAG aus Art. 14 GG in Betracht. Die Klage wäre somit zulässig.

Die Anfechtungsklage wäre dann begründet, wenn der Verwaltungsakt rechtswidrig wäre.

Davon, daß der Verwaltungsakt formell und materiell entsprechend dem Landesgesetz ergehen würde, soll ausgegangen werden. Rechtmäßig wäre er jedoch nur dann, wenn auch die ihm zugrunde liegende Rechtsgrundlage ihrerseits mit höherrangigem Recht vereinbar wäre. Das Ölbohrplattformenteignungsgesetz wäre nur dann mit höherrangigem Recht vereinbar, wenn es unter Beachtung der Regeln für Zuständigkeit, Verfahren und Form und im übrigen in materieller Übereinstimmung mit den grundgesetzlichen Bestimmungen zustande gekommen wäre. Das Gesetz respektiert die Gesetzgebungszuständigkeiten - wie oben ausgeführt - nicht. Es ist dementsprechend nicht mit dem Grundgesetz vereinbar. Der Verwaltungsakt wäre somit rechtswidrig.

Die SHOAG könnte sich somit ebenfalls mit Aussicht auf Erfolg gegen die Enteignung der Ölbohrplattform durch Verwaltungsakt mittels eines Widerspruchs und einer sich gegebenenfalls anschließenden Anfechtungsklage vor dem Verwaltungsgericht zur Wehr setzen.

IV. Die Grundrechte als Grundlage des gesamten Privatrechts

Die Grundrechte des Grundgesetzes stehen in der Tradition der klassischen Freiheitsrechte, mit denen die Rechtsposition des Bürgers gegenüber dem Staat gesichert wird. Der Bürger hat gegenüber dem Staat aus diesen Rechten einen Anspruch auf Freiheit von staatlichen Eingriffen. Auf der anderen Seite garantieren die Grundrechte auch - wenn auch in wesentlich geringerem Umfang - staatliche Leistungen und die Teilhabe an staatlichen Einrichtungen. Sie stellen schließlich auch objektive Wertentscheidungen des Staates dar, die das gesamte staatliche Handeln prägen. Insbesondere in ihrer ersten und dritten Bedeutung sind die Grundrechte für die Privatrechtsordnung von besonderer Bedeutung. Grundlegend für jede Form privaten Handelns ist die Garantie des Staates gegenüber dem Bürger, im dauerhaft einen Bereich eigenverantwortlichen Handelns zu belassen.

IV. 1. Freie Entfaltung der Persönlichkeit

Das Grundrecht auf freie Entfaltung der Persönlichkeit ist in Art. 2 Abs. 1 GG formuliert, wo es heißt:

> „Jeder hat das Recht auf die freie Entfaltung seiner Persönlichkeit, soweit er nicht die Rechte anderer verletzt und nicht gegen die verfassungsmäßige Ordnung oder das Sittengesetz verstößt."

Das Grundrecht schützt die Handlungsfreiheit im umfassenden Sinne.[9] Geschützt wird gleichermaßen Tun wie Unterlassen. Gerade deshalb hat dieses Grundrecht erhebliche Bedeutung für das wirtschaftliche Handeln des Bürgers. Geschützt ist unternehmerische Handlungsfreiheit im umfassenden Sinn, insbesondere die Freiheit zum Abschluß von Verträgen. Geschützt ist auch die Freiheit zum Abschluß von Arbeitsverträgen[10]. Jede natürliche Person ist Träger des Grundrechts; Grundrechtsschutz kommt auch Ausländern in Deutschland zugute, deren Rechte aus dem Grundrecht sind jedoch in verfassungskonformer Weise einfacher beschränkbar als die Rechte der Deutschen[11]. Im Verhältnis zwischen Bürgern oder zwischen Bürgern und privaten Organisationen enthält das Grundrecht grundsätzlich keine Schutzwirkung. Etwas anderes gilt nur dann, wenn eine Seite der

---

[9] BVerfGE 6, 32, 36.
[10] Vgl. *Jarass/Pieroth*, § 2, Rn 4.
[11] gl. *Jarass/Pieroth*, § 2, Rn 8f.

anderen strukturell unterlegen ist[12] . Im Verhältnis zu anderen Grundrechten ist das Grundrecht auf allgemeine Handlungsfreiheit umfassender beschränkbar. Beschränkend wirken insbesondere formell ordnungsgemäß begründete Rechte anderer und die verfassungsmäßige Ordnung. Ohne praktische Bedeutung ist die Beschränkung durch das Sittengesetz. Eine erhebliche Bedeutung des Grundrechts für den Bereich des wirtschaftlichen Handelns ergibt sich insbesondere daraus, daß es einen angemessenen Spielraum zur Entfaltung der Unternehmerinitiative garantiert[13]. So sind zum Beispiel behördliche Aufsichtsrechte nur insoweit zulässig, wie sie erforderlich sind, den öffentlichen Zweck zu erreichen. Auch öffentliche Eingriffe, z.B. in die Preisgestaltung, unterliegen dem Grundsatz der Verhältnismäßigkeit.

IV. 2. Vereinigungsfreiheit

Das planmäßige Zusammenwirken verschiedener Personen ist Voraussetzung für wirtschaftliches Handeln. Entsprechend ist die Vereinigungsfreiheit Grundlage einer Wirtschaftsordnung. In Art. 9 Abs. 1 GG heißt es:

> „Alle Deutschen haben das Recht, Vereine und Gesellschaften zu bilden."

Wie sich dem weiteren Wortlaut der Vorschrift entnehmen läßt, wird durch die Vorschrift das Recht zur Bildung jeglicher Vereinigungen geschützt. Eine Beschränkung auf Vereinigungen ohne wirtschaftlichen Zweck besteht nicht. Auch jede Form wirtschaftlichen Handelns, in der dauerhaft mehrere

---

[12] Vgl. BVerfGE, EuGRZ 1993, S. 582.
[13] BVerfGE 50, 290, 366.

natürliche Personen zusammenwirken, ohne daß ein Dienst- oder Arbeitsverhältnis vorliegt, wird durch die Vorschrift geschützt. Die Vorschrift schützt nicht nur die Existenz der Vereinigungen, geschützt ist auch deren Tätigwerden. Für den Bereich des Privatrechts, also die Geltung des Rechts für das Verhältnis zwischen juristischen und natürlichen Personen, die nicht dem öffentlichen Recht angehören, ist zu beachten, daß nur eine relativ schwache Ausstrahlungswirkung besteht. Das Grundrecht garantiert im Bereich des privaten Rechts den Schutz davor, daß Aufnahmeanträge in Vereine und Gesellschaften nicht in schlicht willkürlicher Weise abgelehnt werden. Verboten sind gem. Art. 9 Abs. 2 GG Vereinigungen, deren Zwekke oder deren Tätigkeit dem Strafgesetz zuwiderlaufen, oder die sich gegen die verfassungsmäßige Ordnung oder gegen den Gedanken der Völkerverständigung richten.

IV. 3. Eigentum

Planvoll und wirtschaftlich handeln kann nur der, der sich einerseits darauf verlassen kann, dauerhaft über sein Eigentum zu verfügen und andererseits weiß, daß auch seine Geschäftspartner über ihr Eigentum unbehelligt von staatlichen Eingriffen verfügen können. In Art. 14 Abs. 1 GG wird das Eigentum garantiert. Dort heißt es:

> „Das Eigentum und das Erbrecht werden gewährleistet. Inhalt und Schranken werden durch die Gesetze bestimmt."

Das Grundrecht ist jedoch stärker als andere Grundrechte auf seinen sozialen Zweck hin orientiert. In Abs. 2 der gleichen Vorschrift heißt es:

> „Eigentum verpflichtet. Sein Gebrauch soll zugleich dem Wohle der Allgemeinheit dienen.“

Art. 14 GG schützt zum einen die Einrichtung des Privateigentums an sich, zum anderen Eigentumsrechte des Einzelnen. Geschützt sind dabei grundsätzlich alle vermögenswerte Rechte jeder Einzelperson[14]. Träger des Grundrechts ist jede natürliche und jede inländische juristische Person des privaten Rechts. Ausländische juristische Personen können sich dagegen nicht auf den Schutz des Art. 14 GG berufen. Art. 14 GG schützt ferner nicht nur vor direkten Eingriffen. Auch mittelbare Eingriffe, die lediglich indirekte Eigentumsbeschränkungen darstellen, fallen in den Schutzbereich der Norm.

Der denkbar intensivste Eingriff in das Eigentum ist die Enteignung. Eine Enteignung ist nach den Regeln des Grundgesetzes nicht ausgeschlossen. Sie ist jedoch nur in engen Grenzen zulässig. In Abs. 3 des Art. 14 GG heißt es:

> „Eine Enteignung ist nur zum Wohle der Allgemeinheit zulässig. Sie darf nur durch Gesetz oder aufgrund eines Gesetzes erfolgen, das Art und Ausmaß der Entschädigung regelt. Die Entschädigung ist unter gerechter Abwägung der Interessen der Allgemeinheit und der Beteiligten zu bestimmen. Wegen der Höhe der Entschädigung steht im Streitfalle der Rechtsweg vor den ordentlichen Gerichten offen.“

---

[14] Vgl. zu der genauen Abgrenzung zu Hoffnungen und Erwartungen sowie zu Beispielen im einzelnen *Jarass/Pieroth*, § 14, Rn 6 ff., 14.

Das Enteignungsverbot des Grundgesetzes ist also relativ. Es schützt vor entschädigungsloser Enteignung. Mit diesem Ansatz ist ein marktwirtschaftskonformer Schutzmechanismus hergestellt: Der Entzug von Eigentum hat so entschädigt zu werden, daß bei der Enteignung ein angemessener wirtschaftlicher Gegenwert verbleibt. Der Rechtsschutz gegen die Festsetzung der Höhe der Entschädigung vor den ordentlichen Gerichten ist auch deshalb sachgerecht, weil diese gemeinhin über Erfahrungen mit wirtschaftlichen Werten verfügen. Eingriffe in das umfassend garantierte Eigentum sind nicht nur durch Enteignungen, sondern auch durch Beschränkungen der Nutzung oder der Verfügung über das Eigentum denkbar. Auch vor solchen Eingriffen schützt Art. 14 GG. Derartige Eingriffe sind nur dann zulässig, wenn sie einerseits formell durch die dafür zuständigen staatlichen Organe in dem dafür angeforderten Verfahren durchgeführt werden und zum anderen materiell mit dem Grundgesetz vereinbar sind, d.h. insbesondere **verhältnismäßig**, nämlich in geeigneter Weise lediglich in dem zur Erreichung des staatlichen Zweckes erforderlichen Umgang und in einer für den Betroffenen zumutbaren Weise erfolgen.[15]

Fall: ***"Autotestgelände-Entscheidung (Boxberg)"***

Zwei Gemeinden beschließen einen gemeinsamen Bebauungsplan, nach dem ein Gebiet von 4,5 x 1,25 km als Kfz-Teststrecke ausgewiesen wird. Die Firma Daimler-Benz kauft einen großen Teil des Grundstücks in dem Gebiet in der Absicht, eine Teststrecke zu errichten. Einige Grundstücke fehlen, deren Eigentü-

[15] Zum Grundsatz der Verhältnismäigkeit bei der Beschränkung von Grundrechten s. *Konrad Hesse*, Rn 318/319.

mer wollen nicht verkaufen. Daraufhin führt die zuständige Landesbehörde einFlubereinigungsverfahren durch, in dessen Verlauf diese Eigentümer ihr Eigentum an den Grundstücken verlieren und andere Grundstücke außerhalb des geplanten Testgeländes erhalten. Zur Begründung führt die Behörde aus, die Automobilproduktion diene dem Allgemeinwohl und schaffe Arbeitsplätze.

Der Gundstückseigentümer Trotzig (T) ist mit der Entscheidung nicht einverstandn und will gerichtlich gegen sie vorgehen. Besteht Aussicht auf Erfolg?

Lösungsvorschlag:

Eine Klage vor dem Verwaltungsgericht hätte Aussicht auf Erfolg, wenn sie zulässig und begründet wäre.

A. Zulässigkeit

Ein Flurbereinigungsbeschluß ist eine Maßnahme auf dem Gebiet des öffentlichen Rechts. Es handelt sich um einen Verwaltungsakt. Dieer ist mit einer Anfechtungsklage anzugreifen. Die Klagebefugnis i.S.d. § 42 Abs. 2 VwGO ergibt sich aus Art. 14 GG. Weiter müsen die Formalien gewahrt sein.

B. Begründetheit

Die Klage wäre begründet, wenn der Flurbereinigungsbeschluß rechtswidrig in die Rechte des T eingegriffen hätte. T wäre dann in seinen Rechten verletzt, wenn der Beschluß rechtswidrig wäre.

In diesem Falle wäre der Beschluß nicht Ausdruck der Schrankensystematik des Art. 14 GG. Ermächtigungsgrundlage für einen Flurbereinigungsbeschluß sind §§ 4, 87 Flurbereinigungsgesetz, § 190 Abs. 1 Baugesetz. Die formellen Voraussetzungen zum Erlaß eines Flubereinigungsbeschlusses liegen vor. Mateielle Voraussetzungen für einen Flubereinigungsbeschluß ist ein rechtmäßiger Bebauungsplan. Dieser ist laut Sachverhalt ordnungsgemäß ergangen. Weiter ist Voraussetzung für die Rechtmäßigkeit des Flurbereinigungsbeschlusses, daß, sofern dieser Enteignungscharakter hat, die Enteignung durch Vorschriften außerhalb des Flurbereinigungsgesetzes gedeckt ist. Ein Flurbereinigungsbeschluß hat enteignenden Charakter, wenn ein Eingriff in individuelle Eigentumspositionen vorliegt. T ist durch den Beschluß in seinem Eigentum betroffen. Weiter ist zu prüen, ob er lediglich in einer Art und Weise betroffen ist, die eine Inhalts- oder Schrankenbestimmung darstellt oder ob eine Entziehung des Eigentums vorliegt. Dem T. wird durch den Beschluß sein Eigentum vollständig entzogen. Zugleich wird ihm eine gleichwertige Landabfindung an anderer Stelle gewährt. Art. 14 GG schützt jedoch nicht den Bestand des Vermögens des Rechtsträgers, sondern das konkrete Eigentum vor Eingriffen. Mithin liegt ein Eigentumseingriff vor. Das Bundesverfassungsgesetz hat in seiner "Boxberg"-Entscheidung[16] ausgeführt:

> "Die hier in Rede stehende Unternehmens-Flubereingiung führt zum Entzug von Eigentumspositionen i. S. d. Art. 14 Abs. 1 S.1 GG. Die Teilnehmer des Flurbereinigungsverfahrens verlieren ihre Grundstücke ganz oder teilweise und erhalten dafür regelmäßig nach Abzug der für das Unter-

[16] BVerfGE 74, 264.

nehmen benötigten Flächen eine Landabfindung gleichen Werts oder eine Entschädigung gem. §§ 88, 89 Flurbereinigungsgesetz. Darin liegt ein Zugriff auf das Eigentum des Einzelnen unter Umgestaltung der konkreten Rechtsverhältnisse; an die Stelle des konkreten Eigentumsbestandes tritt der Eigenumswert ..."

Weiter hat das Gericht ausgeführt:

"Eine städtebauliche Unternehmensflurbereinigung dient in erster Linie der Verwirklichung eines im öffentlichen Interesse liegenden Vorhabens, das in erhelblichem Umfang in die ländliche Grundstückssicherung eingreift. Der mit ihr verfolgte Zweck besteht darin, dem Unternehmensträger die für das Vorhaben benötigten Grundstücke zu beschaffen. Dies aber ist für die Enteignung typisch. Eine derartige Unternehmensflurbereinigung verliert ihre enteignende Qualität auch nicht dadurch, daß der durch das Vorhaben entstehende Landverlust auf einen größeren Kreis von Eigentümern verteilt wird. Durch eine solche Maßnahme zur Verminderung wird die Fremdnützigkeit des Eingriffs nicht beseitigt. Der jeweilige Grundeigentümer muß - wenn auch nicht als einzelner Betroffener, so doch in einer Solidargemeinschaft mit anderen - den Zugriff auf sein Grundstück zur Verwirklichung eines nicht in seinem oder dem Interesse der Solidargemeinschaft liegenden Vorhabens dulden. Etwas anderes ergibt sich auch nicht aus der Situationsgebundenheit des einzelnen Grundstücks und einer daraus folgenden Pflicht zur Rücksichtnahme und sozialen Solidarität ggenüber strukturverbessernden Maßnahmen. Damit wird bereits verkannt, daß die Begründung solcher Eigentümerpflichten dem Gesetzgeber obliegt, der gem. Art. 14 Abs. 1 S GG Inhalt und Schranken des Eigentums bestimmt. Es gibt noch keine gesetzliche Regelung, die den Grundeigentümer verpflichtet, sein Grundstück zur Verwirklichung eines im Fremdinteresse liegenden Zwecks gegen ein anderes auszutauschen. Vielmehr macht der Gesetzgeber in § 87 Abs. 1 S. 1 Flurbereinigungsgesetz die Anordnung der Unternehmensflubereinigung gerade von der Zulässigkeit einer Enteignung abhängig. Damit hat er - im Einklang mit der Verfassungsrechtslage und diese nicht etwa "überschießend" - zum Ausdruck gebracht, daß die Inanspruchnahme von Grundeigentum im Wege der Unternehmens-Flurbereinigung nicht von der Sozialpflichtigkeit des Eigentums i.S.d. Art. 14 Abs. 2 GG gedeckt ist."

Die Enteignung müßte also durch Gesetze, die ihrerseits den Anforderungen des Art. 14 Abs. 3 GG entsprechen, legitimiert sein. Zur Zulässigkeit von Enteignungen zugunsten privater Rechtsträger hat das Bundesverfassungsgericht in der oben erwähnten Entscheidung ausgeführt:

"Eine Enteignung zugunsten Privater, bei der Eigentum zwangsweise von einem Staatsbürger auf den anderen übertragen werden soll, die nur mittelbar dem Gemeinwohl dient und die in erhöhtem Maße der Gefahr des Mißbrauchs zu Lasten des Schwächeren ausgesetzt ist, wirft besondere verfassungsrechtliche Probleme auf ... Ob und für welche Vorhaben eine solche Enteignung statthaft sein soll, hat der Gesetzgeber unzweideutig zu entscheiden. Auch muß - soll zugunsten eines Privaten enteignet werden - gewährleistet sein, daß der im allgemeinen Interesse lie-

> gende Zweck der Maßnahme erreicht und dauerhaft gesichert wird; nur dann fordert das allgemeine Wohl die Enteignung ... Dazu ist eine gesetzlich vorgesehene effektive rechtliche Bindung des begünstigten Privaten an das Gemeinwohl notwendig."

Im Bundesbaugesetz und auch an anderer Stelle hat der Gesetzgeber eine Enteignung zur Verbesserung der Wirtschaftsstruktur und zur Schaffung von Arbeitsplätzen nicht zugelassen. Eine Enteignungsgrundlage besteht somit nicht. Der Flurbereinigungsbeschluß war somit materiell rechtswidrig.

Ergebnis:

Die Klage ist sowohl zulässig als auch begründet.

V. Grundlagen des Vertragsrechts

V.1. Privatautonomie und Vertragsfreiheit

Wenn man in der Normenhierarchie unter Privatrecht den Teil des Rechts versteht, der die Beziehung zwischen einzelnen gleichgeordneten Rechtssubjekten regelt, so ist der Vertrag das zentrale Instrument, privatautonom rechtswirksame, d.h. vor staatlichen Gerichten durchsetzbare, Rechtsbeziehungen zu regeln. Denn dominierend für das gesamte Privatrecht ist der **Grundsatz der Privatautonomie**, also die vom Gesetzgeber im Grundrecht auf freie Entfaltung der Persönlichkeit (Art. 2 Abs. 1 GG) und der Eigentumsgarantie (Art. 14 GG) festgeschriebene Freiheit aller Privatpersonen, ihre vermögensrechtlichen Rechtsbeziehungen selbstständig zu regeln, sofern sie nicht gegen zwingende gesetzliche Normen verstoßen. Die gesetzlichen Eingriffe seitens des Gesetzgebers lassen sich größtenteils aus seiner ebenfalls im Grundgesetz normierten Verantwortung ableiten, einen sozialen Bundesstaat zu garantieren ("Sozialstaatsprinzip", vgl. Art. 20 Abs. 1 GG). Da sich beim freien Spiel der marktwirtschaftlichen Kräfte sehr rasch ungleiche Chancen der Marktteilnehmer durch unterschiedliche wirtschaftliche und personelle Ressourcen ergeben, finden sich auch im deutschen Privatrecht Schutznormen für die wirtschaftlich oder sozial Schwächeren oder Unerfahrenen[17], teilweise sogar in Spezialgesetzen[18], um zumindest auf rechtlicher Seite eine weitgehende "Waffengleichheit" herzustellen. Denn ohne die Möglichkeit einer Umsetzung in der

---

[17] Beispielsweise in den Vorschriften über die Geschäftsunfähigkeit bzw. beschränkte Geschäftsfähigkeit Minderjähriger in §§ 104 ff. BGB sowie der Formvorschrift bei Verträgen über Grundeigentum in § 313 i.V.m. § 125 BGB.

[18] Derartige Schutzgesetze sind etwa das HaustürWG, das VerbrKrG sowie das AGBG, s. speziell zum AGBG unten V.7..

Rechtspraxis wäre auch der Grundsatz der Privatautonomie bestenfalls eine Farce.

Die Privatautonomie findet sich in dem das Vertragsrecht beherrschenden Grundsatz der Vertragsfreiheit wieder, der in § 305 BGB gesetzlich normierten Freiheit, Verträge gleich welcher Art und gleich welchen Inhalts zu schließen, sofern nicht zwingende gesetzliche Vorschriften dem entgegenstehen. Indes sind sind die meisten Vorschriften des Bürgerlichen Gesetzbuches dispositiv, also von den Parteien veränderbar. Mithin sind die Parteien grundsätzlich auch frei, einen Vertrag eigener Art (sui generis) zu schließen, ohne an gesetzliche Vorgaben in Form von Vertragstypen gebunden zu sein. Hierin wird auch die Funktion der Gesetze im deutschen Privatrecht deutlich:

Sofern die Parteien im Rahmen des Zulässigen detaillierte Vertragsbedingungen ausarbeiten, sind die Gesetze, und damit auch das BGB und das HGB, nur subsidiäre Rechtsquellen, die dann hilfsweise zur Anwendung gelangen, wenn die Parteien Lücken in ihrem Vertrag gelassen haben. Derartige Lücken in Verträgen kommen selten in komplexen Vertragsbeziehungen mit hohem Kapitaleinsatz vor, weil die Folgen von Leistungsstörungen bei der Vertragserfüllung und das damit einhergehende finanzielle Risiko zu groß sind. Gleichwohl haben die subsidiären Gesetzesnormen eine besonders große Bedeutung, wo es sich um die sogenannten Bargeschäfte des täglichen Lebens geht, also den Kauf über die Theke oder den Ladentisch gegen Barzahlung. Hier handelt es sich meistens um banale Gegenstände und geringe Kaufpreissummen, so daß es die Parteien in aller Regel nicht als notwendig erachten, detaillierte Vertragsbedingungen zu vereinbaren. Wenn es dann zum Streit kommt, etwa über die Funktionstüchtigkeit eines als neuwertig gekauften Radios, ist die "große Stunde" der Gesetzesnormen gekommen.

V.2. Historischer Hintergrund des Bürgerlichen Gesetzbuchs

Das Herzstücks des deutschen Privatrechts bildet das Bürgerliche Gesetzbuch (BGB). Um die Bedeutung des BGB besser verstehen zu können, sei ein kurzer historischer Rückblick auf seine Genese gestattet:

Nach dem Zusammenschluß der deutschen Staaten zum Deutschen Reich im Jahr 1871 wurde das Bedürfnis immer drängender, für das nunmehr politisch einheitliche Gebiet des Deutschen Reiches auch ein einheitliches Rechtssystem zu schaffen. Wie so oft, waren auch damals die Kaufleute, also professionelle Händler, die ersten, die das Bedürfnis nach einem einheitlichen Privatrechtsystem artikulierten und es auch durchsetzten: Das Allgemeine Deutsche Handelsgesetzbuch (ADHGB) von 1861, das ab 1869 zunächst nur für die Staaten des Norddeutschen Bundes galt, wurde bereits 1871 in seinem Anwendungsbereich auf das gesamte Deutsche Reich ausgedehnt. Da sich die Regelungen im ADHGB in Hinblick auf das Zustandekommen der Verträge, aber auch die Regelung einiger Vertragstypen so gut bewährt hatten, wurde das ADHGB zum Modell und gleichsam "Steinbruch" für das BGB.[19]

Die deutsche Rechtsvereinheitlichungswelle ab 1871, die auf der politischen und wirtschaftlichen Einheit des Deutschen Reiches beruhte, läßt sich derzeit auf europäischer Ebene in ganz ähnlicher Weise beobachten: Der grenzüberschreitende Handel innerhalb der EU nimmt immer mehr zu, der gemeinsame Binnenmarkt ist nicht länger nur politisches Traumgebilde, sondern Realität. Gleichwohl bestehen die Differenzen zwischen den Rechtssystemen in den Mitgliedsstaaten fort - eine für den internationalen Handel aufgrund der dadurch hervorgerufenen Rechtsunsicherheit und

[19] Vgl. zur Entstehungsgeschichte des ADHGB und des HGB unten in VI. sowie im Detail *Capelle/Canaris*, S. 16.

erhöhten Transaktionskosten[20] auf Dauer unerträglichen Situation.[21] Daher wird man in den kommenden Jahren noch wesentlich mehr Anstrengungen seitens der EU beobachten können, primär mittels Richtlinien, aber auch durch Verordnungen[22], eine EU-weite Privatrechtsvereinheitlichung umzusetzen. Denn dadurch würde endlich die nach Art. 100 EG-Vertrag vorgesehene einheitliche rechtliche Grundlage für einen rechtlich reibungslosen Warenaustausch innerhalb der EU geschaffen, der Grundlage für die nach Art. B EU-Vertrag gewollte Wirtschaftsunion ist. Interessanterweise hat das Wiener UN-Kaufrecht (CISG) auch ohne eine Initiative der EU für den besonders häufig vorkommenden (professionellen) internationalen Warenkauf materielles Einheitsrecht für sämtliche EU-Mitgliedsstaaten außer dem UK geschaffen.[23]

Die eigentliche Entstehungsgeschichte des BGB begann im Jahre 1874, als die erste Kommission (Vorkommission) eingesetzt wurde, um ein Bürgerliches Gesetzbuch für das gesamte Deutsche Reich zu schaffen. Da sich, wie erwähnt, die Vorschriften im Hinblick auf einige Vertragstypen im ADHGB bereits hervorragend in der Praxis bewährt hatten, wurden weite Bereiche des ADHGB als Grundstock für das BGB genommen. 1888 lag dann der erste Entwurf des BGB vor. Die von 1874 bis 1888 stattgefunde-

---

20 Etwa für professionellen Rechtsrat bei der Vertragsgestaltung und vor Vertragsabschluß sowie erhöhte finanzielle Rückstellungen wegen der unsicheren Rechtsdurchsetzung im Ausland.

21 Auch in den USA hat dieses Bedürfnis des grenzüberschreitenden Handels, der für eine auf reibungslosen Warenaustausch angelegten Gesellschaft essentiell ist, schon früh zur Schaffung einheitlichen Handelsrechts geführt, bis hin zum UCC, der als Modellgesetz für das interamerikanischen Handelsrecht mit gewissen Modifikationen von sämtlichen Staaten in einzelstaatliches Recht überführt wurde, vgl. zur Bedeutung des UCC *Blumenwitz*, S. 26ff., 44/45; *Hay*, S. 81.

22 Beispielsweise wurde schon durch die Verordnung des EG-Ministerrats vom 25.07.1985 mit der EWIV einheitliches europäisches Gesellschaftsrecht gesetzt, s. im Detail unten VII.2.e).

23 Siehe im Detail zu diesem bislang weltweit erfolgreichsten Internationalen Einheitsrecht unten IX.3. sowie *Kegel*, S. 519 ff; speziell zur Entstehungsgeschichte *von Caemmerer/Schlechtriem-Schlechtriem*, Einleitung, S. 25 ff..

nen Beratungen können in den sog. **Motiven** nachgelesen werden. Sodann erarbeitete eine zweite Kommission den abschließenden zweiten Entwurf, der 1895 fertiggestellt war. Die Beratungen der zweiten Kommission wurden als sog. **Protokolle** veröffentlicht. Sowohl die Motive als auch die Protokolle sind heutzutage immer noch für die historische Interpretation des BGB von Bedeutung. Der Reichstag verabschiedete das BGB schließlich 1896 mit kleineren Modifikationen. Allerdings ist das BGB als Reichsgesetz erst am 1. Januar 1900 in Kraft getreten, um allen hiervon betroffenen Rechtskreisen die Möglichkeit zu geben, sich mit der neuen Gesetzesmaterie vertraut zu machen.

Bereits drei Jahre zuvor, im Jahre 1897, war das heutige Handelsgesetzbuch (HGB) in Kraft getreten, das sich, im Gegensatz zum alten ADHGB, auf die Regelung des nur für Kaufleute geltenden Handelsrechts beschränkte, und die allgemeinen, für jedermann geltenden Regeln, im BGB beließ.

Von den Rechtsursprüngen her verkörpert das BGB eine "Gemengelage" zwischen altem **römischen Recht** und **germanischem Recht**.[24] Allerdings hat das BGB in den beinahe 100 Jahren seines Bestehens ein mehr oder weniger dynamisches Eigenleben entwickelt, nicht zuletzt auch als Antwort der Rechtsprechung auf die durch die beiden Weltkriege verursachten dramatischen wirtschaftlichen und politischen Veränderungen. Daher sind die vorstehend aufgezeigten historischen Wurzeln des BGB im römischen oder

[24] Beispielsweise ist die Sachmängelgewährleistung beim Sachkauf (§§ 433 Abs. 1, 459 BGB) klassischer Bestandteil des auf dem Forum angewandten Ädilenrechts, das bereits damals - noch für den Sklavenkauf - zwei verschiedene Fehlerkategorien der Kaufsache (objektiver und subjektiver Fehler), bereithielt. Demgegenüber ist indes bei der Übertragung von Grundeigentum (Auflassung § 925 BGB) das Übergabeprinzip bzw. das Offenkundigkeitsprinzip germanisch-rechtlichen Ursprunges. Denn nach germanischem Recht konnte ein Stück Land nur übertragen werden, wenn Verkäufer und Käufer es gemeinsam zu Fuß oder auf andere Weise umrundet hatten. Es mußte also für alle Mitglieder der Rechtsgemeinschaft ein äußerlich sichtbares Zeichen des Einkommensüberganges stattgefunden haben.

germanischen Recht heutzutage beinahe nur noch von rechtshistorischem Interesse. Eine Ausnahme hiervon bildet jedoch die unmittelbare Gesetzgebungsgeschichte, deren schriftliche Aufzeichnungen (Motive, Protokolle, Reichstagsberatungen) bei der historischen Interpretation des BGB auch heute noch oftmals wertvolle Hinweise enthalten, um die Regelungsabsichten des Gesetzgebers aufzudecken. Letzteres ist vor allem daher wichtig, weil der Richter gem. Art. 20 Abs. 3 GG an den im Gesetz zum Ausdruck kommenden Normanwendungsbefehl des in der Normenhierarchie höherrangigen Gesetzgebers gebunden ist.

Von der Gesetzestechnik her sind für das BGB das **Klammerprinzip**, **Verweisungsprinzip** und die **Abstraktheit** der einzelnen Normen kennzeichnend:

Klammerprinzip bedeutet, daß es einen allgemeinen Teil am Anfang des Gesetzbuches gibt (Erstes Buch, §§ 1 - 240 BGB), der für das gesamte BGB (Buch 1 - 5) gilt und allgemeine Begriffe sowie Definitionen enthält, die als termini technici im weiteren Verlauf des Gesetzes wieder auftauchen.

Durch die Verwendung der termini technici in den Büchern 2 - 5 wird indirekt auf den Allgemeinen Teil verwiesen, so daß das BGB vom Umfang her relativ schlank gehalten werden konnte. Ebenso konnte ein Fehler des Preußischen Allgemeinen Landrechts von 1794 (ALR) vermieden werden, indem durch eine abstrakte Formulierung der einzelnen Paragraphen die Flexibilität und Modernität des Gesetzes aufrechterhalten wurde. Denn das ALR wollte zwar mit relativ einfachem Wortlaut sowie detaillierten Beschreibungen nicht nur alle Bürger zu ihrem eigenen Rechtsanwalt machen, sondern auch sämtliche Lebenssachverhalte miteinschließen; jedoch zeigte sich bereits kurze Zeit nach Inkrafttreten des ALR, daß die Rechtsrealität doch wesentlich lebendiger und flexibler ist als sich ein Gesetzgeber je in seiner Phantasie ausdenken kann.

In Hinblick auf die im BGB verwendeten Arten von Recht ist zwischen zwingendem Recht (ius cogens) und dispositiven Recht (ius dispositivum) zu unterscheiden:

Wie bereits erwähnt, dominiert im BGB das dispositive Recht, das von den Vertragsparteien nach ihren speziellen Bedürfnissen privatautonom abgeändert werden kann. Nur wenige Normen sind der Disposition der Parteien entzogen, weil es sich um zwingendes Recht handelt. Das BGB spricht nicht ausdrücklich aus, daß es sich bei einer Norm um dispositives Recht handelt. Vielmehr geht es stillschweigend davon aus, daß grundsätzlich sämtliche Normen dispositiv sind und nur dann zwingendes Recht vorliegt, wenn dies expressis verbis zum Ausdruck kommt oder es sich um unabdingbare Rechtsgrundsätze handelt. Beispielsweise sind die Formvorschrift bei Verträgen über Grundeigentum gem. § 313 i.V.m. § 125 BGB ebenso wie die durch § 276 Abs. 2 BGB eingeschränkte Haftungsfreizeichnung zwingendes Recht; auch können die Parteien keine Rechtsgeschäfte entgegen gesetzlicher Verbote (§ 134 BGB) oder der guten Sitten (§ 138 BGB) abschließen. Demgegenüber handelt es sich bei der Sachmängelgewährleistung beim Kauf (§§ 459 ff. BGB) um dispositives Recht, wie § 476 BGB zeigt, so daß die Gewährleistung des Verkäufers für Mängel der Kaufsache durch eine entsprechende vertragliche Vereinbarung vollständig ausgeschlossen werden kann.

Rückblickend darf man wohl sagen, daß das BGB den gestellten Anforderungen und Wünschen gerecht geworden ist. Denn auch mit dem beinahe 100jährigen Handwerkszeug des BGB ist es immer noch möglich, moderne Vertragstypen, wie etwa Leasing- oder Franchising, oder auch Verträge über neuartige Vertragsgegenstände, wie etwa Computersoftware, den Parteiinteressen entsprechend in das Regelungswerk des BGB einzuordnen.

V.3. Vertragsfreiheit contra Vertragstypen

Zwar sind Privatautonomie und Vertragsfreiheit beherrschend für das gesamte deutsche Privatrecht, jedoch sind die Fälle in der Praxis sehr häufig, in denen die Parteien hiervon nur insoweit Gebrauch machen als daß sie lediglich Verträge abschließen ohne die Vertragsbedingungen detailliert zu regeln. Dies passiert nicht nur bei den vom Streitpotential her weitgehend problemlosen Bargeschäften des täglichen Lebens (Kleinstgeschäften), sondern auch bei komplexeren Vertragsbeziehungen, wenn den Parteien die Einigung als solche wichtiger ist und Detailregelungen übersehen oder offengelassen werden, etwa wenn ein Auto noch rasch vor der Urlaubsreise gekauft werden soll. Das BGB hält zu diesem Zweck subsidiär eine Vielzahl von Vertragstypen bereit, die für die im täglichen Leben am häufigsten vorkommenden Vertragsformen detaillierte Regelungen bereithalten. Bei den im BGB besonders geregelten Vertragstypen handelt es u.a. um Kaufvertrag (§§ 433 ff. BGB), Mietvertrag (§§ 535 ff. BGB), Dienstvertrag (§§ 611 ff. BGB), Werkvertrag (§§ 635 ff. BGB), Reisevertrag (§§ 651a ff. BGB) sowie den Auftrag (§§ 662 ff. BGB). Allen diesen Vertragstypen ist gemeinsam, daß in ihnen ob ihrer Häufigkeit in der Praxis ein immenses Streitpotential innewohnt, weshalb es der Gesetzgeber etwa auch nachträglich für notwendig erachtet hat, in den §§ 651a ff. BGB den Reisevertrag detailliert zu regeln, weil die Deutschen nicht nur Weltmeister im Verreisen sind, sondern auch allergisch reagieren, wenn ihre gebuchte Urlaubsreise, "die kostbarste Zeit im Jahr", nicht sämtliche Erwartungen bzw. Versprechungen erfüllt.

Darüberhinaus gibt es mit der Vertragsfreiheit in der Praxis Schwierigkeiten, wenn der wirtschaftlich stärkere Vertragspartner, vorformulierte Vertragsbedingungen (AGB) zu seinem eigenen Vorteil verwendet. Die wirtschaftlich schwächere Partei hat bei Quasi-Monopolstellungen oft keine Wahlmöglichkeit, außer der berühmten "friß-oder-stirb" Alternative. Nachdem die Gerichte mit Hilfe des allgemeinen Grundsatzes von Treu und Glauben in Vertragsbeziehungen (§ 242 BGB) derartige vertragliche Benachteiligungen für unwirksam erklärt hatten, war es dann doch der Gesetzgeber, der dieses Ungleichgewicht 1976 mit dem Gesetz für Allgemeine Geschäftsbedingungen (AGBG) beseitigte. Aufgrund des AGBG sind zahlreiche, den Vertragspartner abweichend vom BGB benachteiligende, Vertragsbedingungen des Verwenders unwirksam. Nach § 24 AGBG gilt dies jedoch nur sehr eingeschränkt für Kaufleute, woraus die soziale Schutzrichtung des Gesetzes als dem Schutze der wirtschaftlich oder sozial Schwächeren klar wird.

Zum anderen hat die Rechtsprechung gelegentlich Probleme mit der Vertragsfreiheit, wenn es im Streitfall darum geht, einen von den Parteien neu geschaffenen Vertragstyp den geeigneten Rechtsfolgenormen der geregelten Vertragstypen zuzuordnen. Dies ist in den vergangenen zehn Jahren in Deutschland besonders eklatant geworden bei den sog. modernen Vertragstypen, dem Leasing, Factoring, Franchising, aber auch den Just-in-time-Verträgen: Diese neuartigen Vertragstypen stammen sämtlich aus einer anderen Rechtsorndung, nämlich der US-amerikanischen, und sind dem deutschen Rechtssystem unbekannt. Gleichwohl haben die Parteien in der Vergangenheit von ihrer Vertragstypenfreiheit Gebrauch gemacht und auch ohne detaillierte Vertragsbedingungen neuartige moderne Verträge abgeschlossen. Im Streitfall haben indes die Gerichte Vertragslücken zu füllen, was sich in der Vergangenheit indes als recht schwierig erwies, weil keiner dieser Vertragstypen einem einzigen der im BGB festgeschriebenen Vertragstypen zuzuordnen ist. Vielmehr muß ein solcher "gemischter Vertrag" oder Vertrag *sui generis* i.S.d. § 305 BGB in seine rechtlich relevanten Bestandteile aufgeteilt werden. Das führt dazu, daß ein solcher Vertrag bei entsprechenden Vertragslücken nicht nach einem einzigen Rechtsfolgenprogramm zu beurteilen ist, sondern verschiedene, nicht immer inhaltlich kongruente, Gesetzesnormen zur Anwendung gebracht werden. Als klassisches Beispiel sei der Franchisevertrag genannt, bei dem es sich um ein Dauerschuldverhältnis mit lizenzvertraglichen Elementen handelt, der in der Nähe der Rechtspacht (§ 581 Abs. 1 BGB) angesiedelt ist. Gleichwohl werden auf den Franchisenehmer im großen Umfang Vorschriften des Handelsvertreterrechts (§§ 84 ff. HGB) analog angewendet, weil es sich hierbei um das einzige gesetzlich ausgeformte Modell eines interessenwahrenden Absatzmittlungsverhältnisses handelt[25].

V.4. Zustandekommen von Verträgen

Ein Vertrag kommt durch zwei übereinstimmende Willenserklärungen, dem Angebot gem. § 145 und der Annahme gem. § 147 BGB, zustande.

Dabei muß das Angebot als empfangsbedürftige Willenserklärung (§ 130 BGB) so bestimmt sein, daß der andere Teil nur noch mit einem "Ja" zu antworten braucht. Dies bedeutet aber, daß das Vertragsangebot die notwendigen Bestandteile des betreffenden Vertragstyps (sog. *essentialia negotii*) beinhalten muß. Dies bedeutet beispielsweise für einen Kaufvertrag

---

[25] Streitig war lange, ob ein Franchisenehmer etwa ebenso wie ein Handelsvertreter und Vertragshändler einen Ausgleichsanspruch analog zu § 980 b HGB bei Beendigung des Franchiseverhältnisses hat, vgl. hierzu *Martinek*, Moderne Vertragstypen II, 1992, S. 164 ff.; *Emmerich*, Franchising, JuS 1995, 761, 764, jeweils m.w.N..

i.S.d. § 433 Abs. 1 BGB, daß das Angebot mindestens Kaufgegenstand und Kaufpreis enthalten muß; beim Mietvertrag i.S.d. § 535 BGB sind Mietsache und Mietzins die essentialia negotii. Wirksam wird ein Angebot indes gem. § 130 BGB erst, wenn es dem Erklärungsgegner zugeht, d.h. in seinen Machtbereich gelangt und er die Möglichkeit zur Kenntnisnahme hat. Ab dem Zugang ist der Antragende gem. § 145 BGB an sein Angebot gebunden, es sei denn, er hat die Bindungswirkung ausgeschlossen. Diese Bindungswirkung ist allerdings befristet: Nach § 147 Abs. 1 BGB kann ein Angebot unter Anwesenden, einschließlich telephonischer Angebote, nur sofort angenommen werden. Unter Abwesenden kann der Antragende gem. § 148 BGB eine Annahmefrist bestimmen, ansonsten ist das Angebot gem. § 147 Abs. 2 BGB nur solange bindend, wie der Antragende eine Antwort unter regelmäßigen Umständen (Postlaufzeit, normaler Geschäftsgang) erwarten durfte. Das Angebot erlischt gem. § 146 BGB, wenn es entweder abgelehnt oder nicht rechtzeitig innerhalb der Annahmefrist (§§ 147 Abs. 2, 148 BGB) angenommen wurde.

Die Annahme i.S.d. § 147 BGB ist zwar ebenfalls eine empfangsbedürftige Willenserklärung, jedoch muß diese nach § 151 BGB dem Antragenden nicht unbedingt zugehen, wenn dies der Verkehrssitte entspricht oder der Antragende ausdrücklich oder stillschweigend auf den Zugang verzichtet hat. Letzteres ist etwa im Versandhandel, bei unentgeltlichen Zuwendungen oder einer kurzfristigen Bestellung eines Hotelzimmers der Fall.[26]

Sowohl Angebot als auch Annahme können stillschweigend, d.h. konkludent, abgegeben werden, wenn das betreffende Verhalten vom objektiven Empfängerhorizont (vgl. § 133 BGB) als verkehrstypisch für eine Willenserklärung angesehen wird. Beispiele hierfür sind das Einsteigen in eine Straßenbahn (Beförderungsvertrag) oder das Abstellen eines Pkws auf einem bewachten, kostenpflichtigen Parkplatz. Ebenso ist das Einwerfen

[26] Vgl. *Palandt-Heinrichs*, § 151 Rn 3, 4 m.w.N.

von Münzen in einen Getränkeautomat als konkludente Annahme des in der Warenpräsentation liegenden konkludenten Angebots des Automatenaufstellers zu werten, wobei es gem. § 151 BGB nach der Verkehrssitte nicht noch Zugangs der Annahmeerklärung beim Automatenaufsteller bedarf. Von einer konkludenten Willenserklärung ist das bloße Schweigen zu trennen: Schweigen gilt im Rechtsverkehr grundsätzlich nicht als Willenserklärung. Ausnahmsweise kann durch Schweigen ein Vertrag geschlossen werden, wenn die Parteien entweder zuvor vereinbart haben, daß Schweigen einen Erklärungsinhalt haben soll oder wenn sie in der Vergangenheit wiederholt Schweigen als Annahme haben gelten lassen. Darüberhinaus gilt Schweigen vereinzelt kraft Gesetzes als Annahmeerklärung (§ 362 HGB, § 5 Abs. 3 PflVG). Vor allem im Handelsrecht kommt dem Schweigen eines Kaufmannes eine besondere Bedeutung zu (kaufmännisches Bestätigungsschreiben[27]).

Darüberhinaus müssen sowohl Angebot und Annahme ernst gemeint sein, d.h. mit **Rechtsbindungswillen** abgegeben worden sein. Hiervon zu trennen sind zum einen sog. Scherzerklärungen (vgl. § 118 BGB) und zum anderen Erklärungen im Rahmen von Gefälligkeitsverhältnissen: Hier wollen die Parteien grundsätzlich keine bindenden, gerichtlich durchsetzbare Willenserklärungen abgeben, wie etwa bei Einladungen zum Abendessen oder Erklärungen zwischen Familienmitgliedern. Ferner werden mangels Rechtsbindungswillens etwa Schaufensterauslagen oder Zeitungsannoncen nicht als bindende Angebote behandelt, sondern als unverbindliche Aufforderung an jedermann, ein Vertragsangebot abzugeben (sog. *invitatio ad offerendum*)

Art und Umfang einer Willenserklärung sind im Zweifel gem. § 133 BGB durch Auslegung aus der Sicht des objektiven Empfängerhorizontes zu

[27] Siehe hierzu im Detail unten VI.1..

ermitteln. Gleiches gilt für die Auslegung des Vertragsinhaltes gem. § 157 BGB.

Weitere Voraussetzung für die Abgabe einer wirksamen Willenserklärung ist, daß der Erklärende **geschäftsfähig** ist, d.h. weder minderjährig noch in einem die frei Willensbestimmung ausschließenden Zustande (vgl. § 104 BGB). Ausnahmsweise können auch Minderjährige, also im Alter von 7 - 17 Jahren, rechtlich bindende Verträge abschließen, wenn sie entweder gem. § 107 BGB die Einwilligung ihres gesetzlichen Vertreters (in der Regel der Eltern, vgl. §§ 1626, 1629 BGB) hatten oder durch das Rechtsgeschäft lediglich einen rechtlichen Vorteil erlangen. Fehlt es einer Einwilligung, also einer vorherigen Zustimmung (vgl. § 183 BGB), und an einem rechtlichen Vorteil, dann ist das Rechtsgeschäft schwebend unwirksam. Diese schwebende Unwirksamkeit kann durch die nachträgliche Zustimmung (Genehmigung, vgl. § 183 BGB) der gesetzlichen Vertreter beseitigt werden, sie können jedoch auch die Genehmigung verweigern (§ 108 BGB) Darüber hinaus können Minderjährige aber auch rechtlich bindende Verträge abschließen, wenn sie die vertragliche Leistung mit den ihnen von den gesetzlichen Vertretern überlassenen Mitteln erbringen (sog. Taschengeldparagraph, § 110 BGB)[28].

Unter bestimmten, engen Voraussetzungen können irrtümlich abgegebene Willenserklärungen, also auch Angebot und Annahme, nachträglich gem.

---

[28] Allerdings ist auch hier der Vertrag solange schwebend unwirksam bis der Minderjährige die vertragliche Leistung tatsächlich bewirkt hat. Insofern liegt in Höhe der überlassenen Geldmitteln eine konkludente Einwilligung der gesetzlichen Vertreter vor; § 110 BGB soll den Minderjährigen nur vor zukünftigen Verpflichtungen, etwa in Gestalt von Ratenzahlungskaufverträgen, schützen, vgl. *Palandt-Heinrichs*, § 110 Rn 1. Ferner gilt der Minderjährige nach §§ 112, 113 BGB für Rechtsgeschäfte als voll geschäftsfähig, die der selbständige Betrieb eines Erwerbsgeschäftes bzw. ein Dienst- oder Arbeitsverhältnis mit sich bringen, sofern ihn der gesetzliche Vertreter zur Aufnahme einer solchen Tätigkeit ermächtigt hat.

§§ 119 ff. BGB mit der Wirkung angefochten werden, daß der Vertrag von Anfang an (*ex tunc*) nichtig ist (§ 142 BGB). In letzterem Fall ist jedoch der Anfechtende gem. § 122 BGB zum Ersatz des Schadens verpflichtet, den der andere Teil dadurch erleidet, daß er auf die Wirksamkeit vertrauen durfte (sog. negatives Interesse). Da der nach § 122 BGB zu ersetzende Vertrauensschaden sehr hoch sein kann, wird die Anfechtungsmöglichkeit nach § 119 BGB in praxi selten genutzt.[29] Eine in der Rechtspraxis durchaus geläufige Anfechtungsmöglichkeit ohne Schadensersatzpflicht gewährt § 123 BGB, wenn der andere Vertragsteil durch Täuschung oder Drohung die Abgabe der Willenserklärung veranlaßt hat.[30]

Da es sich beim Vertrag, wie bereits oben erwähnt, um das zentrale Steuerungselement des Privatrechts handelt, kommt dem wirksamen Vertragsschluß auch in der Praxis eine erhöhte Bedeutung zu, was anhand des folgenden Falles beispielhaft aufgezeigt werden soll:

Fall: *"Billiges Rennrad"*

Das Geschäft "Speed" in Hannover, das sich auf den Verkauf rasanter Fortbewegungsmittel wie Rennräder, Rollerblades, Surfboards etc. spezialisiert hat, bietet im Schaufenster als Sonderangebot ein französisches "Motobecane"-Rennrad zum Preis von DM 150,- an. Trotz der fortgeschrittenen Jahreszeit beschließt die A, die günstige Gelegenheit wahrzunehmen und sich im goldenen

[29] Darüberhinaus muß die Anfechtung nach § 119 BGB dem Anfechtungsgegner gem. § 121 Abs. 1 BGB unverzüglich (ohne schuldhaftes Zögern) erklärt werden, wobei eine Anfechtung in jedem Fall nach Ablauf von 30 Jahren ausgeschlossen ist.

[30] Nach § 124 BGB kann der Getäuschte seine Willenserklärung sogar noch ein Jahr nach Kenntnis von der Täuschung bzw. Drohung anfechten, allerdings ist auch hier die Anfechtung gem. § 124 Abs. 3 BGB nach 30 Jahren ausgeschlossen.

Oktober einen langgehegten Wunsch zu erfüllen. Sie betritt daher das Geschäft und läßt sich das Fahrrad zeigen, das sie sodann auch kaufen möchte. Als der Verkäufer V jedoch plötzlich DM 1.500,- von ihr haben möchte, verweist A auf die Preisauszeichnung im Schaufenster. Daraufhin läßt V die A recht arrogant wissen, daß er daran nicht gebunden sei.

Kann A trotzdem das Fahrrad für DM 150,- von V erhalten?

Lösungsvorschlag:

Die zentrale Frage für die Lösung des Falles ist, ob A und V bereits einen wirksamen Vertrag geschlossen haben, aufgrund dessen A von V Erfüllung und damit Übergabe des Fahrrades zum Preis von 150,- DM verlangen kann. In Betracht kommt als Anspruchsgrundlage § 433 Abs. 1 BGB.

Dies setzt voraus, daß die Parteien einen Kaufvertrag i. S. d. § 433 BGB geschlossen haben. Als Kaufgegenstand kommt hier nur das Fahrrad in Betracht. Zu prüfen ist, wer von den beiden Parteien ein bindendes Angebot i. S. d. § 145 BGB gemacht hat, daß die andere Partei sodann nach § 147 BGB hätte annehmen können.

Zunächst ist daran zu denken, daß der Verkäufer V durch das ausstellen des Fahrrades im Schaufenster und der Auszeichnung mit DM 150,- bereits ein bindendes Angebot abgegeben hat. Eine Willenserklärung muß nicht immer ausdrücklich, sondern kann auch stillschweigend durch verkehrsübliche Zeichen oder Verhaltensweisen, also konkludent, abgeben werden. Zur Auslegung einer Willenserklärung ist gem. § 133 BGB nach dem wirklichen Willen des V aus der Sicht des Empfängerhorizontes zu suchen. Wenn es sich bei der Schaufensterauslage eines Geschäftes in jedem Falle um bindende Angebote handeln würde, so käme der Verkäufer stets in die betrübliche Lage, einer Vielzahl von Vertragspartnern gegenüberzustehen, die alle für sich behaupten, als erste das Vertragsangebot angenommen zu haben. Der Verkäufer sähe sich so ständig der Gefahr ausgesetzt, sich schadensersatzpflichtig zu machen, wenn er die Sache im Schaufenster bereits anderweitig veräußert hat und eventuell nur versäumt hat, die nur einmal vorhandene Ware als bereits verkauft zu deklarieren. Dies kann in einer auf Warenaustausch angelegten Gesellschaft nicht Sinn und Zweck einer Schaufensterauslage sein, die ebenso wie eine Zeitungsannonce in aller Regel der Werbung dient und im Rechtsverkehr daher lediglich als *invitatio ad offerendum* einzuordnen ist.

Eine Ausnahme hiervon greift dann, wenn der Verkäufer ausdrücklich erklärt, daß es sich um ein bindendes Angebot handelt. Meistens finden sich jedoch auch in Zeitungsannoncen oder Werbeprospekten einschränkende Hinweise dergestalt, daß die Angebote nur vorbehaltlich des eigenen Lagerbestandes bzw. der eigenen Belieferung mit Ware gelten.

Mithin hat nicht V, sondern A ein bindendes Angebot über DM 150,- abgegeben, als er sich im Laden befand. Dieses mündliche Angebot hätte V gem. § 147 Abs. 1 BGB sofort annehmen können. Jedoch hat V gem. § 146 BGB genau das Gegenteil getan und das Angebot abgelehnt, so daß damit auch das Angebot der A erloschen ist. Gleichzeitig hat V indes mit dem Hinweis auf den von ihm geforderten Kaufpreis von DM 1.500,- seinerseits ein nunmehr bindendes Angebot i. S. d. § 145 BGB abgegeben, das wiederum die A nicht angenommen hat.

Folglich liegt kein wirksamer Kaufvertrag i.S.d. § 433 BGB vor, so daß die A von V auch nicht das Fahrrad gem. § 433 Abs. 1 BGB von V als Erfüllung des Kaufvertrages zum Preis von DM 150,- als Gegenleistung verlangen kann.

V.5. Beendigung von Verträgen

Angesichts des Umstandes, daß der Gläubiger aufgrund eines vertraglichen Anspruchs von dem Schuldner gem. §§ 194 Abs. 1, 241 BGB, notfalls auch gerichtlich, ein Tun oder Unterlassen verlangen kann, ist die Beendigung oder der "Tod" des Vertrages, also des Schuldverhältnisses, für den Schuldner von erheblicher Bedeutung.

Die reguläre, d.h. planmäßige, Vertragsbeendigung bezeichnet das BGB als **Erfüllung** (§ 362 Abs. 1 BGB), worunter die Erbringung der geschuldeten Leistung zu verstehen ist. Dies setzt voraus, daß die vertraglich festgelegte Leistung am **richtigen Ort** (§ 269 BGB) und zur **richtigen Zeit** (§ 271 BGB) erbracht wird. Um im Zweifel feststellen zu können, ob es sich um die richtige, d.h. vertraglich geschuldete, Leistung handelt, differenziert das BGB zwischen einer **Stück-** und **Gattungsschuld**: Sofern eine Sache nur nach allgemeinen Merkmalen festgelegt ist, spricht man von einer **Gattungsschuld** (Vorratsschuld), z.B. zehn Tonnen Weizen Handelsklasse A, ein CD-Spieler der Marke XY oder eine Kiste Rheingauer Riesling Spätlese 1992, Weingut R. In diesem Fall muß der Schuldner gem. § 243 Abs. 1 BGB lediglich eine Sache von mittlerer Art und Güte leisten, um den Vertrag zu erfüllen. Allerdings ist eine Gattungsschuld bis zu ihrer Konkretisierung (vgl. § 243 Abs. 2 BGB) Beschaffungsschuld, d.h. der Schuldner hat die Leistung solange zu erbringen wie sie aus der Gattung noch möglich ist, anderenfalls gem. §§ 280, 279 BGB Schadensersatz wegen Nichterfüllung zu leisten. Dies kann sehr gravierende Folgen haben, wenn etwa das (nicht versicherte) Weinlager des Schuldners abbrennt, aber gleichwohl auf dem Markt Weine der geschuldeten Gattung noch zu beschaffen sind.[31]

[31] Zu den wirtschaftlichen Grenzen einer Beschaffungsschuld i.S.d. § 279 BGB s. *Palandt-Heinrichs*, § 279 Rn 7, 8.

In Ermangelung einer Legaldefinition liegt im Umkehrschluß dagegen eine **Stückschuld** (Einzelschuld) vor, wenn die Leistung nach genau bestimmten, individuellen Merkmalen festgelegt ist, so daß der Schuldner den Vertrag nur mit einer einzigen Sache erfüllen kann, z.B. mit dem bereits Probe gefahrenen Gebrauchtwagen oder dem berühmten Ölgemälde "Aufbruch" von A. Zilys. Sofern der Schuldner eine nach Vertragsschluß eingetretene Zerstörung weder vorsätzlich noch fahrlässig verursacht hat, wird er gem. § 275 BGB bei einer Stückschuld von der Leistungspflicht befreit und muß nicht noch einmal leisten.[32] Aus diesem Grund ist dem Schuldner in aller Regel auch sehr viel daran gelegen, eine Gattungsschuld gem. § 243 Abs. 2 BGB zu konkretisieren und sie so zu einer Stückschuld zu machen. Um diese Umwandlung zu erreichen, hat der Schuldner gem. § 243 Abs. 2 BGB "das zur Leistung seinerseits Erforderliche" zu tun, was sich primär aus dem Vertrag ergibt. Haben die Parteien nichts vereinbart, so liegt gem. § 269 Abs. 1 BGB eine sog. **Holschuld** vor, bei der der Schuldner an seinem Wohnsitz zu erfüllen hat. In diesem Fall muß der Schuldner (z.B. der Verkäufer) die Gattungssache lediglich aussondern und für den Gläubiger (z.B. der Käufer) zur Abholung bereitstellen. Demgegenüber können die Parteien aber auch eine sog. **Schickschuld** vereinbaren, bei der der Schuldner zusätzlich noch eine zuverlässige Transportperson, etwa United Parcel Service, auswählen und ihr die Sache übergeben muß; klassisches Beispiel hierfür ist der Versendungskauf i.S.d. § 447 BGB. Ferner gibt es noch die sog. **Bringschuld**, bei der die Erfüllung und damit ebenso die Konkretisierung einer Gattungsschuld erst nach Erbringung der Leistung, in der Regel durch Übergabe der Sache, am Wohnsitz des Gläubigers eintritt.[33]

---

[32] Vgl. zur nachträglichen subjektiven oder objektiven Unmöglickeit im Detail *Palandt-Heinrichs*, Vor § 275 Rn 6.

[33] S. im einzelnen zu den verschiedenen Formen des Leistungsortes *Palandt-Heinrichs*, § 269 Rn 1.

Stets kann nach § 267 BGB auch ein Dritter leisten, um den Vertrag gem. § 362 Abs. 1 BGB zum Erlöschen zu bringen, es sei denn, der Schuldner hat aufgrund einer vertraglichen Vereinbarung die Leistung persönlich zu erbringen.

Bezüglich der **Leistungszeit** sagt die allgemeine Regel des § 271 BGB lediglich, daß die Leistung im Zweifel sofort, d.h. mit Abschluß des jeweiligen Vertrages, verlangt und auch erbracht werden kann. Allerdings bestimmen die meisten Vertragsparteien mehr oder weniger genau die Leistungszeit, etwa Lieferung des Kühlschranks in der 52. Kalenderwoche oder Reparatur des Pkws bis Freitag, 15.^{oo} Uhr.

Unter Kaufleuten ist zu beachten, daß gem. § 360 HGB Handelsgut mittlerer Art und Güte geschuldet wird und gem. § 358 HGB die Leistung nur zur gewöhnlichen Geschäftszeit erbracht werden kann.

Nach § 364 Abs. 1 BGB erlischt das Schuldverhältnis aber auch dann, wenn der Gläubiger eine andere als die geschuldete Leistung an Stelle der ursprünglich geschuldeten Leistung annimmt (sog. **Leistung an Erfüllungs Statt)**, z.B. Überweisung eines Geldbetrages statt Barzahlung oder die Inzahlungnahme eines Gebraucht-PKWs beim Neuwagenkauf. Im Zweifel ist indes gem. § 364 Abs. 2 BGB davon auszugehen, daß eine neue Verbindlichkeit nicht an Erfüllung Statt, sondern nur erfüllungshalber angenommen wird. Bei einer Leistung erfüllungshalber kann der Gläubiger immer noch auf die erste, ursprüngliche Forderung zurückgreifen, die gerade nicht wie im Fall des § 364 Abs. 1 BGB erloschen ist. Eine solche Leistung erfüllungshalber liegt beispielsweise vor, wenn eine Geldschuld durch Hingabe eines Schecks oder eines Wechsels beglichen werden soll. Eine Ausnahme wird in aber für einen sog. Eurocheque gemacht, einem international zwischen den Banken vereinheitlichtem Scheckvordruck, bei dem bis zur Höhe von derzeit DM 400,- ein Garantievertrag zwischen der Bank, vertreten durch den Schuldner, und dem Gläubiger abgeschlossen wird, der die Bank unwiderruflich zur Zahlung verpflichtet, so daß in dieser Höhe eine Leistung an Erfüllung Statt gem. § 364 Abs. 1 BGB angenommen werden kann. Dies setzt aber voraus, daß die Unterschrift des Austellers sowie dessen Kontonummer auf Scheck und Scheckkarte übereinstimmen, die Scheckkartennummer auf der Rückseite des Schecks vermerkt, die Scheckkarte noch gültig und der Scheck binnen 8 Tagen (bei Auslandsschecks 20 Tage) seit Austellungsdatum vorgelegt worden ist.[34]

Darüberhinaus gibt es noch die sog. **Erfüllungssurrogate**:

Zum einen zählt dazu die **Hinterlegung** gem. § 372 BGB, sofern es sich um Geld, Wertpapiere und sonstige Urkunden sowie Kostbarkeiten, also hinterlegungsfähige Sachen handelt, kann der Schuldner bei einer dafür bestimmten öffentlichen Stelle diese Sachen für den Gläubiger hinterlegen, wenn der Gläubiger im Verzug der Annahme ist (vgl. §§ 293 ff. BGB). Infolge einer wirksamen Hinterlegung erlischt das Schuldverhältnis ebenso. Hinterlegt werden können die Sachen bei einer speziellen Hinterlegungsstelle bei den Amtsgerichten, für die zudem eine besondere Hinterlegungordnung gilt.

Eine weiteres, in der Praxis sehr häufiges, Erfüllungssurrogat ist die **Aufrechnung** gem. § 387 BGB: Wenn sich zwei Personen gegenseitig gleichartige Leistungen schulden, so kann jede Partei ihre Forderung gegen die Forderung des anderen Teiles aufrechnen. Sofern die Aufrechnung nicht durch Vertrag oder Gesetz ausgeschlossen ist (vgl. §§ 395, 393 BGB) und die Aufrechnung dem anderen Vertragsteil gegenüber erklärt wurde, erlischt das Schuldverhältnis rückwirkend zu dem Zeitpunkt, zu dem sich die Forderung erstmalig zur Aufrechnung geeignet gegenüber gestanden haben (Aufrechnungslage).

---

[34] Vgl. *Zöllner*, S. 165/166.

Sodann gibt es noch die Möglichkeit, das Schuldverhältnis durch einen **Erlaßvertrag** gem. § 397 Abs. 1 BGB für die Zukunft zum Erlöschen zu bringen, wenn der Gläubiger dem Schuldner durch Vertrag die Schuld erläßt.

Dauerschuldverhältnisse wie etwa die Miete (§ 535 BGB), können durch **Kündigung** beendet werden. Kündigung ist eine einseitige Willenserklärung gegenüber der anderen Partei. Allerdings bedarf die Kündigung in aller Regel eines besonderen Grundes, beispielsweise beim Dienstvertrag eines "wichtigen Grundes" i.S.d. § 626 BGB. Darüberhinaus ist teilweise auch eine besondere Form vorgeschrieben, wie beispielsweise die Schriftform bei einer Kündigung eines Wohnungsmietvertrages gem. § 564a BGB, dessen Nichtbeachtung gem. § 125 BGB zur Nichtigkeit der Kündigung führt.

Bestimmte, gesetzlich besonders geregelte Schuldverhältnisse können auch durch **Widerrufserklärung** erlöschen, wie z.B. bei einer Schenkung gem. § 530 oder einem Auftrag gem. § 671 BGB.

Eine in der Praxis sehr häufig vorkommende Form der Vertragsbeendigung ist der **Aufhebungsvertrag**, bei dem die Parteien einen bestehenden Vertrag durch einen neuen Vertrag aufheben. Mit Abschluß des Aufhebungsvertrages erlöschen alle wechselseitigen Rechte und Pflichten aus dem ersten Vertrag. Diese Art der Vertragsbeendigung kann natürlich nur dann gewährt werden, wenn sich die Parteien noch verstehen, d.h. noch "vertragen", und zudem einsehen, daß die Erfüllung des ersten Vertrages aus welchen Gründen auch immer für beide Seiten mehr Schaden als Nutzen bringt. Beispielsweise ist es wirtschaftlich unsinnig, aufgrund eines Lizenz- und Vertriebsvertrages ein Produkt zu vertreiben, das derart fehlerhaft ist, daß es den Ruf beider Vertragsparteien in Mißkredit bringt.

Nicht unerwähnt bleiben sollte auch ein gerade bei Dauerschuldverhältnissen, wie z.B. Miete oder Dienstvertrag, häufig vorkommender Erlöschensgrund, nämlich der **Zeitablauf**, wenn der Vertrag mit einer bestimmten Laufzeit geschlossen wurde.

Fall: *"Erfüllung durch Eurocheque?"*

Der A schuldet dem B aus einem Kaufvertrag über eine elegante englische Doppelflinte (Cal. 12/65) DM 2.000,-. A möchte dem B daraufhin einen Eurocheque über diesen Betrag überreichen, was dieser jedoch ablehnt und auf Barzahlung besteht.

Kann A den Vertrag trotzdem durch Scheckübergabe erfüllen?

Lösungsvorschlag:

Für eine juristische Fallösung ist von Bedeutung, welche Ansprüche der B aus dem Kaufvertrag gegen A geltend machen kann. In Betracht kommt hier die Kaufpreisforderung gem. § 433 Abs. 2 BGB. Wenn man also hypothetisch annimmt, daß der B diese Kaufpreisforderung i.H.v. 2000,- DM jederzeit (vgl. § 269 BGB) gegenüber dem A geltend machen könnte, dann ist verständlich, daß der A diesen Kreis durch Erfüllung möglichst bald schließen möchte, zumal er offenbar gerade über liquide Mittel verfügt.

Fraglich ist also, ob der Kaufpreisanspruch des B durch Übergabe eines Eurocheques gem. § 362 Abs. 1 BGB durch Erfüllung erlöschen könnte. Mithin ist zunächst zu prüfen, welches bei einem Kaufvertrag die geschuldete Leistung des Käufers i.S.d. § 362 BGB ist.

Nach § 433 Abs. 2 BGB ist der Käufer verpflichtet, dem Verkäufer den vereinbarten Kaufpreis zu zahlen. Es muß sich also bei der Gegenleistung um ein verkehrsübliches Zahlungsmittel handeln. Bei diesem Zahlungsmittel muß es sich grundsätzlich um Geld, einschließlich ausländischer Währung (vgl. § 244 BGB), handeln, weil anderenfalls ein Tausch i.S.d. § 515 BGB vorläge. Zwar ist die Zahlung des Kaufpreises grundsätzlich in bar, d.h. durch die Übereignung von Geldscheinen und Geldstücken, zu bewirken, jedoch ist zu beachten, daß in der Praxis gerade bei höheren Geldbeträgen inzwischen eine Barzahlung weitgehend unüblich geworden ist. Eine bargeldlose Zahlung kann ausdrücklich vertraglich vereinbart, aber auch konkludent gestattet werden, indem z.B. auf einer Rechnung eine Girokontonummer angegeben wird. Allerdings tritt die Erfüllung erst mit Gutschrift auf dem Konto des Gläubigers, hier des Verkäufers, ein.

Da im vorliegenden Fall jedoch durch den Eurocheque kein Bargeld angeboten wurde und zudem im Sachverhalt weder eine Vereinbarung noch eine Gestattung bargeldloser Zahlung zu erblicken ist, wäre die Übergabe des Schecks zumindest keine Erfüllung i.S.d. § 362 Abs. 1 BGB.

Fraglich ist indes, ob der Eurocheque eine Leistung an Erfüllungs Statt i.S.d. § 364 Abs. 1 BGB darstellt und daher einer Erfüllung durch Bargeld nach § 362 Abs. 1 BGB gleichsteht. Dies setzt voraus, daß es sich bei dem Eurocheque um eine der Barzahlung äquivalente Leistung handelt. Dies ist aber nur anzunehmen, wenn der B die Kaufpreissumme ohne zusätzliches Risiko genauso wie bei einer Barzahlung aus dem Eurocheque bekommen könnte. Inzwischen wird allgemein angenommen, daß jedenfalls bei einem ordnungsgemäß ausgefüllten Eurocheque die Er-

füllung in Höhe der Garantiesumme von derzeit DM 400,- bereits mit der Scheckübergabe eintritt[35]. Dies beruht auf dem Garantievertrag, den der Scheckaussteller als Vertreter der Bank zwischen dieser und dem Scheckempfänger schließt.
Demzufolge könnte A die Kaufpreisforderung mangels der Vereinbarung einer Scheckzahlung mit dem Eurocheque nur i.H.v. DM 400,- zum Erlöschen bringen. Die restlichen 1.600,- DM sind in jedem Falle nur als normale Scheckzahlung Leistung und damit als Leistung Erfüllungs Halber gem. § 364 Abs. 2 BGB anzusehen, so daß insoweit die Kaufpreisforderung des B in dieser Höhe nicht zum Erlöschen zu bringen wäre.

Mithin könnte A seine Kaufpreisverpflichtung gem. § 433 Abs. 2 BGB i.H.v. DM 400,- durch den Eurocheque (Leistung an Erfüllungs Statt, § 364 Abs. 1 BGB). Hinsichtlich des restlichen Betrags von DM 1600,- läge lediglich eine Leistung Erfüllungs Halber i.S.d. § 364 Abs. 2 BGB vor, so daß die Kaufpreisforderung erst mit Gutschrift des Schecks auf dem Konto des B insgesamt erfüllt sein könnte.

Jedoch ist der B in keinem Fall, verpflichtet, eine andersartige Leistung des Käufers für den Kaufpreis anstelle von Geld anzunehmen, so daß er ohne eine vertragliche Vereinbarung sogar berechtigt wäre, fünf Eurocheques des A zu je DM 400,- als Erfüllung abzulehnen.

---

[35] Vgl. *Palandt-Putzo*, § 433 Rn 34.

V.6. Leistungsstörungen am Beispiel der kaufrechtlichen Sachmängelgewährleistung

Selbstverständlich wären die Vertragsparteien stets sehr froh, wenn ihre wechselseitigen vertraglichen Verpflichtungen durch Erfüllung oder Erfüllungssurrogate beendet würden, also ein perfekter Leistungsaustausch die Folge des Vertragsschlusses wäre. Leider ist es in der Praxis manchmal anders als geplant: Das Warenlager brennt ab oder wird ausgeraubt, der Lkw bleibt im Stau stecken und die Ware kommt erst einen Tag später an oder der Verkäufer kann den Pkw nicht mehr übereignen, weil er ihn trotz des früher geschlossenen Kaufvertrags an einen Dritten verkauft und übergeben hat. Alle diese "pathologischen" Vertragserfüllungen haben gemeinsam, daß sie zumindest einem Vertragspartner schaden und ihm Ärger zufügen. Rechtlich bezeichnet man alle Arten der nicht vertragsgemäßen Erfüllung mit dem Begriff der **Leistungsstörungen**. Sofern die Parteien vertraglich nichts vereinbart haben, gilt es, mögliche Ansprüche der Parteien aufgrund der fehlerhaften Vertragserfüllung subsidiär im Gesetz, d.h. dem BGB, aufzusuchen. Das BGB unterscheidet drei Arten von Leistungsstörungen: *Nichterfüllung* (Unmöglichkeit), *verspätete Erfüllung* (Verzug) und *Schlechterfüllung*.

Nichterfüllung liegt vor, solange der Schuldner nicht die geschuldete Leistung (Hauptpflicht) erbringt, also auch, wenn er eine andere als die geschuldete Leistung erbringt (sog. *aliud*). Grundsätzlich bleibt auch bei Nichterfüllung der Anspruch des Gläubigers auf die vertraglich vereinbarte Leistung bestehen. Jedoch gibt es diverse Sonderregelungen, die das Schicksal der Leistungspflicht sowie der Gegenleistungspflicht bei speziellen Tatbeständen regeln.

Eine der gesetzlichen Sonderregelungen der Nichterfüllung ist die **Unmöglichkeit**, §§ 275 - 283, 306 - 309, 323 bis 325 sowie 327 BGB. Unmöglichkeit der Leistung liegt vor, wenn sie endgültig nicht erbringbar ist. Dies kann aus tatsächlichen, rechtlichen oder wirtschaftlichen Gründen der Fall sein:

Tatsächlich unmöglich ist es, den Kaufvertrag über ein inzwischen durch Feuer zerstörtes Bild zu erfüllen. Dem Nichteigentümer eines Autos ist es rechtlich (subjektiv) unmöglich, Eigentum an diesen einem Dritten zu verschaffen, wenn der Eigentümer nicht zustimmt. Die Bergung der versunkenen Hansekogge aus tiefer See kann zwar technisch theoretisch möglich sein, wird aber u.U. rechtlich aus wirtschaftlichen bzw. praktischen Gründen als unmöglich behandelt, wenn kein vernünftig denkender Mensch die Leistung versprechen würde.[36]

Die Leistung ist **objektiv unmöglich**, wenn der Grund für die Unerbringbarkeit nicht in der Person des Schuldners begründet ist, sondern die Leistung von niemandem erbracht werden kann (vgl. §§ 306, 307 BGB, sog. objektive ursprüngliche Unmöglichkeit). **Subjektiv unmöglich** ist eine Leistung dann, wenn der Schuldner zur Erfüllung außerstande ist (unvermögend), eine andere Person zur Leistung aber fähig ist (vgl. §§ 275, 323 ff. BGB sog. nachträgliche subjektive Unmöglichkeit). Letzteres ist etwa der Fall, wenn V dem K den roten Porsche 911 des E in der Hoffnung verkauft, ihn seinerseits dem E abkaufen zu können, was ihm aber nicht gelingt. V ist indes als Nichteigentümer nicht in der Lage, seinen Verpflichtungen aus § 433 Abs. 1 BGB auf Übergabe und Übereignung des Porsches zu erfüllen. Da aber E zur Übereignung in der Lage ist, liegt keine objektive, sondern eine subjektive (nachträgliche) Unmöglichkeit vor.

Sodann unterscheidet man eine **anfängliche Unmöglichkeit**, wenn die Unmöglichkeit schon bei der Entstehung des Schuldverhältnisses gegeben ist, und eine **nachträgliche Unmöglichkeit**, wenn die im Zeitpunkt des Abschlusses des Schuldverhältnisses noch mögliche Leistung später un-

---

36 Vgl. zur sog. wirtschaftlichen Unmöglichkeit *Palandt-Heinrichs*, § 275 Rn 12.

möglich wird. Gesetzlich geregelt ist nur die nachträgliche Unmöglichkeit (§§ 275ff., 323 ff. BGB), wobei eine subjektive einer objektiven gem. § 275 Abs. 2 BGB gleichgestellt ist. Bezüglich einer anfänglichen subjektiven Unmöglichkeit (anfängliches Unvermögen) geht die h.M. jedoch von einer verschuldensunabhängigen Garantiehaftung des Schuldners aus, weil dieser für die in seiner Sphäre entstandenen Risiken einzustehen hat. Oder anders ausgedrückt: Für den Verkäufer als Warenschuldner ist es kein Problem, vor Abschluß des Kaufvertrages kurz sein Warenlager durchzusehen, ob die zu verkaufende Ware noch vorhanden ist.[37] Schließlich spielt hinsichtlich der Rechtsfolgen einer nachträglichen Unmöglichkeit die Frage eine Rolle, ob Schuldner oder Gläubiger die Unmöglichkeit vorsätzlich oder fahrlässig verursacht haben (§ 276 Abs. 1 BGB), diese also zu vertreten haben (vgl. §§ 324, 325 BGB), oder eventuell sogar keiner von beiden (vgl. § 323 BGB).[38]

Verzug bedeutet, daß der Schuldner die Leistung, zu der er verpflichtet ist, nicht rechtzeitig erbracht hat. Allerdings muß die Leistung prinzipiell noch möglich sein, denn Unmöglichkeit schließt den Eintritt des Verzuges aus. Sodann muß die Leistung grundsätzlich in dem Zeitpunkt fällig sein, wenn der Schuldner sie zu erbringen hat. Zwar sagt § 271 BGB, daß die Leistung im Zweifel sofort zu erbringen ist, jedoch können die Parteien im Einzelfall auch eine Stundung, Ratenzahlung oder Teillieferung vereinbaren. Sodann ist grundsätzlich für den Verzug auch eine **Mahnung** des Gläubigers gem. § 284 Abs. 1 S. 1 BGB erforderlich. Mahnung ist eine einseitige, empfangsbedürftige Aufforderung an den Schuldner, die geforderte Leistung zu erbringen. Diese muß keineswegs den Ausdruck "Mahnung" enthalten, sondern dem Schuldner lediglich hinlänglich deutlich

[37] Vgl. zur Garantiehaftung bei einer anfänglichen subjektiven Unmöglichkeit *Palandt-Heinrichs*, § 306 Rn 9; diese Fälle betreffen z.B. den Diebstahl oder die Zerstörung eines einzigartigen Gegenstandes, wie z.B. ein Ölgemälde.
[38] Vgl. hierzu *Palandt-Heinrichs*, Vor § 275 Rn 6.

machen, daß nunmehr die Leistung verlangt werde und deren Ausbleiben rechtliche Folgen nach sich ziehe.[39] Eine solche Mahnung ist dann entbehrlich, wenn für die Leistung eine Zeit nach dem Kalender bestimmt ist (vgl. § 284 Abs. 2 S. 1 BGB). Sodann ist nach § 285 BGB für den Verzug das Vertretenmüssen der Leistungsverzögerung seitens des Schuldners erforderlich, d.h. er muß die nicht rechtzeitige Leistung vorsätzlich oder fahrlässig verursacht haben (kein Verzug ohne Verschulden). Allerdings verlagert § 285 BGB die Beweislast auf den Schuldner, der seinerseits zu beweisen hat, daß er die Verzögerung nicht zu vertreten hat.[40] Als Folge des Schuldnerverzuges kann der Gläubiger stets den Verzögerungsschaden gem. § 286 Abs. 1 BGB ersetzt verlangen sowie bei Geldschulden einen Zinssatz von 4 % als Mindestschaden (vgl. § 288 Abs. 1 S. 1 BGB). Sodann kann der Gläubiger auch Schadensersatz wegen Nichterfüllung gem. § 286 Abs. 2 S. 1 BGB verlangen, wenn die Leistung infolge des Verzuges für ihn kein Interesse mehr hat. Bei gegenseitigen Verträgen, also etwa Kaufverträgen, ist zu beachten, daß selbst wenn der Verkäufer nicht rechtzeitig leistet, die Pflicht des Käufers, den Kaufpreis zu zahlen, nicht automatisch entfällt: Der Käufer kann indes bei einem Verzug des Verkäufers gem. § 326 BGB nach einer zusätzlichen Nachfristsetzung mit Ablehnungsandrohung Schadensersatz wegen Nichterfüllung verlangen oder vom Vertrag gänzlich zurücktreten.

Bei einer **Schlechterfüllung** hingegen erbringt der Schuldner zwar durchaus die vertraglich geschuldete Leistung, diese ist jedoch abweichend vom Vertrag mit Fehlern behaftet. Hierfür sieht das BGB für verschiedene Vertragstypen jeweils spezielle Gewährleistungsregeln vor, so für den Kaufvertrag die §§ 459 ff. BGB, für den Werkvertrag die §§ 635 ff. BGB und für

[39] Vgl. *Palandt-Heinrichs*, § 284 Rn 17.

[40] Klassisches Beispiel eines nicht schuldhaft verursachten Verzugs ist etwa die Erkrankung des Schuldners, vgl. *Palandt-Heinrichs*, § 285 Rn 2 m.w.N..

den Mietvertrag die §§ 537 ff. BGB. Darüberhinaus gibt es als besondere Form der Schlechterfüllung das Institut der positiven Vertragsverletzung (pVV), das gesetzlich nicht geregelt ist, sondern aus den §§ 280, 325, 286, 326 BGB analog hergeleitet wird.[41] Die Regeln über eine pVV können indes nur dann (subsidiär) Anwendung finden, wenn die vorrangigen gesetzlichen Regeln über Unmöglichkeit, Verzug oder Gewährleistung nicht eingreifen. Hauptanwendungsgebiet der pVV sind im Kauf- und Werkvertragsrecht die sog. Mangelfolgeschäden, die aufgrund eines fehlerhaften Werkes oder einer fehlerhaften Sache an sonstigem Eigentum des Bestellers bzw. Käufers entstehen, etwa wenn das Haus durch den fehlerhaften Fernseher oder die fehlerhaft installierte Gasheizung abbrennt. Sodann findet die pVV auch auf vertragliche Nebenpflichten Anwendung, so vor allem die Pflicht, keine sonstigen Rechtsgüter des Vertragspartners zu schädigen.[42]

Da die einzelnen Voraussetzungen von Unmöglichkeit, Verzug und Schlechterfüllung im Detail selbst für einen Experten im deutschen Recht kaum mehr zu überblicken und daher schon Gegenstand von Reformvorschlägen sind,[43] soll die in der Praxis besonders häufig vorkommende Sachmängelgewährleistung beim Kauf im folgenden Fall als pars pro toto dienen:

---

[41] Vgl. zur Entstehung und den Voraussetzungen einer pVV Fikentscher, Rn 312, 389; *Palandt-Heinrichs*, § 276 Rn 104 ff..

[42] Vgl. zu den Voraussetzungen einer pVV im Detail *Palandt-Heinrichs*, § 276 Rn 104 ff..

[43] Vgl. Bundesministerium der Justiz, Abschlußbericht der Schuldrechtskommission, 1992, S. 16 ff.

Fall: "*Fehlerhaftes Computerprogramm*"

A, der selbst in Hannover geschäftsmäßig Computersoftware und Hardware entwickelt und veräußert, brauchte dringend ein professionelles, leistungsstarkes Textverarbeitungsprogramm, um seiner Sekretärin die Bewältigung der ständig anwachsenden Flut von Anfragen bezüglich seiner neuentwickelten Graphikkarte durch automatisch erstellte Serienbriefe und eine Kundendateiverwaltung zu ermöglichen. Zu diesem Zweck rief er den Fachhändler B in Berlin an, der ihm zusicherte, ein Textverarbeitungsprogramm mit diesen Funktionen zu haben und auch zu einer Vorführung nach Hannover kam, wo das Programm auf den von B mitgebrachten Computern einwandfrei Serienbriefe und Kundendateien erstellte. Da es jedoch Kompatibilitätsschwierigkeiten mit den von A benutzten Commodore-Rechnern gab, unterbreitete B dem A ein überaus günstiges Komplettangebot bestehend aus dem neuesten IBM-Computer, Farbmonitor, Laser-Drucker, Betriebssystem und Textverarbeitungsprogramm zum Preis von DM 20.000,-, das der A auch sofort annahm. Entsprechend ihrer vertraglichen Vereinbarungen nahm B noch für die Bedürfnisse des A noch kleinere Anpassungen am Textverarbeitungsprogramm vor und lieferte ihm eine Woche später das komplette Computersystem. Leider zeigte sich schon nach wenigen Tagen, daß das Programm beim Ausdrucken der Serienbriefe regelmäßig steckenblieb und neu gestartet werden mußte, wobei sämtliche Daten verlorengingen. Außerdem ließen sich die Kundendaten nicht automatisch alphabetisch ordnen. A, der den Preis noch nicht bezahlt hatte, rügte diese Fehler drei Tage später bei B, der sich daraufhin mehrmals vergeblich bemühte, die Fehler im Datenverarbeitungsprogramm zu beseitigen. Inzwischen waren zwei Wochen seit Übergabe des Computersystems vergangen und die bei A eingehende Flut von Anfragen von seiner Sekretärin nicht mehr ohne eine Unterstützung durch einen Computer zu beantworten. Da zudem eine überaus wichtige Computermesse unmittelbar bevorstand, rief A den B an und teilte ihm mit, daß er das gesamte Computersystem nicht mehr haben wolle und es ihm wieder zwecks Abholung zur Verfügung stelle.

Sodann erwarb er von C ein Computersystem einschließlich Textverarbeitungsprogramm zum Preis von DM 15.000,-, das seine Wünsche voll und ganz befriedigte und sogar mit seinen Commodore-Rechnern kompatibel war.

Wie ist die Rechtslage?

Lösungsvorschlag:

Zunächst gilt es, eine juristisch präzise Fragestellung herauszuarbeiten: Da A zwar den Kaufpreis noch nicht bezahlt, jedoch die Ware von B bereits erhalten hat, wird sicherlich B auf Kaufpreiszahlung drängen, so daß die Fallfrage lautet, ob B von A gem. § 433 Abs. 2 BGB den Kaufpreis i.H.v. 20.000,- DM verlangen kann.

Dies setzt voraus, daß zwischen A und B ein wirksamer Kaufvertrag zustande gekommen ist. Dann wäre aber vorrangig zu klären, ob es sich bei dem vorliegenden Vertrag, den A und B geschlossen haben, überhaupt um einen Kaufvertrag handelt. Neben dem bereits erwähnten Sachkauf i. S. d. § 433 BGB, kämen ein Werkvertrag nach § 631 BGB, ein Werklieferungsvertrag nach §

651 BGB sowie ein Vertrag sui generis nach § 305 BGB in Betracht. Da die Parteien keine weiteren Regelungen getroffen haben, gilt es, die besonderen Eigenarten der aufgeführten Vertragstypen anhand der geschuldeten Hauptleistungen einmal näher zu untersuchen: Kennzeichen eines Werkvertrages i. S. d. § 631 BGB ist die Herstellung des versprochenen Werkes durch den Werkunternehmer; bei einem Werklieferungsvertrag verpflichtet sich der Unternehmer, das Werk aus einem von ihm zu beschaffenden Stoffe herzustellen und dem Besteller sodann die hergestellte Sache zu übergeben. Allerdings finden auf einen Werklieferungsvertrag grundsätzlich die Vorschriften des Kaufes, d. h. der §§ 433 ff. BGB Anwendung, es sei denn, es handelt sich um eine nicht vertretbare Sache, also eine Sache, die entgegen des Begriffes der vertretbaren Sachen i. S. d. § 91 BGB im Rechtsverkehr nicht nach Zahlen, Maß oder Gewicht bestimmt werden. Im letzteren Fall finden modifizierte Vorschriften des Werkvertragsrechts Anwendung. Ein Vertrag sui generis i. S. d. § 305 BGB ist hingegen inhaltlich nicht normiert, sondern kann ein von den Parteien völlig neu erfundener Vertragstyp oder auch eine Kombination verschiedener gesetzlich geregelter Vertragstypen sein, wobei dann auf den jeweils abtrennbaren Vertragsteil die für diesen Vertragstyp geltenden Rechtsregeln Anwendung finden.[44] Sodann zeichnet sich der Sachkauf i. S. d. § 433 BGB durch die Verpflichtungen des Verkäufers zur Übergabe der Kaufsache und Eigentumsverschaffung gegen die Verpflichtung des Käufers, den Kaufpreis zu zahlen, aus. Jedoch ist streitig, wie der Begriff einer Kaufsache zu deuten ist. Traditionell wird hierzu der Begriff ei-

[44] Vgl. zu den atypischen und typengemischten Verträgen Martinek, Moderne Vertragstypen, Bd. 1, S. 19 ff.

ner Sache i.S.d. § 90 BGB herangezogen, wonach es sich nur um körperliche, d.h. physisch anfaßbare, Sachen handeln kann.[45] Indes handelt es sich bei Computersoftware keineswegs um eine körperlich anfaßbare Sache, sondern lediglich um einen computerlesbaren, magnetischen Code, der auf einem körperlichen Datenträger gespeichert sein kann. Indes hat bereits das Reichsgericht Verträge zur Lieferung von elektrischer Energie, bei der es sich ebenfalls um nicht anfaßbare, körperliche Sachen handelt, als Kaufverträge i.S.d. § 433 BGB kategorisiert.[46] Darüber hinaus ist der Begriff einer Kaufsache auch nicht allzu eng zu fassen, weil er mit dem des Handelskaufes nach § 343 ff. HGB korrespondiert, mit dem Unterschied, daß im HGB lediglich bewegliche Sachen (Waren) Gegenstand eines Kaufvertrages sein können. Desweiteren hat der Gesetzgeber das BGB nicht umsonst derart abstrakt formuliert, damit es flexibel genug ist, sich den wandelnden technischen oder gesellschaftlichen Rahmenbedingungen anzupassen. Demzufolge wird auch von der h.M. bei sog. Standardsoftware, also einem Programm für eine Vielzahl von Anwendern, das in identischen Kopien veräußert wird, als Kaufsache i. S. d. § 433 BGB angesehen wird, zumal die Transaktion in aller Regel einfach über den Ladentisch ablaufen. Teilweise wird unter dem Begriff einer Kaufsache i.S.v. § 433 BGB sogar jeder eigentumsfähige, bewegliche, d.h. handelbare, Gegenstand verstanden.[47]

Im vorliegenden Fall erwarb A von B zum einen Computerhardware, bei der es sich in jedem Fall um eine körperliche Sache i. S.

[45] Vgl. zum Begriff einer Sache i.S.d. § 90 BGB *Palandt-Heinrichs*, § 90 Rn 1 ff..
[46] Ständige Rechtsprechung seit RGZ 86, 12, 14; BGHZ 23, 173; s. auch *Palandt-Putzo*, § 433 Rn 4.
[47] Vgl. *Walter*, S. 83.

d. § 90 BGB handelt, sowie ein Standardprogramm zur Textverarbeitung, also Standardsoftware, gegen Zahlung von DM 20.000,-. Daß B noch kleinere Anpassungen vornehmen mußte, ändert nichts an der Tatsache, daß es sich nicht um ein speziell für die individuellen Bedürfnisse des A angefertigtes Programm, also Individualsoftware, handelte. Der letztere Punkt spricht auch gegen die Anwendung der Vorschriften eines Werkvertrages i.S.d. § 631 BGB, weil diese voraussetzen, daß das Werk speziell für die Bedürfnisse *eines* Bestellers vom Werkunternehmer hergestellt wird. Bezogen auf Computersoftware trifft dies laut h. M. und zu Recht für sog. Individualsoftware zu, Programme also, die für die speziellen Bedürfnisse eines einzelnen Anwenders (Bestellers) programmiert werden.

Da sich der Vertrag zwischen A und B somit insgesamt als Sachkauf gem. § 433 BGB einordnen läßt, besteht keine Notwendigkeit, den Vertrag dennoch in die Kategorie eines Vertrages sui generis i.S.d. § 305 BGB einzuordnen. Denn bei einem Vertrag sui generis liegen in Ermangelung einer ausdrücklichen vertraglichen Regelung die Folgenormen für Leistungsstörungen völlig im Dunkeln und es ist nicht einsichtig, warum ohne Notwendigkeit Rechtsunsicherheit produziert werden soll.

Nunmehr ist aber zu prüfen, ob der A dem Zahlungsbegehren des B nicht seinerseits die Wandlungserklärung, d.h. Rückgängigmachung des Kaufvertrages, nach §§ 462, 459, 465, 467, 346 ff. BGB oder die dauerhafte (peremptorische) Wandlungseinrede nach § 478 Abs. 1 BGB entgegenhalten kann.

Dies setzt voraus, daß die Kaufsache, also hier das Computersystem, bei Gefahrübergang mit einem Fehler i. S. d. § 459 Abs. 1 BGB behaftet, also mangelhaft war. Fehler i. S. d. § 459 Abs.

1 BGB ist die dem Käufer abträgliche, negative Abweichung der Ist- von der Sollbeschaffenheit der Kaufsache. Hierzu bildet man veschiedene Kategorien, die als Vergleich dienen, und zwar zunächst für die Tauglichkeit für den vom Vertrag vorausgesetzten (subjektiver Fehlerbegriff), sodann für den gewöhnlichen Verwendungszweck (objektiver Fehlerbegriff) der Kaufsache. Zunächst ist also zu fragen, ob die Parteien einen Verwendungszweck der Kaufsache vertraglich festgehalten haben. Hierfür reicht es aus, daß der Käufer dem Verkäufer unwidersprochen einen bestimmten Verwendungszweck mitgeteilt hat.[48] Hier hatte der A klar dem B zu verstehen gegeben, daß er das Computersystem zum Erstellen von Serienbriefen haben wollte, so daß das Programm hierfür tauglich sein mußte. Da das Computerprogramm hierzu jedoch nicht imstande war, sondern stattdessen ständig "abstürzte", war es für den vom Vertrag vorausgesetzten Verwendungszweck in erheblicher Weise untauglich, also fehlerhaft i.S.d. § 459 Abs. 1 BGB. Zudem liegt auch ein objektiver Fehler vor, weil der gewöhnliche Gebrauch eines derartigen Textverarbeitungsprogrammes auch die Erstellung von Serienbriefen umfaßt. Diesen Fehler hat der B nach § 462 BGB auch zu vertreten, wobei es nicht auf ein Verschulden i. S. d. § 276 BGB (Vorsatz oder Fahrlässigkeit) ankommt.

Desweiteren könnte man noch prüfen, ob der B dem A die Eigenschaft als für die Erstellung von Serienbriefen taugliches Textverarbeitungsprogramm zugesichert hat i.S.d. § 459 Abs. 2 BGB. Dies setzte indes voraus, daß der B dem A für ein Vorliegen dieser Eigenschaft garantiemäßig einstehen wollte und zwar einschließlich der Verpflichtung, Schadensersatz wegen Nichterfül-

---

[48] Vgl. *Reinicke/Tiedtke*, S. 119.

lung gem. § 463 BGB leisten zu wollen, sofern die Kaufsache diese Eigenschaft nicht aufweist. Aufgrund dieser sehr weitgehenden Rechtsfolge ist im Zweifel auch davon auszugehen, daß der Verkäufer keine Eigenschaft zusichern wollte, sondern allenfalls eine Eigenschaft der Kaufsache beschreiten wollte.[49] Anders hingegen ist die Rechtsprechung des BGH zum Kauf von Gebrauchtwagen von Autohändlern, wo der Privatmann als Käufer beinahe jede Äußerung des professionellen Verkäufers als stillschweigende Zusicherung i.S.d. § 459 Abs. 2 BGB auffassen darf.[50]

Mangels entgegenstehender Angaben ist davon auszugehen, daß der Fehler bereits bei Gefahrübergang, also Übergabe des Computersystems (vgl. § 446 Abs. 1 BGB, vorhanden war). Der Verkäufer, also hier der B, müßte beweisen, daß die Kaufsache bis zur Übergabe fehlerfrei war.[51]

Desweiteren haben die Parteien vertraglich auch nicht die Gewährleistung gem. § 476 BGB ausgeschlossen. Außerdem ist die Gewährleistungsfrist von 6 Monaten gem. § 477 Abs. 1 BGB noch nicht abgelaufen, d.h. der Anspruch auf Wandelung gem. § 462 BGB nicht verjährt.

Problematisch ist indes, daß der B dem A ein komplettes Computersystem verkauft hat, von dem lt. Sachverhalt lediglich die Software, nicht aber die Hardware mit Fehlern behaftet ist. In Betracht kommt hier jedoch das Recht auf Gesamtwandlung nach § 469 S. 2 BGB: Voraussetzung hierfür ist, daß mehrere Sachen als zusammengehörig verkauft wurden und die Trennung der

[49] Zur Eigenschaftszusicherung s. *Palandt-Putzo*, § 459 Rn 14 ff..
[50] Vgl. etwa BGH, NJW 1980, 2127; BGHZ 103, 275 ("TÜV neu"); BGH, NJW 1981, 1268 (technische Daten auf Verkaufsschild eines Kfz-Händlers für Gebrauchtwagen).
[51] Vgl. zur Beweislast *Palandt-Putzo*, § 459 Rn 50.

mangelhaften Sachen von den übrigen nicht ohne Nachteil für den Käufer vorgenommen werden kann. Ob Sachen als zusammengehörig verkauft wurden, richtet sich primär nach den Vorstellungen und Interessen der Parteien und ist in der Regel zu bejahen, wenn die Sachen dazu bestimmt erscheinen, bis zur Erfüllung eines bestimmten Zweckes zusammen zu bleiben, wie dies z. B. bei Hard- und Software der Fall ist[52] Ob sich darüber hinaus ein Nachteil durch die theoretisch mögliche Trennung der als zusammengehörig verkauften Sachen für den Käufer ergibt, richtet sich nach einer wirtschaftlichen Betrachtungsweise und ist weit auszulegen, um die unwirtschaftliche, wertmindernde Zerteilung von Sachgesamtheiten zu verhindern.[53] Zwar ist zum vorliegenden Fall ein Computersystem verkauft worden, bestehend aus Hard- und Software, so daß man von zusammengehörigen Sachen i.S.d. § 469 S. 2 BGB sprechen kann, jedoch ist fraglich, ob nicht die Hardware anderweitig mit anderer, fehlerfreier Software, zu benutzen wäre. Da es sich im vorliegenden Fall jedoch um IBM-Komponenten handelt und der A im übrigen mit Commodore-Rechnern arbeitet, kann A mit dem fehlerfreien IBM-Rechner nichts anfangen. Im übrigen wäre er darauf angewiesen, ein ähnliches Textverarbeitungsprogramm von einem anderen Anbieter zu erwerben, wobei ihm nicht der finanzielle Vorteil eines Paketpreise zuteil würde. Damit würde also A ein wirtschaftlicher Nachteil erwachsen, wenn er die Hardware behielte. Folglich steht ihm ein Recht auf Gesamtwandlung gem. § 469 Abs. 2 BGB zu.

---

[52] Vgl. BGHZ 102, 135; *Palandt-Putzo*, § 469 Rn 3.
[53] Vgl. *Palandt-Putzo*, § 469 Rn 4.

Zu bedenken wäre allerdings noch, ob nicht die Wandlung ausgeschlossen wurde durch die nachträgliche Vereinbarung eines Nachbesserungsrechtes des Verkäufers gem. § 476 a BGB. Zwar kann anstelle von Wandlung und Minderung auch ein Recht auf Nachbesserung gem. § 476 a BGB vereinbart werden, und zwar auch noch nachträglich aufgrund eines Gewährleistungsverlangens, jedoch muß sich der Käufer in keinem Fall auf einen dritten Nachbesserungsversuch einlassen.[54] Selbst wenn man also davon ausgeht, daß A durch die Gestattung der Fehlerbeseitigung dem B ein Recht auf Nachbesserung anstelle der Wandlung und Minderung eingeräumt hat, so ist der Nachbesserungsanspruch des B infolge der mehreren Nachbesserungsversuche spätestens bei dem Dritten erloschen und das Wandlungsrecht des A wieder aufgelebt.

Mithin kann der A dem Kaufpreisverlangen des B aus § 433 Abs. 2 BGB die Einrede der Wandlung nach §§ 462, 459 Abs. 1 BGB entgegensetzen, so daß diese entweder als dauerhafte Einrede gem. § 478 BGB der Kaufpreisforderung entgegensteht oder der B sich mit der Wandlung einverstanden erklärt, so daß sich ein Rückgewährsschuldverhältnis nach den §§ 465, 467, 346 ff. BGB ergibt. In letzterem Fall müßte also der A dem B die Waren wieder zurückgewähren, was er durch das zur Verfügungstellen auch bereits angeboten hat. Der A könnte das Einverständnis des B zur Wandlung gem. § 465 BGB auch durch die gesetzliche Fiktion einer Willenserklärung gem. § 894 Abs. 1 ZPO ersetzen, wenn er auf Wandlung des Kaufvertrages klagte, so daß sich der

[54] Vgl. OLG Köln, NJW 1987, 2520; *Palandt-Putzo*, § 462 Rn 6.

Kaufvertrag in ein sog. Rückgewährsschuldverhältnis nach §§ 467, 346 ff. BGB umwandelte[55].

V.7. Inhaltskontrolle bei Verträgen - Allgemeine Geschäftsbedingungen

In der heutigen Vertragspraxis lassen sich allgemeine Geschäftsbedingungen (AGB) nicht mehr wegdenken. Außer vielleicht noch bei Verträgen zwischen Privatleuten, verwenden fast alle halbwegs professionellen Vertragsparteien standardisierte Vertragsklauseln, das sog. "Kleingedruckte". Denn zum einen sind Unternehmen schon aus Gründen der Rationalisierung gezwungen, gleichartige Vertragstexte zu verwenden; zum anderen erfordern viele moderne, in der Wirtschaft häufig verwendete Vertragstypen detaillierte Vertragsbedingungen, weil diese speziellen Verträge gesetzlich nicht geregelt sind (z.B. Leasing, Franchising). Schließlich und hauptsächlich werden AGB aber verwendet, um das Risiko abweichend von den gesetzlichen Regeln dem Geschäftspartner ("Kunden") aufzuerlegen.[56] Eine derart einseitige Bevorzugung eines Vertragsteils wird dann zum Problem, wenn die andere, wirtschaftlich schwächere oder unerfahrene, Vertragspartei auf den Abschluß des betreffenden Vertrages angewiesen ist. Letzteres ist etwa der Fall bei Beförderungs- oder Energiebelieferungsverträgen, aber auch bei der Lebensmittelbeschaffung durch den Verbraucher.[57]

---

[55] Die besonderen Vorschriften des Handelskaufes nach §§ 343 ff. HGB, insbesondere die Frage einer rechtzeitigen Untersuchung und Mangelrüge nach § 377 HGB sind in diesem Fall bewußt unberücksichtigt gewesen, weil sie den speziellen Fällen zum Handelsrecht unten in VI. vorbehalten sein sollen.

[56] Vgl. *Coester-Waltjen*, Jura 1991, 474; *Fikentscher*, Rn 130.

[57] Für die Bereiche der Daseinsvorsorge gibt es sogar einen Kontrahierungszwang, d. h. die anbietenden Unternehmen sind verpflichtet, mit Kunden einen derartigen Vertrag abzuschließen, sofern nicht gravierende sachliche Gründe dagegen sprechen; bei diesen gesetzlich ausdrücklich geregelten Kontrahierungszwang kommt zudem ein Vertrag auch durch Schweigen des Unternehmens zustande, wenn ihm ein entsprechendes Angebot auf Abschluß eines Vertrages zugeht, vgl. etwa die Versorgung mit Strom und Gas gem. § 6 Energie-

V.7.a) Definition und Anwendungsbereich (§§ 1, 23, 24 AGBG)

Nach der Legaldefinition in § 1 AGBG fallen unter den Begriff der AGB alle einseitig für eine Vielzahl von Verträgen vorformulierten Vertragsbedingungen. Diese Bedingungen müssen keineswegs gedruckt oder in sonstiger Weise vervielfältigt sein, entscheidend ist die Vorformulierung für eine Vielzahl von Verträgen. Dabei kann es sich um eine bestimmte Zahl oder auch eine unbestimmte Zahl künftiger Rechtsgeschäfte bzw. Verwendung handeln. Normalerweise reicht eine beabsichtigte Verwendung für mindestens drei bis fünf Fälle aus, wobei es auf die tatsächliche Benutzung vorformulierter Vertragsbedingungen nicht ankommt.[58] Ebenso ist irrelevant, ob der Verwender die Bedingungen selbst vorformuliert hat, ausreichend ist, daß er die Einbeziehung in den Vertrag veranlaßt hat, sie also dem Vertragspartner bei Vertragsschluß stellt. Da die Definition von AGB in § 1 AGBG sehr weit gefaßt ist, finden sich in den §§ 23, 24 AGBG sachliche und persönliche Einschränkungen.

Nach § 23 Abs. 1 AGBG ist die Anwendbarkeit des AGBG sachlich dann ausgeschlossen, wenn es sich um vorformulierte Vertragsbedingungen für den Bereich des Arbeits-, Erb-, Familien-, Gesellschafts-, Genossenschafts- und Vereinsrechts handelt. Darüber hinaus enthält § 23 Abs. 2 AGBG verschiedenartige Ausnahmeregelungen für den sachlichen Anwendungsbereich, wonach bestimmte Einzelregelungen des AGBG für bestimmte Vertragsarten (z.B. bei der Energieversorgung) unanwendbar sind.

Hinsichtlich des persönlichen Anwendungsbereichs bestimmt § 24 AGBG, daß die Regelungen des AGBG nur eingeschränkt auf Kaufleute Anwendung finden. Zwar findet auch die Generalklausel des § 9 AGBG

---

wirtschaftsgesetz, Personen- und Gütertransport gem. § 22 Personenbeförderungsgesetz.

58 Vgl. *Coester-Waltjen*, Jura 1979, 474.

auf Kaufleute Anwendung, jedoch nicht die Detailregelungen im §§ 10, 11 AGBG. Kaufleute werden, wie noch später zu sehen sein wird, allgemein als weniger schutzwürdig angesehen, weil sie von Berufswegen ständig Rechtsgeschäfte abschließen und AGB hierbei der Standard sind. Sodann bestimmt § 12 AGBG für den internationalen Anwendungsbereich, daß für den nichtkaufmännischen Verkehr das deutsche AGBG erst dann berücksichtigt werden kann, wenn der Vertrag ansonsten ausländischem Recht unterliegt (sog. Exklusivnorm).[59]

V.7.b) Einbeziehung in den Vertrag (§ 2 AGBG)

Das AGBG geht grundsätzlich davon aus, daß AGB als Vertragsbedingungen nicht einseitig gesetzt werden können. § 2 AGBG regelt daher ausdrücklich die Voraussetzung, nach denen allgemeine Vertragsbedingungen Vertragsbestandteil werden. Sofern der Vertragspartner des Verwenders nicht Kaufmann ist, ist grundsätzlich Voraussetzung, daß auf die AGB bei Vertragsschluß ausdrücklich hingewiesen wird, der Kunde die Möglichkeit eine zumutbaren Kenntnisnahme hat sowie mit deren Geltung einverstanden ist. Allerdings muß das Einverständnis nicht ausdrücklich erklärt werden, auch ein konkludentes Einverständnis reicht aus. Großer Streit herrscht bei der Frage, welche Vertragsbedingungen Vertragsbestandteil geworden sind, wenn sich einander widersprechende Vertragsbedingungen kreuzen. Zwar kommt in der Regel ein solcher Fall nur im kaufmännischen Verkehr vor, da jedoch in der Praxis nicht selten. Dieser Streit wird im allgemeinen so gelöst, daß die Regelung der AGB der Parteien Vertragsinhalt werden, die übereinstimmen. Nach den Grundsätzen von Angebot und Annahme können jedoch die Vertragsbedingungen, die sich widersprechen, nicht Vertragsbestandteil werden. Wenn man davon ausgeht, daß die Parteien analog § 154

[59] Vgl. *Coester-Waltjen*, Jura 1991, 474, 475.

Abs. 1 BGB gleichwohl einen Vertrag schließen wollen, tritt an die Stelle der nicht Vertragsbestandteil gewordenen AGB das dispositive Recht (vgl. § 6 Abs. 2 AGBG). In jedem Fall können jedoch überraschende Klauseln i. S. d. § 3 AGBG nicht Vertragsbestandteil werden, ebenso haben individuelle Abreden gem. § 4 AGBG Vorrang vor AGB.[60]

V.7.c) Individualabrede und Unklarheitenregel (§§ 4, 5 AGBG)

Nach § 4 AGBG haben individuell getroffene Vertragsabreden Vorrang vor einseitig gestellten AGB. Demzufolge können auch einzelne Klauseln aus den AGB unanwendbar sein, wenn die Parteien anderslautende Vereinbarungen hierüber getroffen haben. In der Praxis ergeben sich hieraus zahlreiche Beweisschwierigkeiten, weil es oftmals zu mündlichen Absprachen kommt, die im Gegensatz zu den feststehenden AGB des Verwenders nicht schriftlich festgehalten werden. Sodann bestimmt § 5 AGBG, daß Unklarheiten im Text der AGB stets zu Lasten des Verwenders ausgelegt werden. Hieraus wird auch ein Transparenzgebot gefolgert, wonach der Verwender in Ausgestaltung und Formulierung die Geschäftsbedingungen durchschaubar, richtig, bestimmt und möglichst klar darzustellen hat.[61] Auf diesem Umweg wird oftmals für eine bessere Markttransparenz gesorgt, insbesondere im Bereich des Wettbewerbs mit verschiedenen Vertragskonditionen. Allerdings sind diese von der Rechtsprechung vorgenommenen Eingriffe in die Privatautonomie und den Wettbewerb über das AGBG nicht unbedenklich.

[60] Vgl. *Coester-Waltjen*, Jura 1991, 474, 475.
[61] Vgl. BGH, NJW 1989, 222.

V.7.d) Überraschungsklausel (§ 3 AGBG)

Klauseln in AGB, mit denen der Vertragspartner ob der Natur des Vertrages und der Umstände nicht zu rechnen brauchte, werden gem. § 3 AGB erst gar nicht Vertragsinhalt. Ungewöhnlich und damit überraschend ist, daß eine Klausel inhaltlich nicht dem entspricht, was ein Kunde redlicherweise erwartet kann, wenn er sich vom spezialisierenden oder Risiko umverteilenden Inhalt der Klausel Kenntnis verschafft. Im Falle der Risikoumverteilung liegt eine überraschende Klausel auch dann vor, wenn sie einseitig und unangemessen ist, wie z.B. der Aufdruck auf dem Kassenzettel einer chemischen Reinigung: "Wir haften nur bis zum 15fachen Bearbeitungspreis".[62] Allerdings sind die Grenzen zwischen der Regelung einer überraschenden Klausel, die überhaupt nicht Vertragsinhalt wird, und der Generalklausel des § 9 AGBG, wonach eine Klausel zwar Vertragsinhalt geworden, jedoch als unangemessen unanwendbar wird, fließend. Überraschend kann indes auch die Fundstelle einer Klausel sein, wenn sich etwa der grundsätzlich zulässige Ausschluß der Sachmängelgewährleistung beim Kauf (entgegen §§ 459 ff. BGB) im Vertragswerk bei Bestimmungen über Vertragsstrafe und Schadenspauschalierung findet. Denn in einem solchen Fall wird es dem Vertragspartner praktisch unverhältnismäßig erschwert, von dieser Klausel Kenntnis zu nehmen.

V.7.e) Generalklausel und detaillierte Klauselverbote (§§ 9-11 AGBG)

Prinzipiell können AGB über die Regelungen der §§ 9 - 11 AGBG nur dann unwirksam sein, wenn sie i. S. d. § 8 AGBG von den dispositiven gesetzlichen Regelungen, insbesondere des BGB, abweichen. Hinsichtlich dieser Inhaltskontrolle enthält § 9 AGBG eine Generalklausel, wonach Bestimmungen in AGB unwirksam sind, wenn sie den Vertragspartner

[62] Vgl. *Fikentscher*, Rn 142.

entgegen des Gebots von Treu und Glauben unangemessen benachteiligen. Hierzu sind in § 9 Abs. 2 AGBG zwei Regelbeispiele enthalten: Erstens die Abweichung von wesentlichen Grundgedanken der gesetzlichen Regelung und zweitens die Gefährdung des Vertragszwecks durch Einschränkung wesentlicher Rechte und Pflichten. Jeweils ist eine besondere Irreführung des Kunden nicht notwendig. Dahingegen bezeichnen die §§ 10 und 11 AGBG konkret definierte Bestimmungen, die nach dem AGBG unzulässig und damit unwirksam sind. Hierzu zählen etwa Haftungsausschlüsse für Vorsatz oder grobe Fahrlässigkeit (§ 11 Nr. 7 AGBG), Haftungsbegrenzungen (Ausschluß des Rücktrittsrechts bei Verzug oder Unmöglichkeit, § 11 Nr. 8 AGBG) oder Vertragsstrafeversprechen (§ 11 Nr. 6 AGBG). Die in § 11 AGBG genannten Bestimmungen sind unwiderlegbar unwirksam. Dahingegen enthält § 10 AGBG teilweise unbestimmte Rechtsbegriffe (z. B. "angemessen", "zumutbar"), die im Einzelfall vom Gericht besonders zu konkretisieren sind.

Im kaufmännischen Verkehr ist zu beachten, daß die Klauselverbote der §§ 10 und 11 AGBG nach § 24 AGBG nicht direkt gelten, also etwa dann, wenn der Kunde des Verwenders Kaufmann ist. In diesem Fall ist allein die Generalklausel des § 9 AGBG für die Inhaltskontrolle maßgeblich, wobei allerdings die grundlegenden Wertungen der §§ 10, 11 AGBG herangezogen werden können.[63]

V.7.f) Unwirksamkeitsfolgen (§ 6 AGBG)

Sofern in einem Rechtsstreit durch das Gericht die Unwirksamkeit einer Klausel festgestellt wird, so bleibt gem. § 6 Abs. 1 AGBG der Vertrag dennoch im übrigen wirksam. An die Stelle der unwirksamen Klausel tritt nach § 6 Abs. 2 AGBG das dispositive Gesetzesrecht, in aller Regel das

---

[63] Vgl. *Coester-Waltjen*, Jura 1991, 474, 476 m.w.N.; *Fikentscher*, Rn 135.

BGB. Nur wenn das Festhalten am Vertrag und an diesen Umständen für eine Vertragspartei ausnahmsweise eine unzumutbare Härte darstellen würde, ist der Vertrag gem. § 6 Abs. 3 AGBG insgesamt unwirksam.[64] Hintergrund dieser Regelung ist, daß der Kunde ansonsten ohne den von ihm gewollten Vertrag dastünde, nur weil zu seinem Schutz ein Vertragsteil unwirksam ist. Anderenfalls könnten Verwender von AGB vorformulierte Verträge nach der "Friß-oder-Stirb"-Methode anbieten, weil der Kunde vertragslos dastünde, wenn er sich auf die Unwirksamkeit eines Teiles der Vertragsbedingungen beriefe. Allerdings hat diese Regelung zu zahlreichen Problemen und Streitigkeiten geführt. Denn fraglich bleibt, ob eine Klausel in einen wirksamen und einen unwirksamen Teil aufgeteilt werden kann oder in Ermangelung einer dispositiven gesetzlichen Regelung eine (richterliche) Vertragsergänzung bzw. -auslegung zulässig ist. Letztere Probleme können indes hier nur angedeutet werden.[65]

Abschließend sei noch auf eine verfahrensrechtliche Besonderheit hingewiesen, die in den §§ 13 - 22 AGBG geregelt ist, nämlich eine **Verbandsklage**: Danach können Wirtschafts- und Verbraucherverbände gegen den Verwender, dessen Vertragsformulare nach §§ 9 - 11 AGBG unwirksame AGB enthalten, eine Unterlassungsklage erheben. Hierdurch sollte eine vom Einzelfall unabhängige Kontrolle unzulässiger Geschäftsbedingungen ermöglicht werden. Allerdings wird in der Praxis von einer solchen Verbandsklage nur recht selten Gebrauch gemacht.[66]

---

[64] Grundsätzlich ist indes eine geltungserhaltende Reduktion der unwirksamen Klausel nicht zulässig, vgl. BGHZ 94, 109 = NJW 1982, 2309.

[65] Vgl. zur richterlichen Vertragsergänzung BGHZ 90, 69, 75; 96, 18, 25; *Fikentscher*, Rn. 151 m.w.N..

[66] Vgl. *Coester-Waltjen*, Jura 1991, 474, 477 m.w.N..

Fall: "*Wohnungsrenovierung*"

Marion (M) mietete ab 01. März 1991 von Vera (V) eine Altbauwohnung in Hannover-Linden, bestehend aus zwei Zimmern, Küche, Bad und Balkon zu einem dem Mietspiegel entsprechenden Mietzins. Die Wohnung befand sich in einem durch eine Männer-WG erheblich abgewohntem Zustand. M und V waren sich deshalb bei Vertragsschluß darüber einig, daß die Wohnung gestrichen und tapeziert sowie für das Badezimmer sogar eine neue Badewanne gekauft werden müßte. M und V füllten sodann gemeinsam den von V vorgelegten Mustermietvertrag des Miethechtvereins Hannover e.V., in dem V Mitglied war, aus und unterschrieben ihn. Dieser Mustervertrag enthielt u.a. folgende Klauseln:

§ 9 Schönheitsreparaturen

(1) Die Schönheitsreparaturen während der Mietdauer übernimmt die Mieterin auf eigene Kosten.

(2) Dazu gehören das Tapezieren und Anstreichen der Wände und Decken.

(3) Folgende Zeitabstände sind dabei zu beachten: In Küche und Bad drei Jahre, in Wohn- und Schlafräumen und in Fluren fünf Jahre.

(4) Hat die Mieterin die Schönheitsreparaturen übernommen, so hat sie spätestens bei Ende des Mietverhältnisses alle bis dahin je nach Grad der Abnutzung oder Beschädigung erforderlichen Arbeiten durchzuführen.

(5) Kommt die Mieterin ihren diesbezüglichen Verpflichtungen nicht nach, so kann die Vermieterin nach fruchtloser Aufforderung der Mieterin zur Durchführung der Arbeiten Ersatz der

Kosten verlangen, die zur Ausführung der Arbeiten erforderlich sind.

§ 10 Instandhaltung der Mietsache

Die Mieterin verpflichtet sich, die Mietsache und die zur gemeinschaftlichen Nutzung bestimmten Räume schonend und pfleglich zu behandeln.

Aufgrund des verwohnten Zustandes der Wohnung einigten sich M und V in demselben Vertrag wie folgt:

§ 19 Zusatzvereinbarung

M wird die Wohnung auf ihre Kosten bei Einzug renovieren und eine neue Badewanne im Bad installieren.

Im März 1992 streicht und tapeziert M mit zwei Freundinnen die gesamte Wohnung, wobei auch eine neue Badewanne installiert wird. Drei Jahre später renoviert M Küche und Bad erneut. Nach fristgemäßer Kündigung zieht M am 30. Juni 1995 aus und hinterläßt die Wohnung in einem dem Gebrauch entsprechenden abgewohnten Zustand. Die Badewanne verbleibt in der Wohnung. V verlangt von M daraufhin das Tapezieren und Streichen sämtlicher Zimmer. M weigert sich und beruft sich darauf, daß sie die Wohnung beim Einzug völlig neu renovieren mußte. V fordert M durch Einschreiben nochmals zum Renovieren der Zimmer auf. Nachdem M sich weiterhin weigert, läßt V die Arbeiten von einem Handwerkerinnenkollektiv durchführen. Im September 1995 verlangt V von M die Erstattung der angemessenen Handwerkerinnenkosten in Höhe von DM 3.000,-.

Wird V mit Ihrem Verlangen Erfolg haben?

Lösungsvorschlag:

Zu prüfen sind Ansprüche der V gegen die M auf Zahlung von 3.000,- DM.

1. § 9 Abs. 5 Mietvertrag (MV)

a) Anspruchsvoraussetzungen

Die V könnte gegen die M einen Anspruch auf Zahlung von 3.000,- DM aus § 9 Abs. 5 des Mietvertrages haben, wenn die Tatbestandsvoraussetzungen erfüllt sind. Aufgrund von Privatautonomie und Vertragsfreiheit haben vertragliche Vereinbarungen stets Vorrang vor den dispositiven gesetzlichen Vorschriften. Voraussetzung wäre, daß die M ihren Verpflichtungen aus § 9 Abs. 1 und Abs. 4 MV nicht nachgekommen ist.

Während der Mietdauer ist die M ihren aus § 9 Abs. 1 MV obliegenden Pflichten in Form der regelmäßigen Schönheitsreparaturen nachgekommen. Jedoch ist die Wohnung nach 5 Jahren Mietdauer abgewohnt und seit der Badezimmerrenovierung erst 2 Jahre vergangen. Demzufolge ist Abs. 1 nicht einschlägig. Jedoch verlangt § 9 Abs. 4 MV spätestens bei Auszug der Mieterin eine Durchführung sämtlicher Schönheitsreparaturen, die bis dahin nach Grad der Abnutzung erforderlich sind. Da M dieser Verpflichtung nicht nachgekommen ist, hätte V gegen M aus § 9 Abs. 5 i.V.m. Abs. 4 MV einen Anspruch auf Zahlung von 3.000,- DM, wenn nicht § 9 Abs. 5 MV wegen eines Verstoßes gegen das AGBG unwirksam wäre.

b) Unwirksamkeit nach dem AGBG

Zunächst ist fraglich, ob der Mustermietvertrag überhaupt unter dem Begriff der Allgemeinen Geschäftsbedingungen i. S. d. § 1 ABGB fällt. Zwar hat V den Mietvertrag als Mustermietvertrag nicht selbst entworfen, jedoch reicht das "Stellen" eines solchen von Dritten entworfenen Mustermietvertrages aus. Auch das gemeinsame Ausfüllen und die individuelle Zusatzvereinbarung sprechen nicht dagegen, weil die M sich nur in dem von V vorgegebenen Vertragsgerüst orientieren konnte, das die Möglichkeit einer Zusatzvereinbarung einräumte. Letzteres ändert aber nichts daran, daß der weit überwiegende Teil der Vertragsbedingungen vorformuliert und für eine Vielzahl von Mietverhältnissen gedacht war, so daß Allgemeine Geschäftsbedingungen i.S.d. § 1 AGBG vorliegen.

Die Anwendbarkeit des AGBG ist zudem nicht nach den §§ 23, 24 AGBG ausgeschlossen, weil es sich bei den Parteien nicht um Kaufleute handelt und der Vertrag auch nicht Bereiche des Arbeits-, Erb-, Familien- oder Gesellschaftsrechts betrifft.

Indem M gemeinsam mit V den Mustermietvertrag ausgefüllte, hat V in ausreichender Weise auf die AGBs hingewiesen, die M sómit zur Kenntnis genommen und sich mit ihnen stillschweigend einverstanden erklärt hat. Anders zu beurteilen wären u.U. Fälle, wo dem Vertragspartner ein Mustermietvertrag (AGB) lediglich zur Unterschrift vorgelegt wird. Mithin sind hier die vorformulierten Klauseln des Mustermietvertrags in den Vertrag i.S.d. § 2 Abs. 1 AGBG einbezogen worden.

Bei § 9 Abs. 5 MV handelt es sich auch um keine überraschende Klausel i.S.d. § 3 AGBG. Derartige Überwälzungen von Renovierungspflichten auf den Mieter in Form von "Schönheitsreparaturen" sind (leider) üblich.

Zwar hat nach § 4 AGBG eine Individualabrede grundsätzlich Vorrang vor den vorformulierten Vertragsbedingungen, jedoch ist durch den angefügten § 19 MV keine entgegenstehende Individualabrede bezüglich der Auszugsrenovierungsklausel in § 9 Abs. 4, 5 MV getroffen worden.

Damit das AGBG aber inhaltlich zur Anwendung kommen kann, muß § 9 Abs. 5 MV von Rechtsvorschriften abweichen (§ 8 AGBG). Eine Inhaltskontrolle nach den §§ 9 - 11 AGBG ist also nur möglich, wenn § 9 Abs. 5 MV vom Gesetzesrecht abweicht, das den objektiven und vom Gesetzgeber als interessengerecht vorgegebenen Standard definiert. Als Maßstab für diese "Vertragsgerechtigkeit" kommen primär die Normen des BGB in Betracht. Schönheitsreparaturen obliegen nach §§ 536, 548 BGB grundsätzlich der Vermieterin, die Mieterin muß für die Folgen des vertragsgemäßen Gebrauchs nach der gesetzlichen Regelung nicht einstehen, also auch nicht für die normale Abwohnung. Davon weicht § 9 MV ab, so daß bereits eine Inhaltskontrolle nach § 8 AGBG eröffnet ist.

Zusätzlich kommt eine Abweichung von §§ 326 Abs. 1 i.V.m. 284 BGB in Betracht. Schadensersatz wegen Nichterfüllung kann gem. § 326 Abs. 1 BGB, im Gegensatz zu § 9 Abs. 5 MV, nur verlangt werden, wenn sich die Schuldnerin mit der vertraglich geschuldeten Hauptleistung in Verzug befindet (§ 284 BGB) und ihr sodann noch eine Nachfrist mit Ablehnungsandrohung gesetzt wurde. Da hier die Schönheitsreparaturen aufgrund ihrer zentralen Stellung im Mietvertrag zur vertraglichen Hauptpflicht erklärt wurden, wäre § 326 BGB grundsätzlich auch anwendbar. Mithin liegt in § 9 Abs. 5 MV ebenfalls eine Abweichung von § 326

Abs. 1 BGB als der maßgeblichen Gesetzesnorm vor, womit auch insofern eine Inhaltskontrolle eröffnet ist.

Folglich weicht § 9 MV sowohl von den §§ 536 ff. als auch von § 326 Abs. 1 i.V.m. 284 BGB ab, so daß über § 8 AGBG eine Inhaltskontrolle dieser Vertragsnorm eröffnet ist:

Nach § 11 Nr. 4 AGBG (Klauselverbot ohne zusätzliche Wertungsmöglichkeit) ist eine Bestimmung unwirksam, bei der dem Verwender von AGBs -abweichend von § 326 Abs. 1 BGB- eine Nachfristsetzung erlassen wird.

Mithin ist die Klausel in § 9 Abs. 5 MV wegen eines Verstoßes gegen § 11 Nr. 4 AGBG unwirksam und entfällt damit als eigenständige Anspruchsgrundlage der V gegen M auf Zahlung von 3.000,- DM.

2. Schadensersatzanspruch wegen Nichterfüllung aus § 326 Abs. 1 S. 2 BGB

V könnte aber gegen M einen Anspruch auf Schadensersatz wegen Nichterfüllung unmittelbar aus § 326 Abs. 1 S. 2 BGB haben.

Zunächst müßte dazu die Nichterfüllung einer Hauptleistungspflicht seitens der M vorliegen. Da in § 9 Abs. 1 - 4 MV die Schönheitsreparaturen zu einer Hauptleistungspflicht erhoben wurden und M die bei Auszug fällige Renovierung nicht vorgenommen hat, ist eine Nichterfüllung i.S.d. § 326 Abs. 1 BGB gegeben.

Sodann liegt in dem Verlangen der V, daß M sämtlich Zimmer streichen solle, die für den Eintritt des Verzugs erforderliche Mahnung i.S.d. § 284 Abs. 1 BGB.

Die in § 326 Abs. 1 BGB vorgesehene Nachfrist mit Ablehnungsandrohung hat die V der M durch ihre nochmalige Aufforderung per Einschreiben vergeblich gesetzt. Somit liegen die Anspruchsvoraussetzungen von § 326 Abs. 1 BGB vor.

Fraglich ist indes, ob die vertragliche Vereinbarung einer Auszugsrenovierung vorliegend überhaupt wirksam ist.

Nach 6 AGBG berührt die Unwirksamkeit einer AGB-Klausel, hier des § 9 Abs. 5 MV (s.o.), nicht die Wirksamkeit des Vertrages im übrigen. Zwar ist nach § 139 BGB bei einer Teilnichtigkeit im Zweifel der ganze Vertrag nichtig, jedoch steht dem § 6 AGBG als lex specialis gegenüber: Hiernach bleibt der Vertrag im übrigen bestehen, wenn nicht aus den noch verbleibenden Restvereinbarungen eine unzumutbare Härte entspringt, was für die M hier nicht der Fall ist. Somit sind die restlichen Vereinbarungen des Mustermietvertrages grundsätzlich wirksam.

Gleichwohl könnte die Überwälzung der Schönheitsreparaturen auf den Mieter mit wesentlichen Grundgedanken des BGB unvereinbar sein und somit gegen § 9 Abs. 2 Nr. 1, Abs. 1 AGBG verstoßen:

Zwar widerspricht die Abwälzung der Schönheitsreparaturen auf M dem Grundgedanken des BGB in den §§ 536, 548 BGB, wonach ausschließlich dem Vermietern die Schönheitsreparaturen zugewiesen werden, kann jedoch aus gewichtigen (sachlichen) Gründen gerechtfertigt sein. Insbesondere darf § 9 Abs. 1 - 4 MV nicht isoliert geprüft, sondern nur i.V.m. § 19 MV gesehen werden. Es ist nicht ohne Grund seit Jahren allgemein üblich, die Schönheitsreparaturen auf die Mieter zu überwälzen, denn im allgemeinen wird die Renovierungsarbeit als Teil des vereinbarten Mietzinses angesehen und ermöglicht dem Vermieter, einen relativ niedrigen Mietzins zu fordern. Somit kann man hier zu dem Ergebnis gelangen, daß die Überwälzung der Schönheitsreparaturen keine unangemessene Benachteiligung ist und deshalb nach § 9 Abs. 2 Nr. 1, Abs. 1 AGBG die Klausel in § 9 Abs. 1 - 4 MV grundsätzlich wirksam ist.

Fraglich ist aber, ob nicht in der zusätzlichen Überwälzung der Schönheitsreparaturen zu Beginn der Mietzeit nach §§ 9, 19 MV nicht eine unangemessene und sachlich ungerechtfertigte Benachteiligung der M i.S.d. § 9 Abs. 2 Nr. 1, Abs. 1 AGBG vorliegt. Denn zu Beginn der Mietzeit wurde die Wohnung auf Ms Kosten renoviert und sogar verbessert, indem eine Badewanne fest eingebaut wurde. Desweiteren hat M die ihr obliegenden Schönheitsreparaturen regelmäßig durchgeführt, so daß eine nochmalige Renovierung beim Auszug nach § 9 i.V.m. § 19 MV die M unangemessen und sachlich ungerechtfertigt belasten würde (§ 9 Abs. 2 Nr. 1, Abs. 1 ABGB). Mithin ist die Auszugsrenovierungsklausel wegen Verstoßes gegen § 9 Abs. 2 Nr. 1, Abs. 1 AGBG unwirksam und somit nicht Hauptleistungspflicht i.S.d § 326 BGB.

Ergebnis:

Es besteht insgesamt kein Anspruch der V auf Zahlung von 3.000,- DM gegen die M, weil sowohl § 9 Abs. 5, 4 MV wegen eines Verstoßes gegen §§ 8, 11 Nr. 4 AGBG i.V.m. § 326 Abs. 1 BGB als auch § 326 Abs. 1 S. 2 BGB wegen eines Verstoßes gegen § 9 Abs. 2 Nr. 1, Abs. 1 AGBG als Anspruchsgrundlage wegfallen. Es reicht für die Wirksamkeit der Allgemeinen Vertragsbedingungen also nicht aus, daß sich die andere Vertragspartei mit ihnen per Unterschrift einverstanden erklärt. Das AGBG schränkt die Vertragsfreiheit zugunsten der schwächeren Vertragspartei ein und schützt sie vor "Knebelverträgen". Eine entsprechende Klage müßte die V vor dem Amtsgericht Hannover gegen M erheben, weil für Mietstreitigkeiten gem. §§ 23 Nr. 2 a GVG, 29 a ZPO ohne Rücksicht auf den Streitwert ausschließlich das Amtsgericht sachlich und örtlich zuständig ist, in dessen Bezirk der Wohnraum belegen ist.

VI. Grundlagen des Handelsrechts

VI.1. Schnelligkeit und Vertrauenschutz

Das Handelsrecht ist das Sonderprivatrecht der Kaufleute. Dies bedeutet, daß die Normen des Handelsrechtes nur für eine bestimmte Gruppe von Personen gelten, nämlich für Kaufleute. Allerdings steht das Handelsrecht nicht beziehungslos neben dem für jedermann geltenden Privatrecht; vielmehr bildet das BGB die Grundlage für das Handelsrecht und findet gem. Art. 2 Abs. 1 EGHGB subsidiär Anwendung. Das Handelsrecht, insbesondere das HGB, enthält Ausnahmeregelungen vom BGB und regelt einige Rechtsverhältnisse, die typischerweise im kommerziellen Rechtsverkehr vorkommen, spezieller. Die Lösung eines handelsrechtlichen Falles verlangt daher in der Regel sowohl die Anwendung handelsrechtlicher als auch bürgerlich-rechtlicher Normen. Um die Bedeutung des Handelsrechtes verstehen zu können, muß man sich einige seiner Prämissen klarmachen:

Zunächst ist unsere marktwirtschaftlich orientierte Wirtschaft und Gesellschaft auf einen funktionierenden Warenaustausch angewiesen. Denn die berufliche Spezialisierung hat es mit sich gebracht, daß wir uns bereits seit mehr als einem Jahrhundert in einem die Selbstversorgung ausschließenden Spezialistentum befinden. Zudem kennt der Handelsverkehr nicht erst seit Gründung der EG, sondern seit jeher keine Grenzen in dem Sinne, daß Angebot und Nachfrage den Transport und die Beschaffung von Waren regeln. Ein weiterer Aspekt des Handelsrechts ist, daß die Hauptakteure im Handelsverkehr, nämlich die Kaufleute, "Profis" sind und mit dem Handel ihren Lebensunterhalt verdienen. Ferner ist es im Rahmen eines ordnungsgemäßen und ordentlichen Geschäftsbetriebes durchaus üblich, daß Kaufleute mit Kredit arbeiten. Ohne diese finanzielle Flexibilität könnte ein Kaufmann in der Regel nicht existieren, denn die Zahlungen der Kunden oder Vertragspartner sind nicht immer verläßlich.

Wenn man sich die vorgenannten Parameter vor Augen führt, so verwundert es nicht, wenn **Schnelligkeit** und **Vertrauensschutz** grundlegende Prinzipien des Handelsrechts sind:

Zunächst setzt ein gut funktionierender Handelsverkehr voraus, daß sich Handelsgeschäfte schnell und problemlos abschließen und abwickeln lassen. Hinsichtlich des schnellen Abschlusses von Handelsgeschäften gilt indes nicht viel mehr als bereits im Bereich des Bürgerlichen Rechts, nämlich das Prinzip der Vertragsfreiheit. Jedoch wird im Handelsrecht zugunsten der Schnelligkeit auf Formvorschriften des BGB verzichtet: So ist gem. § 350 Abs. 1 HGB etwa eine Bürgschaftserklärung auch mündlich wirksam, wohingegen nach § 766 S. 1 BGB die Schriftform als Schutz vor übereilten Bürgschaften vorgesehen ist. Dem Bedürfnis nach schneller Abwicklung der Handelsgeschäfte trägt das HGB insbesondere im Recht des Handelskaufes, §§ 343 ff. HGB, Rechnung, dessen zentrale Normen die Untersuchungs- und Rügeobliegenheit des Käufers nach §§ 377, 378 HGB ist.[67]

Die gebotene Schnelligkeit bei Abschluß und Abwicklung von Handelsgeschäften verlangt indes einen größeren Vertrauensschutz als im BGB

---

[67] S. dazu im Detail unten VI.4. sowie VI.5.

vorgesehen. Daher sind zum einen im HGB einige Regeln abweichend vom BGB normiert, die dem Schutz des Handelsverkehrs dienen sollen: Beispielsweise ist es im Handelsverkehr gem. § 366 HGB möglich, die von einem Kaufmann veräußerte fremde Ware durchaus gutgläubig zu erwerben und damit Eigentum zu erhalten, wenn der Erwerber auf die Verfügungsmacht des Veräußerers vertraut. Nach Bürgerlichem Recht (§§ 932 ff. BGB) kann derjenige, der von dem Nichtberechtigten eine bewegliche Sache erwirbt, hieran nur Eigentum erwerben, wenn der gutgläubig bezüglich des Eigentums des Veräußerers ist.

Ferner ist nach den Grundsätzen des kaufmännischen Bestätigungsschreibens das Schweigen eines Kaufmannes in Abweichung vom BGB durchaus als Willenserklärung anzusehen.

Sodann werden auch bei der Auslegung von Willenserklärungen (§§ 133, 157 BGB) oder vertraglichen Pflichten (§ 242 BGB Leistung nach Treu und Glauben; Nebenpflichten) andere Maßstäbe angelegt als im Bürgerlichen Recht: Maßgebend ist stets der "ordentliche" Kaufmann, und nicht etwa "Otto Normalverbraucher". Außerdem wird vom Kaufmann erwartet, daß er sich mit Hilfe des öffentliche Handelsregister (vgl. § 15 HGB) Kenntnis über Geschäftsführungs- und Vertretungsbefugnis seines kaufmännischen Geschäftspartners verschafft. Denn in das bei den Amtsgerichten geführte Handelsregister sind von Gesetzes wegen die wichtigsten, ein Handelsgewerbe betreffenden Tatsachen, wie etwa die Firma, d. h. der Handelsname des Kaufmannes (§§ 17, 29 HGB bei einer Einzelfirma; § 33 HGB bei juristischen Personen), der Erteilung der Prokura gem. § 53 Abs. 1 HGB sowie die Vertretungs- und Geschäftsführungsbefugnis bei juristischen Personen (z.B. § 106 HGB für die OHG, § 162 i.V.m. § 106 Abs. 2 HGB für die KG, §§ 7, 10 GmbHG für die GmbH) einzutragen.[68]

[68] Allerdings macht dies heutzutage kaum noch ein Kaufmann, weil es zu zeitraubend und umständlich ist. Bei größeren Transaktionen ist die Bonität des potentiellen Vertragspartners in aller Regel viel wichtiger, wozu professionelle

Weitere Kennzeichen der handelsrechtlichen Sondervorschriften sind eine stärkere Bindung an Gebräuche und Gepflogenheiten (vgl. § 346 HGB), Professionalität (z.B. die automatische Berechnung von Zinsen, Provision und Lagergeld gem. § 354 HGB ohne gesonderte Vereinbarung) sowie das Prinzip der Selbstverantwortung (z.B. bei der formlos gültigen, selbstschuldnerischen Bürgschaftserklärung nach §§ 350, 349 HGB).

VI.2. Historischer Hintergrund des HGB

Die erste umfassende gesetzliche Regelung des Handelsrechts auf deutschem Boden enthielt bereits das Allgemeine Landrecht für die Preußischen Staaten von 1794 (ALR), das von dem Konzept eines Sonderprivatrechts der Kaufleute ausging. Sodann wurde das schon oben erwähnte ADHGB auf Beschluß der Bundesversammlung des Deutschen Bundes vom 18. Dezember 1856 entworfen und auf Empfehlung der Bundesversammlung vom 31. Mai 1861 von den meisten deutschen Staaten jeweils für ihr Territorium erlassen. Auf die Regelungen des ADHGB übte indessen auch der französische code de commerce von 1807 einen gewissen Einfluß aus, zumal dieser aufgrund der napoleonischen Herrschaft in Teilen des westlichen Deutschlands lange Zeit gegolten hatte. Mit Bundesgesetz vom 05. Juni 1869 galt des ADHGB zunächst für sämtliche Staaten des Norddeutschen Bundes und wurde kurz nach Gründung des Deutschen Reiches durch Reichsgesetz vom 16./22.04.1871 auf das gesamte Reich ausgedehnt.[69] Die Schaffung des BGB ab 1874 (s.o. V.2.) machte dann aber eine neue Kodifikation des Handelsrechts notwendig, um Unstimmigkeiten im Privatrecht

---

Auskunfteien oder sog. Wirtschaftsdienste wie etwa Schimmelpfeng, Bürgel oder Gerling Konzern, die im Rahmen einer Bonitätsprüfung u.a. auch stets das Handelsregister kontrollieren.

[69] Vgl. zur Entstehungsgeschichte des HGB und des ADHGB *Baumbach/Duden/Hopt*, Einleitung vor § 1; *Capelle/Canaris*, S. 15/16.

zu vermeiden. Als Ergebnis entstand das Handelsgesetzbuch vom 10. Mai 1897, die bis heute wichtigste Quelle des Handelsrechts, das am 1. Januar 1900 in Kraft trat und ebenso wie das BGB aus fünf Büchern besteht. Allerdings finden die Normen des HGB gem. Art. 2 Abs. 1 EGHGB nur dann Anwendung, wenn es sich um Spezialregelungen für Kaufleute handelt, die vom BGB abweichen. In jedem Fall stehen die Regelungen des BGB hilfsweise zur Verfügung. Ursache für die losgelösten, lückenhaften Spezialvorschriften des HGB ist, daß sich zahlreiche Regelungen im ADHGB gut bewährt hatten und trotz ihres handelsrechtlichen Ursprungs in das BGB übernommen worden waren, womit sie für das gesamte Privatrecht Geltung erhielten.

Zusätzlich erklärt aber § 346 HGB bei Handelsgeschäften neben dem Gesetzesrecht für Kaufleute auch die in der betreffenden Branche geltenden Handelsbräuche (Handelsgewohnheiten, Handelssitten, Handelsusancen), also die speziellen Verkehrssitten unter Kaufleuten, ausdrücklich für anwendbar. Diese Handelsbräuche (sog. lex mercatoria) sind zwar keine gesetzlichen, feststehenden Rechtsnormen, so daß der Richter im Einzelfall nicht gezwungen ist, einen bestimmten Handelsbrauch anzuwenden. Jedoch kann ein solcher Handelsbrauch im Prozeß vorgetragen und notfalls bewiesen werden, so daß er im Rahmen des § 346 HGB auch vom Gericht anzuwenden ist. Diese Handelsbräuche gelten wegen § 346 HGB unter Kaufleuten sodann kraft Gesetzes, so daß es weder auf einen entsprechenden Willen, diese zum Vertraginhalt zu machen, noch auf eine Kenntnis derselben ankommt.[70] In der Praxis spielen Handelsbräuche eine erhebliche Rolle, etwa bei der Vertragsauslegung nach § 157 BGB und vor allem im interna-

---

[70] Vgl. *Baumbach/Duden/Hopt*, § 346 Rn. 39, 40.

tionalen Handelsverkehr, wo bekanntestes Beispiel der lex mercatoria die INCOTERMS von 1990 sind.[71]

VI.3. Kaufmannseigenschaft

Um den Bedürfnissen des Handelsverkehres nach schnellerer Geschäftsabwicklung, Professionalität und erhöhtem Vertrauensschutz Rechnung zu tragen, enthält das HGB Sonderregelungen, die an den Begriff des Kaufmannes anknüpfen. Das Handelsrecht als das Sonderprivatrecht der Kaufleute knüpft also an die subjektive Kaufmannseigenschaft an. Damit kommt es für die Anwendung des Handelsrechtes prinzipiell nicht darauf an, ob ein spezifisches Rechtsgeschäft vorgenommen wurde, sondern darauf, ob die Vertragsparteien Kaufleute sind.[72] Zwar ist das deutsche Handelsrecht als Standes- oder Berufsrecht der Kaufleute entstanden, jedoch gibt es hiervon zahlreiche Durchbrechungen, weil es auch handelsrechtliche Vorschriften gibt, die für Nichtkaufleute gelten: Beispielsweise ist das Handelsrecht schon anwendbar, wenn das Rechtsgeschäft nur für einen Teil ein Handelsgeschäft ist (vgl. § 345 HGB), also nur eine Vertragspartei Kaufmann ist (vgl. § 343 HGB). Das Handelsrecht gilt dann auch für die Vertragspartei, die kein Kaufmann ist, es sei denn, die betreffende handelsrechtliche Vorschrift verlangt, daß beide Seiten Kaufleute sind, wie dies etwa bei der Rügepflicht nach § 377 HGB der Fall ist.

---

[71] Die INCOTERM werden von der Internationalen Handelskammer in Paris herausgegeben und enthalten Auslegungsregeln für die in internationalen Handelsverträgen hauptsächlich verwendeten (abgekürzten) Vertragsklauseln, wie z.B. CIF, FOB, CIP, vgl. Text bei *Herber/Czerwenka*, Anh. 4 sowie *Baumbach/Duden/Hopt*, Nebengesetze (6) Incoterms und andere Handelskaufklauseln.

[72] Vgl. *Capelle/Canaris*, S. 1/2.

VI.3.a) Handelsgewerbe

Grundlage des Kaufmannsbegriffs ist das **Betreiben eines Handelsgewerbes**. Unter Gewerbe versteht man jede offene, planmäßige, erlaubte, auf Gewinnerzielung gerichtete und selbständige Tätigkeit mit Ausnahme der freien Berufe.[73] Mit dieser Definition sollen Tätigkeiten ausgeschlossen werden, die darauf gerichtet sind, nur gelegentlich Geschäfte zu tätigen oder illegal sind. Hinsichtlich der Gewinnerzielung ist lediglich die Zielsetzung von Bedeutung, nicht jedoch, daß tatsächlich ein Überschuß erwirtschaftet wird.[74] Es muß sich auch um eine selbständige Tätigkeit handeln, wodurch eine Abgrenzung zu Arbeitnehmern und Beamten vollzogen wird. Daß die sog. freien Berufe kein Gewerbe betreiben, also z.B. Ärzte, Rechtsanwälte, Wirtschaftsprüfer sowie Steuerberater, ist historisch zu erklären und für die genannten Berufe durch Spezialgesetze bestimmt. Ebenso werden Künstler, Architekten und Schriftsteller als "Freiberufler" angesehen, was u.a. zur Folge hat, daß auch sie keine Gewerbesteuer zahlen müssen.

VI.3.b) Arten von Kaufleuten

Im Hinblick auf die Art des Handelsgewerbes unterscheidet das HGB in den §§ 1 - 6 sechs verschiedene Arten von Kaufleuten:

Muß- oder Ist-Kaufmann bedeutet, daß die betreffende Person ein sog. Grundhandelsgewerbe betreibt, das in § 1 Abs. 2 HGB aufgezählt ist. Hierzu zählt vor allem der An- und Verkauf von Waren, aber auch von Wertpapieren oder sonstigen Bankgeschäften. Die Kaufmannseigenschaft erwerben Mußkaufleute eo ipso durch das Betreiben des Grundhan-

[73] Vgl. *Baumbach/Duden/Hopt*, § 1 Rn. 1 - 5.
[74] Vgl. BGHZ 57, 199; 95, 155, *Brox*, HGB, S. 13 ff.

delsgewerbes, eine Eintragung in das Handelsregister ist daher lediglich deklaratorisch.

Sollkaufmann i.S.d. § 2 HGB ist eine Person, deren Gewerbe zwar nicht in der der kasuistischen Aufzählung des § 1 Abs. 2 HGB enthalten wird, jedoch gleichwohl einen kaufmännisch eingerichteten Geschäftsbetrieb nach Art und Umfang erfordert, einschließlich der Finanzierung, Inventuren und Kassenführung. Hierbei entscheidet das Gesamtbild des Betriebes. Letzteres kann insbesondere bei handwerklichen Unternehmen, wie beispielsweise einer Autoreparaturwerkstatt oder einem Tischlereibetrieb der Fall sein. Zusätzlich ist jedoch zum Erwerb der Kaufmannseigenschaft für Sollkaufleute die Eintragung in das Handelsregister notwendig, damit also konstitutiv. Der Unternehmer ist nach § 2 S. 2 auch verpflichtet, eine derartige Eintragung in das Handelsregister herbeizuführen.

Zu den **Kann-Kaufleuten** i.S.d. § 3 HGB zählt der Betrieb der Land- und Forstwirtschaft. Da heutzutage moderne Betriebe der Land- und Forstwirtschaft vielfach professionell mittelständischen Betrieben ähneln und einen in kaufmännischer Weise eingerichteten Geschäftsbetrieb erfordern, wird Ihnen nach § 3 Abs. 2 HGB die Möglichkeit eingeräumt, durch Eintragung in das Handelsregister die Kaufmannseigenschaft zu erwerben. Im Gegensatz zu den Sollkaufleuten sind die Inhaber eines land- oder forstwirstschaftlichen Unternehmens aber nicht verpflichtet, die Kaufmannseigenschaft Kraft konstitutiver Eintragung in das Handelsregister zu erwerben.

Formkaufleute[75] oder Kaufleute kraft Rechtsform sind gem. § 6 HGB die Handelsgesellschaften, also Kraft ihrer Organisationsform. Allerdings gilt dies nur für die rechtsfähigen Handelsgesellschaften, nämlich die AG (§ 3 AktG), die KG a. A. (§ 278 Abs. 3 AktG) und die GmbH (§ 13 Abs. 3

[75] Bei den Formkaufleuten kommt es nicht so sehr auf den Gegenstand des Unternehmens an (z. B. Betreiben eines Kindergartens) insoweit wird ein Handelsgewerbe fingiert, vgl. BGH, NJW 1976, 514.

GmbHG). Ebenso gelten auch eingetragene Genossenschaften (e.G.) und Versicherungsvereine auf Gegenseitigkeit als Kaufleute, obwohl sie keine Handelsgesellschaften sind (§ 17 Abs. 2 GenG, §§ 16, 53 Versicherungsaufsichtsgesetz/VAG). Hingegen sind die OHG und KG zwar Handelsgesellschaften, jedoch keine Formkaufleute, so daß bei Ihnen stets zu prüfen ist, ob sie ein vollkaufmännisches Gewerbe betreiben (vgl. auch § 4 Abs. 2 HGB).

Scheinkaufleute i.S.d. § 5 HGB sind zum einen im Handelsregister eingetragene Firmen, die u. U. in Wirklichkeit gar kein Handelsgewerbe betreiben, sowie auch nicht eingetragene Personen, die den zurechenbaren Rechtschein eines kaufmännischen Gewerbes gesetzt haben. Im Interesse des Schutzes der Leichtigkeit des Handelsverkehrs werden diese Personen ebenso wie Vollkaufleute behandelt.

Minderkaufleute i. S. d. § 4 Abs. 1 HGB sind im Gegensatz zu den o.g. Vollkaufleuten Kleingewerbetreibende, die zwar ein Grundhandelsgewerbe i.S.d. § 1 Abs. 2 HGB betreiben, deren Gewerbebetrieb indes nach Art und Umfang einen in kaufmännischer Weise eingerichteten Geschäftsbetrieb nicht erfordert, wie dies z.B. bei Trödlern oder Gastwirten der Fall ist. Zwar sind Minderkaufleute grundsätzlich ebenso wie Vollkaufleute zu behandeln, jedoch gibt es zahlreiche Vorschriften die auf sie unanwenbar sind, so z. B. die Vorschriften über die Firma (§§ 17 - 37 HGB), Handelsbücher (§§ 38 - 47 a HGB), Prokura (§§ 48 - 53 HGB) sowie der handelsrechtlichen Bürgschaft, Vertragsstrafe und Schuldanerkenntnis (§ 351 HGB).

VI.4. Handelsgeschäfte

Neben der Kaufmannseigenschaft, die die generelle Anwendbarkeit des Handelsrechts ermöglicht, ist der Begriff des Handelsgeschäfts einer der zentralen Definitionen, die nämlich die Spezialvorschriften über die Handelsgeschäfte im 4. Buch des HGB (§§ 343 ff. HGB) überhaupt erst zur Anwendung bringt. Nach der Legaldefinition in § 343 Abs. 1 HGB sind Handelsgeschäfte alle Geschäfte eines Kaufmannes, die zum Betriebe seines Handelsgewerbes gehören. Hierbei ist unter dem Begriff "Geschäft" jedes rechtserhebliche Verhalten zu verstehen, so daß hierunter auch Mahnungen, Fristsetzungen oder Realakte, wie Verarbeitung oder Vermischung von Sachen, fallen. Auf Minderkaufleute finden Vorschriften über Handelsgeschäfte zwar grundsätzlich Anwendung, jedoch finden sich in zahlreichen Vorschriften Sonderbestimmungen, die die Anwendbarkeit auf Minderkaufleute einschränken. Sodann ist der Begriff "zum Betrieb seines Handelsgewerbes gehörig" weit auszulegen und gliedert sich auf in folgende Geschäfte:

1. **Handelsgrundgeschäfte**, also solche, die den Gegenstand des Unternehmens ausmachen.

2. **Handelshilfsgeschäfte**, also solche, die der Errichtung, Fortführung oder Beendigung des Unternehmens dienen. Hierzu zählt etwa die Anmietung eines Ladenlokales, der Kauf einer Ladeneinrichtung oder ein Werkvertrag über den Umbau der Geschäftsräume.

3. **Handelsnebengeschäfte** sind nach § 343 Abs. 2 HGB solche Grundhandelsgeschäfte (vgl. § 1 Abs. 2 HGB), die der Kaufmann gelegentlich in Betriebe seines gewöhnlich auf andere Geschäfte gerichteten Handelsgewerbe abschließt. Demzufolge kommt es auf eine Branchenüblichkeit nicht an, Handelsgeschäft ist daher auch der Verkauf des Geschäftswagens durch einen Computersoftwarehersteller.

Die Abgrenzung der Handelsgeschäfte von den **Privatgeschäften eines Kaufmannes** kann im Einzelfall Probleme bereiten. Daher finden sich im HGB zwei gesetzliche Vermutungen:

1. Die von einem Kaufmann vorgenommenen Rechtsgeschäfte gehören gem. § 344 Abs. 1 HGB im Zweifel zum Betrieb seines Handelsgewerbes. Dies hat zur Folge, daß der Kaufmann im Streitfalle die Beweislast dafür trägt, daß es sich um ein Privatgeschäft gehandelt hat.

2. Die von einem Kaufmann gezeichneten Schuldscheine gelten gem. § 344 Abs. 2 HGB als im Betrieb seines Handelsgewerbes gezeichnet, soweit sich nicht aus der Urkunde das Gegenteil ergibt. Diese Vorschrift findet auf Schuldversprechen, Schuldanerkenntnisse, Wechsel sowie die in § 363 HGB genannten kaufmännischen Orderpapiere Anwendung und verschärft die gesetzliche Vermutung des § 344 Abs. 1 HGB für die genannten Urkunden insofern, als daß der Gegenbeweis für ein im Betrieb des Handelsgewerbes gezeichneten Schuldschein nur aus dem Inhalt der Urkunde zu führen ist.[76]

Desweiteren unterscheidet man zwei verschiedene Arten von Handelsgeschäften, und zwar das **einseitige** sowie das **zweiseitige Handelsgeschäft**:

Bei dem einseitigen Handelsgeschäft ist nur eine Partei Kaufmann mit der Folge, daß zwar grundsätzlich gem. § 345 HGB die Vorschriften über die Handelsgeschäfte auch dann gelten, so daß sich etwa ein Kaufmann formlos gegenüber einem Privatmann gem. § 350 HGB verbürgen kann, jedoch finden zahlreiche Vorschriften im Interesse des Schutzes der Privatperson nur auf Kaufleute Anwendung.

Ein beiderseitiges Handelsgeschäft liegt hingegen vor, wenn beide Seiten Kaufleute sind mit der Folge, daß sämtliche Vorschriften über Handelsgeschäfte ausnahmslos gelten, es sei denn, es handelt sich bei einer der Parteien um einen Minderkaufmann (vgl. § 351 HGB). Beispielsweise setzt die kaufmännische Untersuchungs- und Rügepflicht nach § 377 Abs. 1 HGB voraus, daß der Kauf für beide Parteien ein Handelsgeschäft ist.

---

[76] Vgl. *Baumbach/Duden/Hopt*, § 344 Rn. 4.

Als Besonderheit bei Handelsgeschäften ist hervorzuheben, daß Verträge ausnahmsweise im Interesse der Schnelligkeit und Leichtigkeit des Handelsverkehrs sowie des erhöhteren Vertrauensschutzes auch durch **Schweigen** zustandekommen können:

1. Durch Schweigen auf ein **Angebot zur Geschäftsbesorgung** gem. § 362 HGB, sofern der Kaufmann geschäftsmäßig die Besorgung von Geschäften für andere betreibt und mit dem Antragenden in Geschäftsverbindung steht. Hierzu zählen neben Speditions-, in der Regel auch Bank- und Börsengeschäfte.[77]

2. Durch Schweigen auf ein **kaufmännisches Bestätigungsschreiben**: Das Rechtsinstitut des Schweigens auf ein kaufmännisches Bestätigungsschreiben ist nicht gesetzlich normiert, sondern beruht auf Handelsgewohnheitsrecht und setzt folgendes voraus:

a) ein beiderseitiges Handelsgeschäft: Der Empfänger muß Vollkaufmann sein oder im größeren Umfange am Geschäftsleben teilnehmen[78]; der Absender braucht zwar kein Kaufmann sein, jedoch muß er ähnlich wie ein Kaufmann am Wirtschaftsleben teilnehmen, weil nur dann zu vermuten ist, daß er diesen Handelsbrauch kannte.[79]

b) Es müssen mündliche, telegraphische oder fernschriftliche (Telefax) Vertragsverhandlungen vorausgegangen sein, die jedoch nicht in einen schriftlichen Vertrag gemündet sind.

c) Das Schreiben muß den früheren mündlichen Vertragsschluß unter Wiedergabe des Vertragsinhalts endgültig und eindeutig bestätigen. Mithin reicht eine bloße Auftragsbestätigung nicht aus, bei der es sich in aller Regel erst um die Annahme eines anderweitig getätigten Vertragsangebot handelt.

---

[77] Vgl. *Baumbach/Duden/Hopt*, § 362 Rn. 3.
[78] Vgl. BGHZ 11, 1.
[79] Vgl. BGHZ 40, 42.

d) Das Bestätigungsschreiben muß unmittelbar nach Vertragsverhandlungen abgeschickt werden und dem Empfänger auch zugegangen sein (vgl. § 130 BGB).

e) Der Absender des Bestätigungsschreibens ist nur schutzwürdig, wenn er unter Berücksichtigung von Treu und Glauben (§ 242 BGB) das Schreiben auch als Einverständnis auffassen darf. Der Absender ist in diesem Sinne redlich, wenn er keine bewußte Verstellung der Vertragsverhandlungen vornimmt. Gleichwohl können sich in dem Bestätigungsschreiben Abweichungen finden, bei denen der Absender noch mit einer Zustimmung rechnen durfte, was auch für Ergänzungen gilt. In jedem Fall ist der Absender bei sich kreuzenden Bestätigungsschreiben nicht schutzwürdig, wenn die Schreiben inhaltlich voneinander abweichen.

f) Der Empfänger des Bestätigungsschreiben darf nicht unverzüglich widersprochen haben. Unverzüglich bedeutet in diesem Zusammhang ohne schuldhaftes Zögern (vgl. § 122 BGB), was sich nach den Umständen des Einzelfalles richtet, jedoch ist ein Widerspruch nach mehr als einer Woche in aller Regel als verspätet zu werten.[80]

Folge eines nicht rechtzeitigen Widerspruchs auf ein kaufmännisches Bestätigungsschreiben ist, daß der Vertrag zu den in dem Bestätigungsschreiben formulierten Vertragsbedingungen zustande kommt, auch wenn es Abweichungen oder Ergänzungen zu den mündlichen Vertragsverhandlungen enthalten sollte. Jeder Vollkaufmann muß also stets aufpassen, daß er jegliche Schreiben, die vertragliche Verhandlungen zu bestätigen suchen, sofort im Hinblick auf mögliche Abweichungen oder Ergänzungen durchsieht und diesen gegebenenfalls unverzüglich schriftlich widerspricht.[81]

---

[80] Vgl. BGH, BB 1969, 933.

[81] Vgl. im Detail zum kaufmännischen Bestätigungsschreiben *Capelle/Canaris*, S. 250 ff. m.w.N.

Zur Verdeutlichung des Zusammenspiels von handelsrechtlichen mit bürgerlichrechtlichen Normen soll der folgende Fall dienen:

Fall: *"Rostige Bremsen"*

Der Versicherungsvertreter V veräußert seinen gebrauchten PKW der Marke "Ferrari" an den Kaufmann K. Letzterer stellt nach kurzer Zeit fest, daß die Bremsen leider bereits verrostet sind und somit mangelhaft. Er teilt diesen Mangel vier Wochen später dem V mit und verlangt Minderung.

V hingegen beruft sich darauf, die Minderung sei ausgeschlossen, weil das Geschäft für beide Parteien ein Handelsgeschäft gewesen sei und K den Mangel nicht unverzüglich gerügt habe. K hingegen bringt vor, der Verkauf sei für V kein Handelsgeschäft gewesen, weil kein Versicherungsvertrag geschlossen worden sei. Außerdem habe er den PKW als Geschenk für seinen Sohn gekauft.

Wie ist die Rechtslage?

Lösungsvorschlag:

Zunächst kann man davon ausgehen, daß selbst bei einem gebrauchten PKW eine verrostete Bremsanlage die Tauglichkeit für den gewöhnlichen oder auch für den Vertrag vorausgesetzten Verwendungszweck, nämlich im Straßenverkehr gefahren zu werden, erheblich mindert, so liegt ein Fehler i.S.d. § 459 Abs. 1 BGB vor, den der Verkäufer, hier der V, gem. § 462 i.V.m. § 459 Abs. 1 BGB zu vertreten hätte. Dies gilt im vorliegenden Fall umso mehr bei einem Ferrari, weil dieser auf hohe Geschwindigkeiten ausgelegt ist, und rostige Bremsen daher ein gegenüber durchschnittlichen Gebrauchtwagen ungleich höheres Gefahrenpotential in sich bergen. Da die Parteien vorliegend die Gewährleistung auch nicht ausgeschlossen haben, könnte K von V Minderung des Kaufpreises für den Ferrari verlangen, sofern er nicht den Mangel zu spät i. S. d. § 377 HGB gerügt und damit seine Rechte auf Gewährleistung verloren hat.

Zunächst setzt die Untersuchungs- und Rügeobliegenheit des § 377 HGB voraus, daß es sich bei dem zugrundeliegenden Kaufvertrag um ein beiderseitiges Handelsgeschäft handelte.

V ist als Handelsvertreter gem. § 1 Abs. 2 Nr. 7 i.V.m. § 84 HGB als Handelsvertreter Mußkaufmann, K laut Sachverhalt Vollkaufmann. Mithin könnte ein beiderseitiges Handelsgeschäft vorliegen.

Fraglich ist indes, ob hier die Vermutung zugunsten eines Handelsgeschäfts gem. § 344 Abs. 1 HGB eingreift. Da V als Handelsvertreter bereits Kaufmann ist, greift grundsätzlich die Vermutung des § 344 Abs. 1 HGB auch für ihn mit der Folge ein, daß mangels entgegenstehender Angaben auch der Verkauf seines gebrauchten PKWs zu seinem Handelsgeschäft gehört. Zwar ist kein Versicherungsvertrag geschlossen worden, jedoch ist dies unerheblich, weil sich die Vermutung des § 344 Abs. 1 HGB nicht nur auf die branchentypischen Handelsgeschäfte des betreffenden Kaufmannes beziehen, sondern auch auf die Handelsnebengeschäfte, insbesondere, wenn es sich hierbei um

Handelsgrundgeschäfte i.S.d. § 1 Abs. 2 HGB handelt (vgl. § 343 Abs. 2 HGB). Somit war der Verkauf des Ferrari für V ein Handelsgeschäft.

Zu prüfen ist indes, ob das Vorbringen des K, daß es sich seinerseits um einen privaten Kauf gehandelt hat, erheblich ist.

Da K ebenfalls Vollkaufmann ist, greift insoweit die Vermutung des § 344 Abs. 1 HGB zugunsten eines Handelsgeschäftes ein. Demnach müßte K darlegen und notfalls beweisen, daß er den PKW für V erkennbar nicht für sein Handelsgewerbe kaufen wollte und das Geschäft deshalb für ihn kein Handelsgeschäft war. Da sich aus dem Sachverhalt keine weiteren Angaben ergeben und dem K weder schriftliche Dokumente noch Zeugen zur Verfügung stehen, wird ihm dieser Beweis kaum gelingen. Folglich greift die gesetzliche Vermutung des § 344 Abs. 1 HGB bei K voll durch, so daß auch seinerseits bei dem Kauf des Ferraris ein Handelsgeschäft vorlag.

K müßte daher gem. § 377 Abs. 1 HGB den Ferrari unverzüglich nach der Ablieferung untersucht und den Mangel an den Bremsen unverzüglich dem V angezeigt haben.

Zwar stellt laut Sachverhalt der K bereits nach kurzer Zeit fest, daß die Bremsen verrostet sind, jedoch läßt er zwischen der Kenntnis des Mangels und der Anzeige bei V vier Wochen verstreichen. Um zu beurteilen, ob diese vier Wochen noch innerhalb der Zeitspanne des "unverzüglichen Rügens" sich befinden, ist ein Vergleichsstandard zu suchen. § 121 Abs. 1 BGB definiert den Begriff unverzüglich mit "ohne schuldhaftes Zögern". Zu fragen ist also, in welcher Zeit ein ordentlicher Kaufmann in der Lage des B den Mangel gerügt hätte. Da es sich bei verrosteten Bremsen um einen erheblichen Mangel im Hinblick auf die Fahrsicherheit eines PKWs handelt, was insbesondere bei einem Ferrari gilt, hätte man von einem ordentlichen Kaufmann eine Mängelanzeige bei dem Verkäufer spätestens am zweiten Werktag nach Entdeckung des Mangels erwarten können. Selbst wenn man das Verstreichenlassen von einer Woche noch als unverzüglich i. S. d. § 377 Abs. 1 HGB ansähe, so sind doch vier Wochen in jedem Falle zu spät.[82] Da K den Mangel an den Bremsen des Ferraris nach § 377 Abs. 1 i. V. m. §§ 343, 344 HGB zu spät gerügt hat, gilt der PKW gem. § 377 Abs. 2 HGB als genehmigt.

Somit hat K gegen V keinen Anspruch auf Minderung des Kaufpreises aus §§ 462, 459 Abs. 1 BGB und muß stattdessen dem V gem. § 433 Abs. 2 BGB den vollen Kaufpreis zahlen.

VI.5. Besonderheiten beim Handelskauf

Der Begriff des Handelskaufes ist im HGB nicht ausdrücklich definiert. Aus der systematischen Stellung der Sondervorschriften zum Handelskauf in den §§ 373 - 382 HGB folgt indes, daß Handelskauf der Kauf ist, der zu den Handelsgeschäften gehört (vgl. §§ 343, 344 HGB). Folglich muß am Vertragsschluß wenigstens auf einer Seite ein Kaufmann beteiligt sein (§ 345 HGB), für den der Kauf zum Betriebe seines Handelsgewerbes gehört.

[82] Vgl. BGHZ 93, 348: Rüge über zwei Wochen nach Entdeckung ist verspätet; *Baumbach/Duden/Hopt*, § 377 Rn. 26 m.w.N.

Allein die §§ 377 - 379 HGB setzen ein beidseitiges Handelsgeschäft voraus, weil hier zu Lasten des Käufers besonders gravierende Obliegenheiten normiert sind.

Gegenstand des Handelskaufes müssen Waren i. S. d. § 1 Abs. 2 Ziff. 1 HGB oder Wertpapiere (§ 381 Abs. 1 HGB) sein. Demzufolge kann der Kauf von Grundstücken oder eines gesamten Unternehmens nicht zum Handelskauf gehören. Dem Kauf gleich stehen wie im BGB der Tausch (§ 515 BGB) und der Werklieferungsvertrag über vertretbare Sachen (§ 651 Abs. 1 S. 2 BGB "Werklieferungskauf").

Die wenigen Sondervorschriften im HGB zum Handelskauf (§§ 373 - 382 HGB) sind für sich allein wenig aussagekräftig, sondern bieten erst im Zusammenspiel mit den allgemeinen Regeln über die Handelsgeschäfte (§§ 343 - 372 HGB) und dem allgemeinen bürgerlich-rechtlichen Regeln über den Kaufvertrag (§§ 433 ff. BGB) ein geschlossenes Bild. Denn gem. Art. 2 Abs. 1 EGHGB ergänzen und modifizieren die Vorschriften des Handelskaufes lediglich die allgemeinen Leistungsstörungs- und Gewährleistungsregeln des BGB. Darüberhinaus sind in der Praxis allgemeine Geschäfts- und Lieferbedingungen sowie Handelsbräuche und Handelsklauseln (lex mercatoria, vgl. § 346 HGB) von großer Bedeutung. Im HGB finden sich nur diejenigen ergänzenden Regeln, die zur möglichst raschen Klärung und Abwicklung von Handelskäufen führen sollen:

Sonderregeln für den Gläubigerverzug (§§ 373, 374, 375 HGB), für die Terminversäumung beim Fixhandelskauf (§ 376 HGB) sowie für die Rügepflicht des Käufers bei nicht vertragsgemäßer Leistung des Käufers (§§ 377, 378 HGB). Ferner gem. § 379 HGB eine besondere Pflicht zur Aufbewahrung bzw. zum Notverkauf der Ware beim Distanzkauf. Grundsätzlich lassen sich diese Sonderregeln dahingehend beschreiben, daß der Verkäufer als Kaufmann begünstigt wird, indem die Pflichten des Käufers verschärft wurden, um so die im Handelsverkehr gewünschte rasche Klärung und Abwicklung des Rechtsgeschäftes zu ermöglichen.[83]

Bezüglich des Abschlusses des Handelskaufvertrages gelten die allgemeinen Regeln des BGB, wobei es nach den Grundsätzen des kaufmännischen Bestätigungsschreibens (s. o.) abweichend vom BGB auch Schweigen als Willenserklärung aufgefaßt werden kann.

Da hier nicht der Ort ist, sämtliche Besonderheiten des Handelskaufes abzuhandeln, seien zwei in der Praxis sehr bedeutsame Besonderheiten exemplarisch hervorgehoben, und zwar der Fixhandelskauf gem. § 376 HGB und die kaufmännische Untersuchungs- und Rügeobliegenheit gem. §§ 377, 378 HGB:

Im Handelsverkauf mit Waren oder Wertpapieren, die einen Markt- oder Börsenpreis haben, sind große Preisschwankungen und somit große Spekulationsgewinne, aber auch Verluste möglich. Daher werden oft **Fixgeschäfte** vereinbart: Wenn eine Leistungszeit kalendermäßig bestimmt wurde, so etwa Lieferung des Sektes am 25. Juli 1995, so gerät der Verkäufer bei nicht rechtzeitiger Lieferung ohne Mahnung gem. § 284 Abs. 2 BGB in Verzug, so daß der Käufer nach bürgerlichem Recht gem. § 286 BGB den Verzögerungsschaden geltend machen und, wenn die weiteren Voraussetzungen des § 326 BGB vorliegen, vom Vertrag zurücktreten könnte. Eine nachträgliche Erfüllung hat aber gegebenenfalls für den Käufer kein Interesse (vgl. § 326 Abs. 2 BGB).

Sofern die Einhaltung der Leistungszeit nach dem Zweck des Vertrages und der Interessenlage und den Käufer so wesentlich ist, daß eine verspätete Leistung keine Erfüllung mehr darstellt, handelt es sich um ein sog. **absolutes Fixgeschäft**: Eine verspätete Leistung bedeutet hier nachträgliche

[83] Vgl. *Capelle/Canaris*, S. 317; eine Ausnahme bietet der Fixhandelskauf nach § 376 HGB, der vor allen den Interessen des Käufers an einer rechtzeitigen Lieferung in der Praxis Rechnung trägt.

Unmöglichkeit (§§ 275 ff., 323 ff. BGB) mit der Rechtsfolge, daß der Käufer Schadensersatz wegen Nichterfüllung verlangen und vom Vertrag zurücktreten kann. Beispiele für ein absolutes Fixgeschäft sind die Lieferung des für den 23.12.1995 bestellten Weihnachtsstollens am 27.12.1995 oder die Anlieferung des kalten Buffets am Tag nach der Hochzeitsfeier.

Ein **relatives Fixgeschäft** i.S.d. § 361 BGB, 376 HGB liegt indes zwischen Verzug und Unmöglichkeit, wenn die Parteien vereinbaren, daß die Leistung des einen Teils genau zu einer fest bestimmten Zeit oder innerhalb einer fest bestimmten Frist bewirkt werden soll (§ 361 BGB). Dies ist indes mehr, als lediglich einen Termin kalendermäßig i.S.d § 284 Abs. 2 BGB zu bestimmen; die Parteien müssen sich darüber einig sein, daß der Vertrag mit Einhaltung oder Versäumung der Lieferzeit stehen oder fallen soll.[84] Sofern die Parteien dies im Vertrag nicht ausdrücklich festgelegt haben, muß per Auslegung gem. §§ 133, 157 BGB ermittelt werden, ob die Parteien der vereinbarten Leistungszeit eine so wesentliche Bedeutung beimessen wollten. Indizien für die Annahme eines Fixgeschäftes im Handelsverkehr sind in aller Regel sog. **Fixklauseln**, wie etwa "fix", "präzise", "genau" oder "spätestens".[85] Nach § 361 BGB hat die Nichteinhaltung der Leistungszeit im Zweifel zur Folge, daß der Gläubiger (Käufer) ohne Rücksicht auf ein Verschulden des Schuldners und ohne Fristsetzung vom Vertrag zurücktreten kann. Beim Handelskauf geht § 376 HGB zugunsten des Gläubigers (Käufers) auch weiter. Denn hier hat der Gläubiger stets, und nicht nur "im Zweifel", ein Rücktrittsrecht, sondern kann bei Verzug ohne eine Nachfristsetzung Schadensersatz wegen Nichterfüllung verlangen. Allerdings ist im Gegensatz zum Bürgerlichen Recht beim Handelskauf der Erfüllungsanspruch ausgeschlossen, es sei denn, daß der Gläubiger gem. §

---

[84] Vgl. RGZ 51, 347, 348; BGH, WM 1984, 639, 641.

[85] Vgl. *Capelle/Canaris*, S. 319; Klauseln wie "prompt" oder "sofort" verpflichten lediglich zu möglichst schnellen Lieferung und sind keine Fixklauseln, vgl. *Baumbach/Duden/Hopt*, § 376 Rn. 4.

376 Abs. 1 S. 2 HGB sofort nach Ablauf der Frist den Gegner anzeigt, daß er auf Erfüllung besteht. Der zu spät liefernde Schuldner (Verkäufer), hat beim Verlangen des Gläubigers (Käufers) nach Schadensersatz jenen wirtschaftlich so zu stellen, als hätte er ordnungsgemäß erfüllt. Bei einer abstrakten Berechnung besteht der Mindestschaden des Käufers in der Differenz zwischen dem Kaufpreis und dem objektiven Wert der geschuldeten Ware, was in der Regel der Markt- oder Börsenpreis bei dem Verkauf der Ware wäre.[86]

Daneben sind die Vorschriften der §§ 377, 378 HGB über die **Untersuchungs- und Rügeobliegenheit** beim Handelskauf in der Praxis von erheblicher Bedeutung. Denn die allgemeinen Gewährleistungsregeln des BGB (§§ 459 ff. BGB) genügen im Handelsverkehr nicht, weil der Kaufmann rasch Klarheit über die Vertragsgemäßheit der gelieferten Ware benötigt, um über etwaige Rückstellungen für Sachmängel disponieren zu können.[87] Da Kaufleute in aller Regel mit Kredit arbeiten, ist aber jede Rückstellung eine kostspielige Angelegenheit und lähmt notwendige Investitionen in anderen Bereichen. Nach den §§ 477, 478 BGB muß der Käufer einen Mangel lediglich innerhalb der Verjährungsfrist von sechs Monaten dem Verkäufer anzeigen, um sich sein Zahlungsverweigerungsrecht als dauerhafte (peremptorische) Einrede zu erhalten. Für den beiderseitigen Handelskauf wurde daher eine verschärfte Rügeobliegenheit in § 377 Abs. 1 HGB aufgenommen, wonach der Käufer die Ware unverzüglich nach Ablieferung durch den Verkäufer zu untersuchen und erkennbare Mängel dem Verkäufer unverzüglich anzuzeigen hat.[88] Versteckte Mängel hat der Käufer ebenfalls unverzüglich anzuzeigen, sobald sich der Mangel zeigt (§

---

[86] Vgl. zur Schadensberechnung *Baumbach/Duden/Hopt*, § 376 Rn 2; *Palandt-Heinrichs*, Vor § 249 Rn 53.

[87] Vgl. BGH, BB 1978, 1489, *v. Hoyningen-Huene*, Jura 1982, S. 8, 14.

[88] Diese Rügepflicht war bereits in Art. 347 ADHGB von 1869 normiert, vgl. *von Hoyningen-Huene*, Jura 1982, S. 8, 14.

377 Abs. 3 HGB). Rechtfolge einer unterlassenen Anzeige des Mangels ist nach § 377 Abs. 2, 3 HGB, daß die Ware als genehmigt gilt und der Käufer keinerlei Gewährleistungsrechte nach § 459 ff. BGB geltend machen kann.[89] Die Untersuchung der Ware und Anzeige eines etwaigen Mangels sind somit keine im Klagewege einzufordernden Schuldnerpflichten, sondern vielmehr bloße Obliegenheiten, deren Nichterfüllung lediglich für den Käufer Rechtsnachteile zur Folge hat.[90] Nicht zuletzt dient diese Regelung auch dazu, Beweise rechtzeitig zu sichern, und so die Beweislage für beide Seiten klarstellen.

Aufgrund der strengen Rechtsfolgen bei einer unterlassenen Rüge schreibt das Gesetz in § 377 Abs. 1 BGB insgesamt vier Voraussetzungen vor, damit eine derartige Rügenobliegenheit besteht:

Erstens muß es sich um einen beiderseitigen Handelskauf handeln, wobei die Parteien jedoch auch Minderkaufleute i.S.d. § 4 Abs. 1 sein können.[91]

Sodann muß die Ware durch den Verkäufer abgeliefert worden sein, der Käufer also in eine derartige tatsächliche räumliche Beziehung zur Ware kommen, daß er deren Beschaffenheit prüfen kann.[92]

Ferner hat der Käufer die Ware zwar unverzüglich (vgl. § 121 BGB) nach der Ablieferung zu untersuchen, soweit dies nach ordnungsgemäßen Geschäftsgang tunlich ist. Jedoch wird durch die Mängelrüge gegenüber dem Verkäufer nur als Gewährleistungsrecht erhalten, so daß das ob und wie der Untersuchung im Belieben des Käufers steht; er kann auch vollständig auf eine Untersuchung verzichten.[93] In letzterem Falle läuft der Käufer indes das Risiko, daß er einen Mangel nicht entdeckt und somit

---

[89] Es handelt sich hierbei um eine gesetzliche Genehmigungsfiktion, vgl. BGH, NJW 1980, 782, 784, *Capelle/Canaris*, S. 324.

[90] Vgl. *Capelle/Canaris*, S. 324 f..

[91] Vgl. BGH, NJW 1980, 78, 783.

[92] Vgl. BGH, NJW 1961, 730; der Zeitpunkt der Ablieferung ist unabhängig vom Zeitpunkt des Gefahrüberganges (vgl. etwa beim Verbindungskauf nach § 447 BGB) oder von der Übergabe eines Traditionspapieres, z. B. bei § 450 HGB.

[93] Vgl. *Capelle/Canaris*, S. 326.

auch nicht rechtzeitig rügt.[94] Was indes für eine ordnungsgemäße Untersuchung der angemessene Standard ist, bestimmt sich nach Art, Menge und Verpackung der gelieferten Ware, sowie des für die Untersuchung erforderliche zeitliche, technische und finanzielle Aufwand, wobei insgesamt der Käufer die jeweils branchenspezifischen Untersuchungsmethoden mit kaufmännischer Sorgfalt vorzunehmen hat. Bei Großlieferungen reichen in aller Regel Stichproben im erforderlichen und zumutbaren Umfange aus.[95] Ebenso wurde von der Rechtsprechung als ausreichend anerkannt, wenn der Käufer bei einer zur Serienproduktion bestimmten Maschinen lediglich einen Probelauf hat durchführen lassen, so daß sich Mängel, die sich erst bei der eigentlichen Serienproduktion zeigten, als verborgene Mängel i.S.d. § 377 Abs. 3 HGB einzuordnen waren.[96]

Schließlich muß sich bei der Untersuchung ein Mangel gezeigt haben und dieser dem Verkäufer unverzüglich angezeigt also gerügt werden. Gerade die Unverzüglichkeit (§ 121 BGB) der Rüge wird außerordentlich streng gehandhabt, im Handel mit verderblichen Waren, wie z. B. Obst, kann diese Frist bloße Stunden betragen.[97]

Allerdings setzt eine ordnungsgemäße Rüge voraus, daß sie substantiiert ist und den gerügten Mangel hinlänglich präzise für den Verkäufer erkennen läßt.[98]

Fehler sind dabei nicht nur Sachmängel jeder Art i.S.d. § 459 BGB, sondern auch Quantitätsfehler oder Falschlieferungen, weil § 378 HGB die Vorschriften des § 377 HGB für anwendbar erklärt. Lediglich ein sog.

---

[94] Dieses ist also die Kategorie "Glücksspiel", die nicht jedem Kaufmann liegen dürfte.

[95] Vgl. BGH, NJW 1977, 1150 (Lieferung von 2.400 Champignondosen, Stichproben lediglich bei 5 l-Dosen ausreichend).

[96] Vgl. BGH, WM 1977, 821, 822; *Capelle/Canaris*, S. 326.

[97] Vgl. *Capelle/Canaris*, S. 326.

[98] Vgl. BGH, BB, 1978, 1489 (Die Rüge von Gewichtsabweichungen muß das ungefähre Ausmaß mitteilen).

"nicht genehmigungsfähiges aliud", also die Lieferung einer ganz anderen als der vertraglich vereinbarten Sache, entbindet von einer Rügepflicht.[99]

Sofern der Käufer ordnungsgemäß nach §§ 377, 378 HGB gerügt hat, gelten sowohl bei Falschlieferung als auch bei Qualitätsabweichungen die Gewährleistungsrechte der §§ 459 ff., 480 BGB.[100] Anderes gilt bei einer Falschlieferung nur, wenn es sich um das wie oben erwähnte nicht genehmigungsfähige aliud handelt, weil hier die allgemeinen Leistungsstörungsregeln der §§ 323 ff. BGB eingreifen und die Verpflichtung des Verkäufers aus dem Kaufvertrag noch nicht erfüllt ist.

Das Funktionieren der Spezialvorschriften zum Handelskauf soll nunmehr in den folgenden Fällen beispielhaft verdeutlicht werden:

Fälle I.-IV. *"Handelskauf"*

Fall I.:

Obsthändler K bestellt beim Großhändler V 20 Kisten Bananen und 40 Dosen litauische Pilze. Als V vereinbarungsgemäß liefert, ist K erkrankt und sein Laden geschlossen.

Wie kann sich V ohne Rechtsverlust der nicht angenommenen Ware entledigen?

Fall II.:

Einzelhändler K schließt am 11.11.1994 mit dem Großhändler V folgende Kaufverträge:

---

[99] Dies betrifft nur Ware, die mit der "bestellten" gar nichts gemein hat und offensichtlich für den Zweck des Käufers ohne Bedeutung ist. Letzteres ist z.B. nicht der Fall, wenn der Verkäufer Wellstegträger von 32 statt von 40 cm Höhe liefert, auch wenn diese Dachkonstruktion für die Zwecke des Käufers nicht geeignet war, vgl. BGH, BB 1975, 717 = NJW 1975, 2011; *Capelle/Canaris*, S. 328.

[100] Vgl. BGH, BB 1975, 717.

a) 70 kg kalifornische Grapefruits (pink), Klasse 1A, lieferbar im Dezember;

b) 100 Flaschen Sekt der Marke "Prost", lieferbar bis allerspätestens 31.12.1994, 8°° Uhr;

c) 500 Stück "extrafrische" Faschingskrapfen, bestimmt zur kostenlosen Werbeverteilung beim Faschingsumzug des örtlichen Narrenvereins Rote Nasen e.V., lieferbar am Faschingsdienstag zwischen 12.30 und 13.00 Uhr.

Wie ist die Rechtslage, wenn V jeweils verspätet liefert?

Fall III.:

Die Konfektionsschneiderei K bestellt am 14.12.1993 vom Textilgroßhändler V zehn Ballen Kleiderstoffe "farbecht, pink". Nach rechtzeitiger Lieferung am 31.01.1994 verarbeitet K die Ware zu Herrenjackets. Bei der Kundschaft stellt sich am 05.03.1994 heraus, daß die Stoffe bei Berührung mit anderen Stoffen abfärben. K rügt bei V noch am gleichen Tag per Telefax die Farbunechtheit.

Muß K den Kaufpreis trotzdem bezahlen?

Fall IV.:

Einzelhändler K bestellt am 30.01.1994 beim Großhändler V 10 Laibe schweizerischen Gruyère-Käse zum Preis von je DM 300,-, also zum Gesamtpreis von DM 3.000,-. Der Kaufpreis soll zehn Tage nach Lieferung rein netto bezahlt werden. V liefert dem K am 01.03.1994 jedoch 15 Laibe einwandfreien Vacherin-Käse zum Preis von je DM 200,-, so daß es beim gleichen Gesamtpreis bleibt.

Welche Rechte kann K geltend machen?

Lösungsvorschlag:

Fall I.:

Zunächst wäre die Fallfrage dahingehend zu präzisieren, wie V den Vertrag mit K erfüllen könnte, wenn K die Ware nicht annimmt und damit die nach § 433 Abs. 1 BGB von V geforderte Übergabe vereitelt.

In Betracht käme als Erfüllungssurrogat eine Hinterlegung nach § 372 Abs. 1 BGB. Denn selbst wenn ein Handelskauf vorläge, erklärt § 374 HGB die Regelungen des BGBs insoweit ausdrücklich für anwendbar. Voraussetzung hierfür ist, daß sich K in Annahmeverzug gem. §§ 293, 294 BGB befindet. Da V zur vertraglich vereinbarten Zeit sowohl Bananen als auch Pilze bei K anliefert, also die rechte Leistung zur rechten Zeit und am rechten Ort erbringt, befindet sich K gem. §§ 293, 294 BGB in Annahmeverzug, ohne daß es auf ein Verschulden des K ankäme.[101] Allerdings gehören weder Bananen noch Pilze zu den in § 372 S. 1 zu den hinterlegungsfähigen Sachen, denn dort sind lediglich Geld, Wertpapiere, sonstige Urkunden und Kostbarkeiten genannt.

Sofern jedoch ein Handelskauf i.S.d. §§ 373 HGB, 433 BGB vorläge, hätte V gem. § 373 HGB die Wahlmöglichkeit zwischen einem besonderen handelsrechtlichen Hinterlegungsrecht (§ 373 Abs. 1 HGB) und einem Selbsthilfeverkauf (§ 373 Abs. 2 HGB). Da sowohl K als auch V ein Grundhandelsgewerbe i.S.v. § 1 Abs. 2 HGB, nämlich den An- und Verkauf von Waren, betrei-

[101] Da vorliegend eine genaue Leistungszeit vertraglich vereinbart war, erübrigt sich ein Rückgriff auf § 358 HGB, der subsidiär zu vertraglichen Regelungen die Leistungszeit bei Handelsgeschäften auf die gewöhnliche Geschäftszeit beschränkt.

ben, sind beide (Muß-)Kaufleute, womit ein beiderseitiger Handelskauf vorliegt. Mithin könnte V die Ware in einem öffentlichen Lagerhaus oder in sonst sicherer Weise hinterlegen und sich so der Kosten und der Gefahr für den Erhalt der Ware entledigen. Bei der Auswahl einer sicheren Hinterlegungsstelle hat der Käufer die Sorgfalt eines ordentlichen Kaufmannes anzuwenden, jedoch spricht grundsätzlich nichts dagegen, die Ware auf Kosten des Käufers in eigener Wahrung zu behalten.[102] Allerdings tritt durch diese handelsrechtliche Hinterlegung im Gegensatz zur Hinterlegung nach § 372, 378 BGB keine Erfüllung ein; § 373 Abs. 1 HGB soll den Schuldner (Verkäufer) lediglich von den Kosten der Aufbewahrung und der Obhut für die Ware befreien.[103]

Darüberhinaus könnte V auch nach § 373 Abs. 2 auf vorangegangene Androhung die Ware öffentlich versteigern lassen oder wenn sie einen Börsen- oder Marktpreis hat, sogar aus freier Hand durch einen zum öffentlichen Verkaufen ermächtigten Handelsmakler oder sonstige befugte Personen verkaufen. Einer solchen Androhung des Verkaufs oder der Versteigerung bedarf es dann nicht, wenn es sich um verderbliche Ware handet (vgl. § 373 Abs. 2 S. 2 HGB), wie im vorliegenden Fall bei den Bananen. Der Selbsthilfeverkauf geschieht gem. § 373 Abs. 3 HGB für Rechnung des Käufers, so daß der Verkäufer Kraft Gesetzes die Stellung eines Beauftragten (§§ 662 ff. BGB) bekommt. Das bedeutet zum einen, daß der Lieferanspruch erfüllt wird, zum anderen gebührt dem Käufer der Erlös einschließlich eines etwaigen Gewinns (§ 667 BGB). Sofern der Käufer, wie auch in diesem

---

[102] Vgl. RGZ 45, 302; *Baumbach/Duden/Hopt*, § 373 Rn. 4.
[103] Vgl. *Capelle/Canaris*, S. 320.

Fall, die Kaufpreisforderung des Verkäufers noch nicht beglichen hat, kann der Verkäufer mit seiner Kaufpreisforderung aus § 433 Abs. 2 BGB gegen den Anspruch des Käufers auf Herausgabe des Erlöses aus § 667 BGB gem. §§ 387 ff. BGB aufrechnen. In letzterem Fall erlöschen somit die wechselseitigen Verpflichtungen aus dem Kaufvertrag vollständig.

Ferner könnte der V die Ware gem. § 373 Abs. 2 HGB öffentlich versteigern, wobei den Verkäufer den Käufer vom Ort und Zeit der Versteigerung vorher zu benachrichtigen hätte und auch nach Vollzug des Verkaufes durch die Versteigerung unverzüglich zu benachrichtigen. Durch die Hinterlegungen des Versteigerungserlöses gem. §§ 378, 379 BGB kann sich der Verkäufer sodann seiner Verpflichtung aus dem Kaufvertrag vollständig entledigen.

Mithin stehen dem V als Erfüllungsurrogate lediglich der freihändige Verkauf und die öffentliche Versteigerung gem. § 373 Abs. 1, Abs. 2 HGB zur Verfügung, um sich der (verderblichen) Ware und seiner Verpflichtung auf Übergabe der Ware aus § 433 Abs. 1 BGB zu entledigen.

Fall II.:

Die Fallvarianten zu II. betreffen Probleme des Fixgeschäftes sowie des Fixhandelskaufs nach § 376 HGB.

II.a):

Da im Sachverhalt kein Hinweis darauf zu finden ist, daß mit der Lieferung noch im Dezember der Vertrag stehen oder fallen solle, liegt weder ein absolutes noch ein relatives Fixgeschäft vor. Folglich könnte K lediglich nach den allgemeinen Regeln des

BGB Schadensersatz wegen Nichterfüllung verlangen oder vom Vertrag in toto zurücktreten (§ 326 Abs. 1 S. 2 BGB) und zusätzlich den Verzögerungsschaden (§ 286 BGB) von V ersetzt verlangen, wenn V nicht bis spätestens 31.12.1994 liefert. Denn die Leistungszeit war kalendermäßig genau bestimmbar i.S.d. § 284 Abs. 2 BGB, nämlich noch im Dezember 1994 (vgl. § 188 Abs. 3 BGB), so daß es ausnahmsweise zur Anwendung der §§ 286, 326 BGB keiner erneuten Leistungsaufforderung, also einer Mahnung i. S. d. § 284 Abs. 1 BGB, bedarf.

II.b):

Entscheidend für die Fallösung ist die Unterscheidung zwischen einem absoluten und einem relativen Fixgeschäft:

Zwar haben die Parteien hier den Begriff "allerspätestens" verwendet, was bereits auf ein Fixgeschäft hindeutet, denn der K benötigte die Sektflaschen für die bevorstehende Silvesterfeier. Jedoch könnte der V auch später als am 30. 12., 8.00 Uhr die Sektflaschen liefern, vielleicht sogar noch am 31. 12. 1994, ohne daß das Interesse des K an diesem Geschäft vollständig entfiele. Mithin handelt es sich um ein relatives Fixgeschäft und da beide Parteien Kaufleute sind, kommt die Vorschrift des § 376 HGB zur Anwendung. Folglich kann K allein aufgrund der Verzögerung der Erfüllung nach § 376 Abs. 1 S. 1 3. Hs. HGB vom Vertrag zurücktreten, ohne daß es auf ein Verschulden des V ankäme, und zwar im Gegensatz zum bürgerlich rechtlichen Fixgeschäft nach § 361 BGB ohne weitere Voraussetzungen.

Da V darüber hinaus seine Säumnis bei der Sektlieferung gem. §§ 285, 279 BGB zu vertreten hat, also schuldhaft handelte, kann K nach § 376 Abs. 1 S. 1 HGB zudem ohne Fristsetzung wegen

Nichterfüllung verlangen. Da jedoch bei einem handelsrechtlichen Fixgeschäft der säumige Verkäufer davon ausgehen kann, daß der Käufer an einer verspäteten Lieferung kein Interesse mehr hat, müßte K gem. § 376 Abs. 1 S. 2 HGB dem V sofort anzeigen, daß er trotzdem auf Erfüllung besteht, sofern er an einer verspäteten Lieferung der Sektflaschen noch Interesse hätte.

II.c):

Bei dieser Fallvariante ist ebenfalls die Unterscheidung zwischen einem absoluten und einem relativen Fixgeschäft maßgeblich:

Fraglich ist daher, ob der K wegen nachträglicher Unmöglichkeit Schadensersatz wegen Nichterfüllung § 325 BGB verlangen oder vom Vertrag zurücktreten kann, sowie daneben den Verzögerungsschaden nach § 286 BGB verlangen kann. Dies setzte voraus, daß es sich um ein absolutes Fixgeschäft handelte, bei dem bei Nichteinhaltung der Leistungszeit die Erbringung der Leistung für den Gläubiger keinerlei Interesse mehr hat und die Parteien zuvor eine fixe Lieferzeit vereinbart hatten. Hier hatte der K dem V deutlich gemacht, daß er die Faschingskrapfen zur kostenlosen Verteilung bei einem Faschingsumzug am Faschingsdienstag zwischen 12.30 und 13.00 Uhr benötigte. Da es nur einmal im Jahr und zwar genau an diesem Tag einen derartigen Faschingsumzug des Narrenvereins gibt, hat ein spätere Lieferung der Faschingskrapfen für den K keinerlei Interesse mehr. Wegen der präzisen Zeitangabe erübrigte sich auch ein ansonsten beim relativen Fixgeschäft üblicher Hinweis auf die Bedeutung einer rechtzeitigen Lieferung durch die Verwendung von Begriffen wie fix, prompt oder genau.

Da also durch die verspätete Lieferung des V Unmöglichkeit der Leistung eingetreten ist, kann der K unmittelbar ohne einen Rückgriff auf handelsrechtliche Normen aus § 325 BGB von V Schadensersatz wegen Nichterfüllens verlangen.

Fall III.:

Dieser Fall betrifft eine regelmäßig auftretende Verquickung von Vorschriften des HGB und des BGB:

Gefragt ist nach den Gegenrechten des K gegen die seitens des V unstreitig bestehender Kaufpreisforderung aus § 433 Abs. 2 BGB. Als Gegenrecht des K käme eine Wandlungserklärung nach §§ 462, 465, 467 i.V.m. § 459 BGB oder eine Wandlungseinrede nach § 478 BGB in Betracht. Dies setzt voraus, daß die Kleiderstoffe mangelhaft sind. Ein Fehler nach § 459 Abs. 1 BGB liegt vor, wenn eine negative Abweichung der Ist- von der Sollbeschaffenheit vorliegt. Die nach dem Vertrag vorausgesetzte Beschaffenheit (subjektiver Fehler) war farbechter Kleiderstoff in der Farbe pink. V hat zwar die entsprechende Zahl von Kleiderballen in der Farbe pink geliefert, jedoch waren diese Kleiderstoffe nicht farbecht, sondern färbten ab. Folglich lag ein Fehler i.S.d. § 459 Abs. 1 BGB vor, den der V auch gem. § 462 BGB zu vertreten hat. Allerdings könnte die Ware gem. § 377 Abs. 1 HGB von K als genehmigt gelten, wenn dieser den Mangel nicht rechtzeitig gerügt hat. Dies setzt indes voraus, daß ein beiderseitiger Handelskauf vorliegt. Da sowohl K als auch V gem. § 1 Abs. 2 Nr. 1 HGB ein Grundhandelsgewerbe betreiben, liegt ein solcher beiderseitiger Handelskauf vor. Zu prüfen ist nun, ob sich der besagte Mangel bei einer Untersuchung nach § 377 Abs. 1 HGB hätte zeigen können, oder ob es sich um einen versteckten Mangel i.S.d. § 377 Abs. 3 HGB handelte. Denn K hat die Ware laut Sachverhalt nicht untersucht. Da es dem K aufgrund der beabsichtigten Weiterverarbeitung offenbar besonders darauf ankam, farbechte Ware zu erhalten, hätte ein ordentlicher Kaufmann in seiner Situation bei Erhalt der Kleiderballen Reibeversuche mit anderen Stoffen vorgenommen, was also sachlich geboten und zumutbar war, um die Farbechtigkeit festzustellen. Bei solchen Reibeversuchen wäre der geschilderte Mangel auch zu erkennen gewesen. Da der K also bereits am 31.01.1994 nach Lieferung die Ware hätte untersuchen und den Fehler finden können, ist jedoch die Rüge am 05.03.1994 wesentlich zu spät.

Folglich gilt die Ware nach § 377 Abs. 2 HGB als genehmigt, so daß K den vollen Kaufpreis bezahlen muß und keine Wandlungseinrede geltend machen kann.

Fall IV.:

Problematisch ist auch in diesem Fall die Rügeobliegenheit des Käufers:

Fraglich ist also, ob der K die Lieferung der 15 Laibe Vacherin nach § 378 i. V. m. § 377 Abs. 1 HGB unverzüglich rügen muß. Dies setzt voraus, daß es sich um eine mengenmäßige Abweichung und nicht nur um die Lieferung eines nichtgenehmigungsfähigen also eines völlig anderen Kaufgegenstandes als des vertraglich vereinbarten handelte. Zunächst liegt hier ein Mengenfehler vor, weil anstelle der bestellten 10 Laibe Käse 15 geliefert wurden, so daß § 378 HGB eingreift. Fraglich ist indes, ob § 378 HGB deshalb nicht eingreift, weil die gelieferte Ware von der

Bestellung offensichtlich so erheblich abweicht, daß der Verkäufer die Genehmigung als ausgeschlossen betrachten mußte. Die Verschiedenheit nach Art oder Menge muß also so erheblich sein, daß nach der Verkehrsauffassung ein Kaufmann mit dieser Ware keinen Versuch machen würde, den Kaufvertrag zu erfüllen, weil von dem Käufer Einbehalten der Ware als Erfüllung dieses Vertrages schlechthin nicht erwartet werden kann. Dieser Ausnahmetatbestand ist jedoch restriktiv auszulegen und im Zweifel muß gerügt werden.[104] Vorliegend ist zwar Vacherin nicht nur ein schlechter Gruyère, sondern eine andere Qualität. Jedoch ist sowohl die Mengenabweichung von 5 Stück als auch die Tatsache, daß es sich um Vacherin statt um Gruyère handelte, keine so erhebliche Verschiedenheit von der bestellten Ware, daß V damit rechnen konnte, daß K die Ware als Erfüllung des Vertrages behalten würde.

Folglich müßte K gem. § 378 i.V.m. § 377 HGB die Mengen- und Qualitätsabweichung rechtzeitig bei V rügen, weil die gelieferte Ware anderenfalls nach § 377 Abs. 2 HGB als genehmigt gälte und er den Kaufpreis von DM 3.000,- bezahlen müßte. Rügt K hingegen unverzüglich (§ 121 Abs. 1 BGB) sowie ordnungsgemäß Art und Mängel der gelieferten Bohnen, so bestimmen sich seine Rechte nach den Gewährleistungsregeln bei einem Gattungskauf, also §§ 480 i.V.m. § 459 ff. BGB: K kann die Nachlieferung von 10 Laiben Gruyère verlangen oder lediglich 5 Laibe Vacherin zurückweisen und den verminderten Kaufpreis, nämlich DM 2.000,-, gem. § 480, 462, 465, 472 BGB bezahlen.[105]

[104] Vgl. BGH, BB 1975, 718; *von Hoyningen-Huene*, Jura 1982, S. 8, 17.

[105] Beispiele aus der Rechtsprechung für eine nicht erforderliche Rüge: Lieferung von Winterweizen statt Sommerweizen als Saatgut, RGZ 103, 77; BGH, NJW

VII. Grundlagen des Gesellschaftsrechts

Viele kaufmännische Unternehmungen lassen sich nicht durch Einzelpersonen verwirklichen. Zum einen fehlt es, wie in fast allen Fällen, am nötigen Kapital, zum anderen aber auch an dem nötigen know how. Gerade bei rapiden Umsatzsteigerungen, die nicht notwendigerweise mit entsprechend hohen Gewinnsteigerungen einher gehen, entstehen Liquiditätsengpässe, so daß es oftmals erforderlich wird, einen Partner oder eine Partnerin in das einzelkaufmännische Unternehmen mit hinein zu nehmen. Denn die vollständige Finanzierung durch Fremdkapital (Banken) kann ungewisse Risiken zur Folge haben, wenn es nämlich bei der Bedienung gewährter Kredite zu Zahlungsengpässen kommt und die Banken plötzlich auch ein Wort bei der Geschäftsführung mitreden wollen oder es aber indirekt durch die Sperrung von weiteren Krediten tatsächlich tun. Darüberhinaus ist zu beachten, daß mit der Verteilung einer Unternehmung auf mehrere Schultern das Haftungskapital wächst und damit eine größere finanzielle Flexibilität eintritt, aber zugleich auch das Haftungsrisiko der einzelnen Gesellschafter gemindert bzw. überschaubar gehalten werden kann, so z.B. bei einer Kapitalgesellschaft. So überrascht es auch nicht, wenn es sich bei den größten und bekanntesten deutschen Unternehmen um Kapitalgesellschaften (AG, GmbH) handelt.[106] Um die grundsätzlichen Unterschiede im kaufmännisch bestimmten Gesellschaftsrecht aufzeigen zu können, ist zunächst ein Rückgriff auf die beiden Urformen einer Gesellschaft nach bürgerlichem Recht,

---

1968, 640; Pfeffer, der 50 % gemahlene Kokosschalen enthielt (BGH, BB 1960, 1262); Eine Rüge wurde indes für erforderlich gehalten (genehmigungsfähiges aliud): Lieferung von Mineralöl statt Tranöl (RGZ 98, 157); 32 cm statt 40 cm hohe Wellstegträger (BGH, BB 1975, 717); Kühlschränke, die gar nicht oder zu tief kühlen (BGH, BB 1978, 1490).

[106] Z.B. BASF AG, Bayer AG, Siemens AG, Thyssen AG, Volkswagenwerk AG.

nämlich den Verein (§§ 21 ff. BGB) und die BGB-Gesellschaft (§§ 705 ff. BGB), notwendig:

VII.1. Verein und BGB-Gesellschaft als Grundformen

Grundtypus einer Personengesellschaft ist die BGB-Gesellschaft, auch Gesellschaft bürgerlichen Rechts genannt (GbR), geregelt in den §§ 705 ff. BGB:

Grundsätzliche Merkmale einer BGB-Gesellschaft sind, daß alle Gesellschafter sich zur Erreichung eines gemeinsamen Zweckes zusammenschließen und lediglich das Gesellschaftsvermögen alle Gesellschafter gem. § 718 BGB gesamthänderisch einigt, d. h., daß die Gesellschafter über das der Gesellschaft zur Verfügung stehende Vermögen nur gemeinsam verfügen dürfen. Aufgrund des personellen Charakters einer BGB-Gesellschaft ist es nicht verwunderlich, daß § 727 BGB beim Tod eines Gesellschafters grundsätzlich die Auflösung der Gesellschaft anordnet. Allerdings ist auch diese Norm dispositiv und daher abdingbar, was auch in den meisten Gesellschaftsverträgen dementsprechend vereinbart wird. Allerdings ist die BGB-Gesellschaft keine eigenständige juristische Person, d.h. rechtlich von den Gesellschaftern unabhängig, so daß den Gläubigern neben dem Gesellschaftsvermögen sämtliche Gesellschafter mit ihrem Privatvermögen haften, wenn es um Verbindlichkeiten der Gesellschaft geht, die das Gesellschaftsvermögen überschreiten (vgl. §§ 421, 426 BGB, sog. gesamtschuldnerische Haftung). Nach § 709 BGB steht die Geschäftsführung allen Gesellschaftern gemeinschaftlich zu, jedoch kann im Gesellschaftsvertrag gem. § 707 BGB die Übertragung der Geschäftsführung an einen Gesellschafter oder mehrere Gesellschafter vorgesehen sein, wodurch die übrigen von der Geschäftsführung ausgeschlossen sind. Ebenso steht die Vertretung der Gesellschaft gem. § 714 BGB allen Gesellschaftern zu, jedoch kann auch dies im Gesellschaftsvertrag dahingehend geändert werden, daß diese nur denen zusteht, die auch die Geschäftsführung übertragen bekommen haben.

Demgegenüber wird der eingetragene Verein (e.V.) durch Eintragung in das Vereinsregister beim zuständigen Amtsgericht gem. § 21 BGB zu einer selbständig rechtsfähigen juristischen Person, die gem. § 26 BGB durch ihren Vorstand vertreten wird und vom Bestand ihrer Mitglieder unabhängig existiert.[107] Damit entspricht der Verein dem Grundtypus einer Kapitalgesellschaft. Jedoch muß ein eingetragener Verein als sog. Idealverein einen gemeinsamen Zweck verfolgen, der im Gegensatz zu Kapitalgesellschaften gerade nicht auf einen wirtschaftlichen Geschäftsbetrieb gerichtet sein darf.[108] Da der Verein kraft Eintragung in das Vereinsregister[109] eine rechtsfähige juristische Person ist, haftet den Gläubigern des Vereins auch ausschließlich das Vereinsvermögen und nicht etwa das Privatvermögen der jeweiligen Mitglieder; es besteht also ein Haftungsprivileg.[110] Wegen dieses

[107] Der Verein muß gem. § 56 BGB bei der Anmeldung zum Vereinregister mindestens sieben Mitglieder haben (sog. Gründungsmitglieder), danach kann die Mitgliederzahl auch unter sieben absinken, vgl. *Palandt-Heinrichs*, § 56 Rn 1..

[108] Darüber hinaus gibt es zwar noch gem. § 22 BGB den sog. wirtschaftlichen Verein, dessen Zweck auf einen wirtschaftlichen Geschäftsbetrieb gerichtet ist, jedoch kann ein solcher Verein nur durch Verleihung rechtsfähig werden, was nur dann in die Praxis umgesetzt wird, wenn der besagten Vereinigung eine andere wirtschaftliche Rechtsform, wie etwa die der Genossenschaft, der GmbH oder der Aktiengesellschaft nicht zumutbar ist. Rechtsfähige wirtschaftliche Vereine sind daher praktisch selten, vgl. Palandt-Heinrichs, § 22 Rn. 1.

[109] Man spricht daher auch von einer konstitutiven, d.h. begründenden, Eintragung im Gegensatz zu einer rein deklaratorischen, d.h. klarstellenden, Eintragung.

[110] Vgl. *Palandt-Heinrichs*, Einführung Vor § 21 Rn 12; Ausnahmen vom Haftungsprivileg bestehen nur im Rahmen des sog. Haftungsdurchgriffs, wenn die Rechtsform der juristischen Person mißbräuchlich verwendet wird, etwa um Gläubiger oder sonstige Dritte zu schädigen; zu erwähnen ist zudem der nichtrechtsfähige Verein, worunter etwa politische Parteien, Gewerkschaften und Interessenvertretungen (Verbände) fallen, vgl. *Palandt-Heinrichs*, Einf. § 21 Rn 15..

Haftungsprivilegs sind auch aus Gründen des Schutzes Dritter sämtliche Veränderungen des Vorstandes gem. § 67 BGB in das Vereinsregister einzutragen. Allerdings haftet der Verein gem. § 31 BGB für die von seinem Vorstand als Organ des Vereins Dritten zugefügten Schäden (sog. Organhaftung). Die Regelung in § 31 BGB wird als Grundsatz für alle Kapitalgesellschaften analog angewendet und gilt daher ebenso für die Organe der GmbH (Geschäftsführer) und der AG (Vorstand, Aufsichtsrat).[111]

BGB-Gesellschaft und Verein haben gemeinsam, daß es sich bei ihnen um auf Dauer angelegte Zusammenschlüsse von Personen zur Verwirklichung eines gemeinsamen Zwecks handelt.

VII.2. Personengesellschaften

Unter den Begriff der Personengesellschaften fallen im deutschen Recht die bereits genannte BGB-Gesellschaft (§§ 705 ff. BGB), die offene Handelsgesellschaft (OHG, §§ 105 - 160 HGB), die Kommanditgesellschaft (KG, §§ 161 - 177a HGB), die stille Gesellschaft (§§ 230 - 237 HGB) sowie die Europäische Wirtschaftliche Interessenvereinigung (EWIV, Verordnung des EG-Ministerrats vom 25.07.1985).

VII.2.a) BGB-Gesellschaft

Die **BGB-Gesellschaft** oder Gesellschaft bürgerlichen Rechts (GbR) ist eine vertraglich begründete Personengemeinschaft ohne Rechtsfähigkeit zur Förderung eines von den Gesellschaftern gemeinsamen Zwecks (vgl. Legaldefinition in § 705 BGB). Diese außerordentlich weit gefaßte Definition

---

[111] Vgl. zur Organhaftung bei Kapitalgesellschaften *Roth*, S. 214 ff..

schließt sämtliche Arten von Gesellschaften ein und macht die GbR damit zur subsidiären Gesellschaftsform. Alle anderen Gesellschaften erfordern zusätzliche Merkmale. Es lassen sich insgesamt vier Voraussetzungen unterscheiden, die zur Gründung einer GbR notwendig sind:

Erstens ein vertraglicher Zusammenschluß mehrerer, d.h. von mindestens zwei, der zweitens auf einen (konkreten und begrenzten) gemeinschaftlichen Zweck gerichtet ist. Es reicht aus, daß der vereinbarte Zweck gemeinsam ist, die darüber hinaus gehenden Endzwecke der einzelenen Gesellschafter können divergieren, wie z. B. die gemeinsame Werbung zweier Firmen zur jeweils eigenen Umsatzsteigerung. Allerdings reicht das bloße Interesse eines Vertragspartners am Geschäftsziel des anderen ebenso wenig aus, wie eine nur ideelle Anteilnahme am Erfolg einer auf Gewinn zielenden Unternehmung.[112] Drittens soll der gemeinsame Zweck durch das Zusammenwirken aller Gesellschafter erreicht werden, sog. Förderung, vor allem durch die Leistung von Beiträgen und viertens darf wegen der Subsidiärität der GbR keine andere Gesellschaftsform vorliegen.

Da auch beim Gesellschaftsvertrag der GbR wie auch im übrigen BGB grundsätzlich Formfreiheit herrscht, kann dieser mündlich oder durch konkludentes Verhalten abgeschlossen werden. "Klassisches" Beispiel einer solchen GbR ist die Fahrgemeinschaft per Auto zum Arbeitsplatz bei anteiliger Übernahme der Benzinkosten.

Nunmehr gilt es aber, die Besonderheiten einer GbR gegenüber einer Einzelperson oder einem Einzelkaufmann zu benennen:

Geschäftsführungsbefugnis: Geschäftsführung bedeutet zunächst eine auf die Verfolgung des Gesellschaftszwecks gerichtete Tätigkeit für die Gesellschaft. Hingegen gehören Handlungen, die die Grundlagen der Gesellschaft selbst oder die Beziehungen der Gesellschafter zueinander betref-

112 Vgl. *Roth*, S. 74.

fen, nicht zur Geschäftsführung.[113] Da bei der GbR als Personengesellschaft das Prinzip der Selbstorganschaft gilt, steht die Geschäftsführung ausschließlich den Gesellschaftern zu. Nach § 709 BGB haben die Gesellschafter grundsätzlich nur gemeinschaftlich die Geschäftsführungsbefugnis (sog. Gesamtgeschäftsführung).[114] Zu jedem Geschäft ist somit gem. § 709 Abs. 1 BGB die Zustimmung aller Gesellschafter notwendig, was die Geschäftsführung zwar recht schwerfällig macht, aber für alle Gesellschafter eine sichere Lösung darstellt. Denn die Gesellschafter einer GbR sind in der Regel keine Kaufleute oder nur Minderkaufleute und nicht unbedingt im "rauhen" geschäftlichen Alltag zu Hause. Allerdings sind Modifikationen im Gesellschaftsvertrag möglich: Zunächst soll bei mehreren Gesellschaftern die Stimmenmehrheit entscheiden (Mehrheitsprinzip). Ob es sich um eine anteilige oder sonstige Mehrheit handeln soll, kann im Gesellschaftsvertrag geregelt werden. Fehlt eine solche Regelung so hat gem. § 709 Abs. 2 BGB jeder Gesellschafter eine Stimme. Nach § 711 BGB kann die Geschäftsführung auch einem oder allen Gesellschaftern dergestalt übertragen werden, daß jeder für sich allein handeln kann (Einzelgeschäftsführung). In diesem Fall können aber die restlichen Gesellschafter der Vornahme eines einzelnen Geschäfts widersprechen. Ferner können per Gesellschaftsvertrag einzelne Gesellschafter von der Geschäftsführung ausgeschlossen werden, was auch dann gegeben ist, wenn die Geschäftsführung einem oder mehreren bestimmten, d.h. ausdrücklich benannten, Gesellschaftern übertragen wird.[115] Stets haben jedoch die geschäftsführenden Gesellschafter gem. § 716 BGB (Kontrollrecht der Gesellschaf-

[113] Vgl. RGZ 162, 374; *Hueck*, S. 56.

[114] Dies steht im Gegensatz zur OHG, wo gem. §§ 114 Abs. 1, 125 Abs. 1 HGB jeder Gesellschafter mit Wirkung für die übrigen handeln kann, was ein entsprechendes gegenseitiges Vertrauen voraussetzt.

[115] Ein Widerspruchrecht der so von der Geschäftsführung Ausgeschlossenen entfällt sodann, vgl. RGZ 102, 412; *Hueck*, S. 58 (h.M.).

ter) die Pflicht, die restlichen zu informieren. Die Geschäftsführungsbefugnis kann auch wieder gem. § 712 Abs. 1 BGB entzogen werden.

Sofern einer der Gesellschafter schuldhaft die Geschäftsführungspflicht verletzt, etwa durch Nichterfüllung oder Schlechterfüllung kann er den anderen Gesellschaftern gegenüber aufgrund einer positiven Vertragsverletzung nach Maßgabe des § 708 BGB (Sorgfalt wie in eigenen Angelegenheiten/diligentia quam in suis) schadensersatzpflichtig werden.[116]

Vertretung: Sofern im Gesellschaftsvertrag nichts anderes vereibart wurde, deckt sich die Vertretungsmacht Dritten gegenüber mit der Geschäftsführungsbefugnis (§ 714 BGB). Mithin besteht mit der Gesamtgeschäftsführung nach § 709 Abs. 1 BGB auch Gesamtvertretungsmacht. Sofern im Gesellschaftsvertrag indes Einzelgeschäftsführung vereinbart wurde, gilt mangels abweichender Regelung Einzelvertretungsmacht. Eine Entziehung der Vertretungsmacht ist nach Maßgabe von § 715 BGB möglich. Sofern einer oder mehrere Gesellschafter rechtsgeschäftlich im Rahmen ihrer Vertretungsmacht im Namen der Gesellschaft handeln, fallen die erworbenen Rechte in das Gesellschaftsvermögen und werden der Gesamthandsgemeinschaft zugerechnet (§ 718 Abs. 1 BGB). Dagegen treffen Verpflichtungen primär das Gesellschaftsvermögen, sekundär aber auch das Privatvermögen der Gesellschafter: Da die Gesellschafter gem. § 427 BGB als Gesamtschuldner verpflichtet werden, sowohl mit dem Gesell-

[116] Bei einer Überschreitung der Geschäftsführungsbefugnis kommen die Regeln einer Geschäftsführung ohne Auftrag (§§ 677 ff. BGB) zur Anwendung, wonach der betreffende Gesellschafter als Geschäftsführer den übrigen Gesellschaftern als Geschäftsherr auch ohne ein Verschulden schadensersatzpflichtig wird, wenn das Geschäft in Widerspruch zum Willen des Geschäftsherrn steht, vgl. RGZ 158, 302, 312f.; *Palandt-Thomas*, § 708 Rn 3; dagegen für eine Anwendung von § 708 BGB auch hier *Hueck*, S. 59/60 m.w.N..

schafts- als auch ihrem Privatvermögen, liegt in jedem Vertragsabschluß für die Gesellschaft eine einheitliche Verpflichtung mit Doppelwirkung.[117]

Gesellschaftsvermögen: Zum Gesellschaftsvermögen gehören alle Gegenstände, die Vermögenswert haben, also sowohl Sachen und Rechte (Forderungen, Nutzungsrechte, Patent- und Markenrechte) als auch Beziehungen zur Kundschaft ("good-will"), Geschäftserfahrungen ("know-how") und Geschäftsgeheimnisse. Nach § 718 BGB wird das Gesellschaftsvermögen gebildet durch die Beiträge der Gesellschafter (vgl. § 706 BGB), durch Rechtsgeschäft und durch solche Sachen oder Rechte, die an die Stelle von bisherigen Rechten oder (zerstörten) Sachen der Gesellschaft treten. Letzteres kann etwa der Schadensersatzanspruch gegen den Schädiger aus § 823 BGB, § 7 StVG sein, der den Firmenwagen der GbR zu Schrott gefahren hat. Grundsätzlich steht das Gesellschaftsvermögen allen Gesellschaftern zur gesamten Hand zu (sog. Gesamthandsvermögen). Damit ist den einzelnen Gesellschaftern gem. § 719 Abs. 1 BGB die Möglichkeit genommen, über Anteile an den zum Gesellschaftsvermögen gehörenden Gegenständen zu verfügen.

Gesellschaftsschulden und Haftung: Unter Gesellschaftsschulden sind die Verbindlichkeiten zu verstehen, die sämtliche Gesellschafter zu erfüllen haben. Hierzu gehören in erster Linie Verpflichtungen aus Verträgen, die im Namen der Gesellschaft abgeschlossen wurden. Für solche Schulden haften die Gesellschafter gem. § 427 BGB als Gesamtschuldner sowohl mit dem Gesellschafts- als auch mit dem Privatvermögen. Jedoch ist es möglich, die Vertretungsmacht der Gesellschafter per Gesellschaftsvertrag dergestalt einzuschränken, daß Rechtsgeschäfte ausdrücklich nur unter Beschränkung auf das Gesellschaftsvermögen vorgenommen werden dürfen.

---

[117] Vgl. BGH, NJW 1987, 3124; *Palandt-Thomas*, § 714 Rn 3, 4, § 718 Rn 3, 8ff.; zu dieser traditionellen Gesamthandslehre gibt es in der Literatur seit einiger Zeit einen Meinungsstreit, siehe Nachweise bei *Hueck*, S. 61ff..

Diese Einschränkung der Vertretungsmacht muß aber für Dritte erkennbar sein.[118] Allerdings haftet bei Verpflichtungen kraft Gesetzes grundsätzlich nur derjenige Gesellschafter, bei dem die jeweiligen Voraussetzungen erfüllt sind. Aus ungerechtfertigter Bereicherung (§ 812 BGB) haften die Gesellschafter allein dann mit dem Gesellschaftsvermögen, wenn dieses bereichert ist. Bei einer deliktischen Haftung (§§ 823 ff. BGB) haftet sodann nur der geschäftführende Gesellschafter persönlich, der den jeweiligen Tatbestand verwirklicht hat.[119]

Wechsel der Gesellschafter: Als Personengesellschaft ist der GbR jeglicher personelle Wechsel grundsätzlich fremd. Dennoch können die bisherigen Gesellschafter durch einen Aufnahmevertrag einen neuen Gesellschafter aufnehmen.[120] Ferner kann ein Gesellschafter freiwillig ausscheiden, wenn dies entweder der Gesellschaftsvertrag vorsieht oder sich die anderen Gesellschafter hiermit einverstanden erklären. Sodann kann ein Gesellschafter zwangsweise ausscheiden, und zwar dann, wenn die Gründe im Gesellschaftsvertrag angegeben sind (§ 736 BGB) oder ein Beschluß der übrigen Gesellschafter vorliegt (§ 737 BGB).[121]

Beendigung: Die GbR kann durch Kündigung (§ 723 BGB) und Tod (§ 727 BGB) eines Gesellschafters aufgelöst werden. Allerdings ist es möglich, in beiden Fällen im Gesellschaftsvertrag eine Nachfolge- oder Fortsetzungsklausel aufzunehmen, so daß die GbR -personell verändert- weiter bestehen kann.[122]

---

[118] Vgl. BGH, DB 1990, 1225; *Hueck*, S. 66.

[119] Vgl. *Hueck*, S.. 67/68 m.w.N..

[120] Vgl. BGHZ 26, 333; *Hueck*, S. 69/70.

[121] Ein derartiger Beschluß setzt aber voraus, daß die Fortsetzung der Gesellschaft im Gesellschaftsvertrag vorgesehen ist und in der Person des auszuschließenden Gesellschafters ein Grund eintritt, der zur außerordentlichen Kündigung der Gesellschaft berechtigen würde. Eine Ausschließung ohne wichtigen Grund ist dagegen prinzipiell unwirksam, vgl. BGHZ 68, 212; *Hueck*, S. 72.

[122] Desweiteren kann die GbR auch durch Zeitablauf (§ 724 BGB), Erreichung oder Unmöglichwerden des Gesellschaftszwecks (§ 726 BGB, Beschluß der

Da es sich bei der GbR um die Grundform einer Personengesellschaft handelt, gelten die obigen Ausführungen auch für die Personenhandelsgesellschaften (OHG, KG), sofern nicht gesetzlich etwas anderes geregelt ist.

VII.2.b) Offene Handelsgesellschaft (OHG)

Die OHG ist eine Gesellschaft, deren Zweck auf dem Betrieb eines vollkaufmännischen Handelsgewerbes unter gemeinschaftlicher Firma gerichtet ist und bei der sämtliche Gesellschafter den Gläubigern unbeschränkt haften (§ 105 HGB). Gerade die persönliche, unbeschränkte und unmittelbare Haftung der Gesellschafter gem. §§ 128, 105 Abs. 1 HGB ist Wesensmerkmal einer OHG.[123] Eine OHG liegt vor, wenn folgende drei Voraussetzungen gegeben sind:

Erstens muß eine Gesellschaft vorliegen, wobei gem. § 105 Abs. 2 HGB der Gesellschaftsbegriff des BGB (BGB-Gesellschaft, § 705 BGB) zugrunde gelegt wird, was also einen Zusammenschluß mittels Gesellschaftsvertrags bedingt.

Zweitens muß der Gesellschaftszweck der Betrieb eines Handelsgewerbes (vgl. §§ 1 - 3 HGB) unter gemeinschaftlicher Firma (vgl. §§ 17 ff. HGB) sein. In jedem Fall muß es sich um ein vollkaufmännisches Gewerbe handeln (§ 4 Abs. 2 HGB). Denn für Minderkaufleute i.S.d. § 4 Abs. 1 HGB, d.h. Kleingewerbetreibende, ist die unbeschränkte Vertretungsmacht (§§ 125, 126 HGB) und die persönliche Haftung (§ 128 HGB) jedes Gesellschafters bei der OHG zu gefährlich.[124]

Gsellschafter, Konkurs über das Vermögen eines Gesellschafters (§ 728 BGB) und Vereinigung aller Anteile in einer Hand beendet werden, vgl. *Hueck*, S. 78ff..

[123] Vgl. *Roth*, S. 117.

[124] Allerdings können einzelne Gesellschafter gem. § 125 Abs. 1 HGB von der Vertretung ausgeschlossen werden, was aber gem. § 125 Abs. 4 HGB eine entsprechende Eintragung in das Handelsregister voraussetzt.

Drittens darf die Haftung der Gesellschafter nicht durch die Wahl einer anderen Gesellschaftsform wirksam nach außen beschränkt sein. Dieses Merkmal dient vor allem der Abgrenzung gegenüber der Kommanditgesellschaft.

Im Verhältnis Dritten gegenüber, also im Außenverhältnis, entsteht die OHG entweder durch die (konstitutive) Eintragung in das Handelsregister (§ 123 Abs. 1 HGB) oder gem. § 123 Abs. 2 HGB bereits im Zeitpunkt des Geschäftsbeginns, wenn es sich, zumindest vom Ansatz her, um ein vollkaufmännisches Gewerbe i.S.d. § 1 Abs. 2 HGB handelt.[125]

Als Personenhandelsgesellschaft ist die OHG indessen nur beschränkt rechtsfähig: Sie kann zwar gem. § 124 HGB unter ihrer Firma schuldrechtliche und dingliche Rechtsgeschäfte vornehmen sowie vor Gericht klagen und verklagt werden, jedoch ist sie keine von den Gesellschaftern unabhängige, selbständige juristische Person. Dies macht sich beispielsweise beim Tod eines Gesellschafters bemerkbar: Sofern nicht im Gesellschaftsvertrages eine Nachfolgeregelung getroffen wird, wird die OHG gem. § 131 Nr. 4 HGB aufgelöst. Allerdings sehen inzwischen in der Praxis fast alle Gesellschaftsverträge eine Nachfolgeklausel vor, so daß die Fortführung der Gesellschaft mit den Erben sehr häufig ist (vgl. § 139 HGB).

VII.2.c) Kommanditgesellschaft (KG)

Die KG ist eine Gesellschaft, deren Zweck auf den Betrieb eines vollkaufmännischen Handelsgewerbes unter gemeinschaftlicher Firma gerichtet ist. Zudem muß mindestens einer der Gesellschafter (sog. **Komplementär**) den Gläubigern unbeschränkt persönlich haften, während mindestens ein anderer Gesellschafter (sog. **Kommanditist**) nur mit einer bestimmten

[125] Vgl. zum Erfordernis eines vollkaufmännischen Unternehmens BayObLG, WM 1985, 457; *Roth*, S. 111.

Vermögenseinlage haftet (vgl. § 161 Abs. 1 HGB). Mit Ausnahme dieser Haftungsprivilegierung entspricht die KG in Voraussetzung und Rechtsnatur der OHG, wie der ausdrückliche Verweis auf die subsidiäre Anwendung von OHG-Recht in § 161 Abs. 2 HGB zeigt.

VII.2.c) Stille Gesellschaft

Darüberhinaus gibt es noch die stille Gesellschaft, bei der sich der "stille" Gesellschafter mit einer Kapitalanlage an einem kaufmännischen Unternehmen beteiligt, ohne nach außen als Gesellschafter in Erscheinung zu treten. Die stille Gesellschaft ist eine reine Innengesellschaft. Daher fehlen der stillen Gesellschaft die beiden Wesensmerkmale einer Handelsgesellschaft, das gemeinschaftliche Vermögen und das gemeinsame Auftreten im Rechtsverkehr. Das Vermögen wie auch die Geschäftsführung der Gesellschaft stehen nur dem Geschäftsinhaber zu (vgl. § 230 Abs. 2 HGB). Auch der Kapitalbeitrag des stillen Gesellschafters nach § 230 Abs. 1 HGB geht also in das Vermögen des Inhabers über[126], Rechte und Verbindlichkeiten werden allein in seiner Person begründet (vgl. § 230 Abs. 2 HGB). Allerdings ist auch für eine stille Gesellschaft die Verfolgung eines gemeinschaftlichen Zwecks i.S.d. § 705 BGB essentielle Voraussetzung. Dies zeigt sich in der Gewinn- und auch Verlustbeteilung des stillen Gesellschafters (§§ 231 f. HGB) und seinem Kontrollrecht gem. § 233 HGB. Darüber hinaus hat der Inhaber des Unternehmens den Gesellschaftszweck zum gemeinsamen Nutzen zu verfolgen (Treuepflicht), anderenfalls wird er dem stillen Gesellschafter schadensersatzpflichtig.[127]

Schwierig ist die Abgrenzung einer gesellschaftlichen Beteiligung zu einem bloßen Darlehen i.S.d. § 607 BGB dann, wenn bei dem Darlehen

---

[126] Vgl. *Baumbach/Duden/Hopt*, § 230 Rn 6.

[127] Vgl. BGH, NJW 1988, 413; *Roth*, S. 180.

statt einer festen Verzinsung eine Gewinnbeteiligung an dem Überschuß des Unternehmens gewährt wird (**partiarisches Darlehen**). Der Unterschied zur stillen Gesellschaft ist indes, daß es an einer Zweckgemeinschaft und dem Kontrollrecht des stillen Gesellschafters gem. § 233 HGB gegenüber dem Unternehmer fehlt.

VII.2.d) Europäische Wirtschaftliche Interessenvereinigung (EWIV)

Die EWIV ist die neueste Form einer Personengesellschaft aufgrund der Verordnung des EG-Ministerrats vom 25. Juli 1985, die ausgehend von Art. 235 EG-Vertrag erstmals nach Art. 189 Abs. 2 EG-Vertrag unmittelbar EG- bzw. EU-weit einheitliches Gesellschaftsrecht geschaffen hat. Seit ihrem Inkrafttreten am 01. Juli 1989 steht diese Gesellschaftsform allen grenzüberschreitenden Kooperationen von Unternehmen zur Verfügung. Da der Unternehmensbegriff weit gefaßt ist, fallen hierunter sowohl natürliche als auch juristische Personen sowie landwirtschaftliche und Freie Berufe. In der Bundesrepublik Deutschland gilt ergänzend das EWIV-Ausführungsgesetz vom 14. April 1988.[128]

Man muß aber offen zugeben, daß die EWIV nicht nur in der deutschen Praxis ein Schattendasein fristet, zumal den Freiberuflern (Ärzten, Anwälten, Architekten) auch mit dieser Gesellschaftsform eine Haftungsbeschränkung nicht möglich ist. Darüberhinaus ist die EWIV von ihrem Gesellschaftszweck her lediglich auf die Förderung der wirtschaftlichen Tätigkeit ihrer Mitglieder ausgerichtet. Damit ist sie auf Hilfstätigkeiten beschränkt und eignet sich kaum für eine eigene selbständige Unternehmenstätigkeit.[129] Der Zusatz "EWIV" wird daher nicht selten als eine Art

[128] BGBl. 1988 I, 514; siehe zur EWIV *Hueck*, S. 30/31 m.w.N.
[129] Es drängt sich aufgrund dieser praktisch bedeutungslosen Gesellschaftsform der Verdacht auf, daß vom EG-Ministerrat ohne ein Bedürfnis der betroffenen Rechtskreise lediglich ein Zeichen zur Integration auch des Gesellschaftsrechts

schmückendes Beiwerk gewählt, um die Innovationsfreude, Europaoffenheit und Seriosität der beteiligten Unternehmen (Gesellschafter) zu unterstreichen.

gesetzt werden sollte. Ohne Beachtung der jeweils betroffenen Rechtskreise ist indes jede Form von Einheitsrecht zum Scheitern verurteilt, weshalb jetzt auch Pläne zur Einführung einer "Euro-AG" vorerst auf Eis gelegt wurden.

VII.3. Kapitalgesellschaften

Zwar ist rein zahlenmäßig das Einzelunternehmen auch heute noch die weitaus häufigste Unternehmensform, nicht jedoch, wenn man auf die wirtschaftliche Bedeutung nach Unternehmensgröße, angelegtem Kapital oder Umsatz abstellt.[130] Großunternehmen werden seit langem vornehmlich in der Rechtsform der Aktiengesellschaft betrieben und auch bei Unternehmen mittlerer Größe stehen Gesellschaften, vor allem die GmbH, im Vordergrund.

VII.3.a) Die Aktiengesellschaft (AG)

Die Funktion der AG besteht darin, bloße Kapitaleinsätze, und zwar in der Vielzahl von ihnen, unternehmerisch zu organisieren, was die AG zu einer idealen Gesellschaftsform für hohen Finanzbedarf macht, wie z. B. aufgrund eines besonders großen Geschäftsbetriebes, besonders hohen Investitionen oder Umsatzssprüngen. Es geht also bei der AG nicht mehr wie noch bei der OHG um den Zusammenschluß mehrerer Mitunternehmer, die Kapital und persönliche Aktivität zu einem gemeinsamen Zweck bündeln wollen. Die heutige AG stellt sich vielmehr als eine eher lockere Vereinigung einer größeren Zahl von Klein- und einer geringeren von Großaktionären dar (Publikums-AG), die jeweils beruflich anders orientiert sind und ihre Anteile (Aktien) an der AG lediglich als eine Möglichkeit eines lukrativen Kapitaleinsatzes (Dividendenausschüttung) ansehen.[131] Dieser wirtschaftlichen Ausgangslage trägt auch die rechtliche Behandlung einer AG Rechnung:

---

[130] Vgl. hierzu die Übersicht in Statistisches Jahrbuch 1995 für die Bundesrepublik Deutschland, (hrsg. v. Statistischen Bundesamt, Wiesbaden 1995, S. 132, 134.

[131] Vgl. zu dieser Einschätzung auch *Roth*, S. 184.

Die AG ist eine selbständige juristische Person, an der die Gesellschafter (Aktionäre) durch standardisierte Anteile (Aktien) beteiligt sind. Sämtliche Aktien bilden das Grundkapital der AG, wobei die Aktionäre jeweils nur in Höhe des gezeichneten Aktienanteiles haften, soweit sie diesen noch nicht voll eingezahlt haben - eine persönliche Haftung der Aktionäre ist ausgeschlossen (vgl. § 1 Abs. 1 AktG). Die Besonderheit der AG liegt somit in der Art der Beteiligung ihrer Gesellschafter, d.h. der Aktionäre:

Das in Aktien zerlegte Grundkapital von mindestens 100.000 DM muß auf einen bestimmten Betrag lauten (vgl. §§ 6 - 8 AktG), je Aktie mindestens 5 DM.[132] Aktionär und damit Gesellschafter ist derjenige, dem mindestens eine Aktie zusteht. Im Gegensatz zu den Personengesellschaften, aber auch zur GmbH, ist das in der Aktien verkörperte Anteilsrecht (Stimmrecht und Gewinnbeteiligung) entweder mit der Aktie oder auch unabhängig von ihr frei übertragbar und damit entpersönlicht.[133] Die beinahe freie Zirkulation der Gesellschaftsanteile bedingt auch eine in praxi recht starke Stellung der für die Gesellschaft handelnden Organe, nämlich des Vorstandes (§§ 76 ff. AktG) und des Aufsichtsrates (§§ 95 ff. AktG: Der Aufsichtsrat wird gem. §§ 101 Abs. 1, 119 Abs. 1 Nr. 1 AktG von der alljährlich stattfindenden Hauptversammlung der Aktionäre gewählt, jedoch gem. § 102 Abs. 1 AktG für eine Amtszeit von maximal vier Jahren. Der Aufsichtsrat wiederum bestellt gem. § 84 Abs. 1 AktG die Vorstandsmitglieder für höchstens fünf Jahre. Da der Vorstand gem. § 76 Abs. 1 AktG die Leitung sowie gem. § 78 Abs. 1 AktG auch die Vertretung der AG

---

[132] Der Mindestbetrag wurde erst kürzlich durch Art. 5 des Gesetzes über den Wertpapierhandel und zur Änderung börsenrechtlicher und wertpapierrechtlicher Vorschriften (Zweites Finanzmarktförderungsgesetz) vom 26.07.1994 (BGBl. 1994 I, 1749) von 50,- auf 5,- DM gesenkt., wovon etwa die neugegründete Fielmann AG (Optiker) profitierte.

[133] In der Praxis werden Aktien von Kleinaktionären üblicherweise von Banken in einem sog. Giro-Sammeldepot verwahrt, so daß der Aktionär keineswegs die Aktien als geborenen Traditionspapiere körperlich zu Hause hat und die Banken daher auch gern in Vertretung das Stimmrecht auf den jeweiligen Hauptversammlungen ausüben.

innehat, besteht die im Gesellschaftsrecht ungewöhnliche Situation, daß das Stimmrecht der Gesellschafter, nämlich der Aktionäre, relativ bedeutungslos ist. Allein der oder die Mehrheitsaktionäre haben die Chance, mit einer entsprechenden Besetzung des Aufsichtsrates die Richtung der Unternehmenspolitik indirekt zu bestimmen. Diese in der Rechtswirklichkeit auftretende Entwicklung einer "normalen" Aktie zu einer bloßen Gewinnbeteiligung zeichnet mittelbar § 11 AktG vor, indem als besondere Aktiengattung zusätzlich sog. Vorzugsaktien ausgegeben werden können, die gem. § 12 Abs. 1 AktG kein Stimmrecht besitzen, sondern allein auf die Gewinnbeteiligung beschränkt sind.[134]

Da die AG körperschaftlich organisiert und so von ihrer Grundstruktur her ein rechtsfähiger Verein ist, sind die Vorschriften des BGB über das Vereinsrecht, insbesondere ist auf die Haftung der AG für ihre Organe (Vorstand, Aufsichtsrat) § 31 BGB subsidiär anwendbar (sog. Organhaftung). Ferner gilt die AG kraft Organisationsform gem. § 3 AktG als Handelsgesellschaft ohne Rücksicht auf den Gegenstand ihres Unternehmens, also gem. § 6 Abs. 2 HGB als Vollkaufmann (Formkaufmann).

Ohne auf Detailfragen eingehen zu können, seien dennoch einige Problempunkte des Aktienrechts kurz skizziert:

Zunächst finden sich zahlreiche zwingende Vorschriften, die die Aufbringung des Grundkapitals und die Erhaltung eines dem Grundkapital entsprechenden Gesellschaftsvermögen zu sichern suchen (**Grundsatz der Aufbringung und Erhaltung des Grundkapitals**, vgl. §§ 26, 27, 63 ff. AktG).[135] Desweiteren dient auch die sog. **Differenzhaftung** bei Sacheinla-

[134] Diese Vorzugsaktien haben Anspruch auf eine (höhere) Vorzugsdividende und werden in börslichen Notierungen separat aufgeführt; dennoch sind sie in aller Regel billiger als die "normalen" Aktien derselben AG. Als besondere Aktiengattung gibt es neben den "normalen" Inhaberaktien auch noch sog. vinkulierte Namensaktien, die nicht frei übertragbar, sondern an die Zustimmung der AG gebunden sind, vgl. *Hueck*, S. 188 m.w.N..

[135] Vgl. zu diesem Grundsatz *Hueck*, S. 185 m.w.N..

gen gem. § 36a Abs. 2 AktG dem Gläubigerschutz.[136] Sodann wird der **Schutz von Klein- und Minderheitsaktionären** groß geschrieben, indem ihnen gesetzliche Sonderrechte gewährt werden, etwa bei der Einberufung der Hauptversammlung gem. § 122 AktG sowie der Bestellung von Sonderprüfern gem. § 142 Abs. 2, 248 Abs. 2 AktG und Abschlußprüfern gem. § 163 Abs. 2 AktG. Jeder Aktionär hat zudem ein **Auskunftsrecht** gem. § 131 AktG, das nicht vertraglich abdingbar ist.[137] Ferner gibt es spezielle **Publizitätsvorschriften**, etwa hinsichtlich des Jahresabschlusses in den §§ 150 ff. HGB sowie im Publizitätsgesetz vom 15. August 1969 und Bilanzrichtlinien-Gesetz vom 19. Dezember 1985 (3. Buch des HGB "Handelsbücher", §§ 238-339 HGB)[138]. Außerdem räumt das Mitbestimmungsgesetz von 1976 durch eine paritätische Vertretung im Aufsichtsrat den Arbeitnehmern neben dem Kapitaleignern maßgeblichen Einfluß auf die Geschäftsführung ein (**Arbeitnehmermitbestimmung**).[139] Zudem regeln die §§ 15 - 22, 291 ff. AktG die Unternehmensverbindungen bei Konzernen und verlangen u.a. die Offenlegung von Abhängigkeitsverhältnissen (Konzernhaftung). Hierdurch soll ebenfalls die Rechtsstellung der Gläubiger und Minderheitsaktionäre eines beherrschten Unternehmens gestärkt werden.[140]

Für die **Gründung** einer AG sind sieben Schritte erforderlich:

Erstens muß die Satzung festgestellt werden, und zwar durch Abschluß des Gesellschaftsvertrages zwischen mindestens fünf Personen, sog. Grün-

[136] Die Differenzhaftung besagt, daß der betreffende Gesellschafter in Höhe des Differenzbetrages zu einer zusätzlichen Geldanlage verpflichtet ist, wenn der Wert einer Sacheinlage objektiv zu hoch angsetzt wurde, vgl. BGHZ 64, 52, 62.

[137] Vgl. *Hueck*, S. 241.

[138] Gesetz über die Rechnungslegung von bestimmten Unternehmen und Konzernen vom 15.08.1969 (BGBl. I 1969, 1189) zuletzt geändert durch Gesetz vom 19.12.1985 (BGBl. I 1985, 2355), vgl. hierzu *Hueck*, S. 32, 280 m.w.N..

[139] S. hierzu im Detail *Roth*, S. 212 ff. m.w.N..

[140] Vgl. *Werner*, JuS 1977, S. 141, 144 ff.. gleichzeitig auch als Einführung in das Recht der Unternehmensverbindungen.

der, (§§ 2, 28 AktG) in notarieller Form (vgl. § 23 Abs. 1 AktG). Allerdings ist seit 1994 auch die Gründung einer sog. „Ein-Mann"-AG möglich,[141] weil die Kautelarpraxis bereits in der Vergangenheit viele Mittel und Wege gefunden hatte ("Strohmanngründung"), um die Bestimmung über die Mindestgründerzahl zu umgehen. Die inhaltliche Gestaltungsfreiheit der Satzung ist stark eingeschränkt und muß gem. § 23 Abs. 2 - 4 AktG einen bestimmten Mindestgehalt aufweisen, wozu u.a. Sitz und Firma der Gesellschaft, Unternehmensgegenstand, Höhe des Grundkapitals, Nennbetrag sowie Zahl und Gattung der Aktien gehören.

Zweitens müssen sämtlich Aktien durch die Gründer gem. § 29 AktG übernommen werden, so daß im Gründungsstadium keine weiteren Personen Aktien erwerben können (sog. Vor-AG). Sodann sind die Organe der Gesellschaft, d.h. Vorstand und Aufsichtsrat, gem. §§ 30, 31 AktG zu bestellen, damit die Gesellschaft handlungsfähig wird. Viertens muß dieser Gründungsvorgang im Gründungsbericht gem. § 32 AktG festgehalten werden, damit fünftens Vorstand und Aufsichtsrat gem. §§ 33 - 35 AktG die Gründung prüfen können. Sodann ist von den Gründern mindestens ein Viertel des Nennwertes je Aktie gem. §§ 36 Abs. 2, 36 a, 54 Abs. 3 AktG einzuzahlen (sog. Teilkapitaleinzahlung). Schließlich ist die Gesellschaft gem. §§ 36 Abs. 1, 37 AktG zur Eintragung in das Handelsregister anzumelden.

Rechtsfähig und damit "lebendig" wird die AG indes erst mit der konstitutiven Eintragung in das Handelsregister gem. § 41 Abs. 1 S. 1 AktG. Dies setzt voraus, daß das Registergericht gem. § 38 AktG die ordnungsgemäße Errichtung und Anmeldung zuvor geprüft hat. Im Zusammenhang mit der Gründung einer Aktiengesellschaft gibt es eine ganze Anzahl von

---

[141] Vgl. Gesetz für kleine Aktiengesellschaften und zur Deregulierung des Aktienrechts vom 02.08.1994 (BGBl. 1994 I, 1961), das Art. 2 AktG dementsprechend geändert hat, vgl. hierzu *Hoffmann-Becking*, ZIP 1995, S. 1 ff..

Rechtsproblemen, von denen nur die Gründungsmängel gem. §§ 275 - 277 AktG sowie die Gründerhaftung gem. §§ 46 - 51 AktG erwähnt seien.[142]

Allerdings ist die AG als Körperschaft und juristische Person nicht ohne natürliche Personen handlungsfähig, es gilt auch für sie wie beim Verein das Prinzip organschaftlicher Vertretung: Organe der Aktiengesellschaft sind der Vorstand, dem die Geschäftsführung und Vertretung der AG obliegt (§§ 76 ff. AktG), der Aufsichtsrat, dem die Überwachung des Vorstandes, Bestellung sowie Abberufung der Vorstandsmitglieder obliegt (§§ 95 ff. AktG) und schließlich die Hauptversammlung, die die Grundlagenkompetenz innehat, d.h. über alle grundsätzlichen Fragen des verfassungsmäßigen Aufbaus und der Kapitalgrundlage der AG, z.B. Kapitalerhöhung und Fusion, entscheidet und aus den stimmberechtigten Aktionären besteht (§ 119 AktG). Daher ist die Hauptversammlung als Versammlung aller Aktionäre auch das oberste Organ der Aktiengesellschaft, die vom Vorstand gem. § 121 Abs. 2 AktG, ausnahmsweise durch den Aufsichtsrat gem. § 111 Abs. 3 AktG, mindestens einmal im Jahr einberufen wird (vgl. §§ 120, 175 AktG, sog. ordentliche Hauptversammlung). Darüberhinaus können außerordentliche Hauptversammlungen bei Bedarf einberufen werden, auf Verlangen einer Aktionärsminderheit müssen sie es sogar (vgl. § 122 AktG). Ihren Willen artikuliert die Mitgliederversammlung durch Beschlüsse, die grundsätzlich gem. § 133 AktG mit einfacher Mehrheit gefaßt werden können, nur ausnahmsweise ist eine Dreiviertelmehrheit gem. § 179 Abs. 2 AktG notwendig, was insbesondere bei Satzungsänderungen gilt. Vom Stimmrecht ausgeschlossen sind indes Aktionäre mit stimmrechtslosen Vorzugsaktien gem. §§ 12 Abs. 1 S. 2 i.V.m. §§ 139 ff. AktG und die, die von dem Beschluß direkt betroffen sind (vgl. § 136 Abs. 1 AktG). Ausgangspunkt für zahlreiche Rechtsstreitigkeiten sind fehlerhafte Hauptver-

142 Vgl. hierzu im Detail *Hueck*, S. 189 ff..

sammlungsbeschlüsse, jedoch kann auf diese Detailproblematik hier nicht weiter eingegangen werden.[143]

Aufgrund der genannten Wesensmerkmale ist die AG das geeignete Instrument zur Ansammlung und zum effektiven wirtschaftlichen Einsatz von Kapital. Hierbei kann es sich wegen der geringen Nennbeträge der Aktien um viele kleinere Beteiligungen handeln, so daß auch "der kleine Mann" sich relativ risikolos und z.T. mit Aussicht auf eine lukrative Dividende an Großunternehmen beteiligen kann. Zugleich erlauben die börsennotierten Aktiengesellschaften eine kurzfristige Liquidation des individuellen Kapitaleinsatzes durch Verkauf der Aktien, obwohl das investierte Kapital auch auf lange Sicht arbeiten kann. Hierdurch wird die AG zu einer zentralen Form der Unternehmensorganisation, die gekennzeichnet ist durch einen erheblichen Kapitalbedarf zum einen und eine Verfügbarmachung von Investivkapital in breiteren Bevölkerungsschichten zum anderen. Darüberhinaus wird die AG oftmals auch dazu benutzt, Arbeitnehmer stärker an das Unternehmen zu binden, indem diese durch Belegschaftsaktien am Gewinn "ihres" Unternehmens beteiligt und so indirekt in ihrer Arbeitskraft sowie Loyalität zum Unternehmen angespornt werden.[144] Sodann benutzen der Staat sowie andere staatliche Gebietskörperschaften, wie z.B. Städte und Gemeinden, die AG für atypische Zwecke, indem sie diese Organisationsform für privatwirtschaftliche Betätigung der öffentlichen Hand benutzen, z.B. für die "Stadtwerke AG", die die jeweilige Stadt mit Strom, Wasser und/oder Fernwärme versorgt.

[143] Nichtigkeitsgründe sind in § 241 AktG abschließende geregelt, Beschlüsse, die gegen Gesetz oder Satzung verstoßen, sind durch sog. Anfechtungsklage gem. § 241 Abs. 1 AktG anfechtbar, wobei der Kreis der Anfechtungsbefugten gem. § 245 AktG beschränkt ist und die Klage zudem innerhalb eines Monats nach Beschlußfassung erhoben werden muß (vgl. § 246 Abs. 1 AktG).

[144] Diese Unternehmenspolitik ist etwa bei der Siemens AG und der Rosenthal AG üblich.

VII.3.b) Kommanditgesellschaft auf Aktien (KG a.A.)

Die KG a.A. nach § 278 AktG ist eine in der Praxis seltene gesellschaftrechtliche Übergangsform, die oftmals dazu benutzt wird, einem stark expandierenden Familienunternehmen günstiges Fremdkapital zu verschaffen und dabei die Geschäftsführung in überschaubarem Rahmen zu halten. Denn im Gegensatz zur AG hat die KG a.A. den Vorteil, daß weder Vorstand noch Aufsichtsrat erforderlich sind, Geschäftsführung und Vertretung obliegt dem Komplementär. Vom Aufbau her gleicht die KG a.A. einer "normalen" KG i.S.d. § 161 HGB mit dem Unterschied, daß die Kommanditisten Kommanditaktionäre genannt werden und wie bei der AG ein Mindestkapital von DM 100.000,- vorhanden sein muß. Jedoch kann ebenso wie bei der KG der Komplementär eine juristische Person sein, etwa eine GmbH ("GmbH & Co. KG a.A.").[145] Darüberhinaus finden gem. § 278 Abs. 3 AktG grundsätzlich die Normen über die AG Anwendung, sofern jedoch das Verhältnis zwischen Komplementär und Kommanditsaktionären betroffen ist, greifen gem. § 278 Abs. 2 AktG wiederum die Vorschriften über die KG (§§ 161 ff. i.V.m. §§ 105 ff. HGB).[146] Zumeist wollen sich die Gesellschafter mit dieser Gesellschaftsform die Option offenhalten, weiter zu expandieren, die personalistischen Elemente weiter zurückzudrängen und daher auf lange Sicht das Unternehmen als AG an die Börse zu führen.

---

[145] Letzteres war lange Zeit wegen der möglichen Haftungsumgehend umstritten, ist aber mittlerweile allgemein anerkannt, wie unlängst die Umwandlung der Willy Bogner GmbH & Co. KG in die Willy Bogner GmbH & Co. KG a.A. zeigte, vgl. Frankfurter Allgemeine Zeitung vom 29.11.1994.

[146] Vgl. zur KG a.A. im Detail Hueck, S. 318 ff..

VII.3.c) Die Gesellschaft mit beschränkter Haftung (GmbH)

Die GmbH ist eine Gesellschaft mit eigener Rechtspersönlichkeit (juristische Person), deren Gesellschafter mit Einlagen auf das Stammkapital beteiligt sind, ohne persönlich für die Verbindlichkeiten einer Gesellschaft zu haften (vgl. §§ 1, 13, 14 GmbHG). Damit eröffnet die GmbH einem Unternehmenstyp Haftungsprivilegien, die an die Aktiengesellschaft erinnern, der jedoch nach Art und Größe des Gesellschafterzusammenschlusses eher zu einer Personengesellschaft zählte. Denn die Zahl der Gesellschafter ist in aller Regel wesentlich kleiner als bei einer Aktiengesellschaft, ihre Bindung untereinander und an das Unternehmen enger, d. h. personalistischer, und die (theoretische) Veräußerbarkeit des jeweiligen Gesellschaftsanteils eher von sekundärem Interesse.[147]
Wesentliche Unterschiede gegenüber der AG ergeben sich vor allen Dingen daraus, daß die GmbH nicht derart scharfen gesetzlichen Vorschriften unterliegt, wobei die folgenden kurz hervorgehoben seien:

Die Gründung der GmbH unterliegt einer geringeren Kontrolle und ist deshalb einfacher und billiger. Seit jeher genügten zwei Gründer, seit der GmbH-Novelle von 1980 ist auch die Gründung durch eine Person allein, die „Ein-Mann"-Gründung zulässig. Ein Aufsichtsrat ist GmbHs, die nicht mehr als 500 Arbeitnehmer haben und daher nicht der Mitbestimmung unterliegen, zwar möglich, aber nicht notwendig. Die Gesellschafter können auch ohne Versammlung und ohne Zuziehung eines Notars Beschlüsse fassen. Sodann kann sowohl eine Nachschußpflicht wie auch beliebige andere Pflichten für die Gesellschafter im Gesellschaftsvertrag festgesetzt werden. Ganz allgemein eröffnet der Gesellschaftsvertrag einer GmbH wesentlich größere Freiheiten als die Satzung einer AG, die Gesellschaft mehr individualistisch oder mehr kapitalistisch auszugestalten, weil das

[147] Vgl. *Roth*, S. 185.

GmbH-Recht in weit größerem Umfange als das Aktienrecht dispositiv ist.[148]

Dem Grundkapital der AG entspricht das Stammkapital der GmbH, das gem. § 3 Abs. 1 Nr. 3 GmbHG in der Satzung ziffernmäßig genau festgelegt werden muß. Dieses Stammkapital muß gem. § 5 Abs. 1 GmbHG mindestens 50.000 DM betragen, es kann aber durch Satzungsänderung jederzeit erhöht und wiederum auf den Mindestbetrag verringert werden. Dieses Stammkapital dient den Gläubigern als Garantiesumme, weil keine Zahlung der Gesellschaft an die Gesellschafter vorgenommen dürfen, solange und soweit nicht das Gesellschaftsvermögen den Betrag des Stammkapitals übersteigt (vgl. § 30 Abs. 1 GmbHG, Grundsatz der Erhaltung des Stammkapitals). Das Stammkapital setzt sich aus den Stammeinlagen der Gesellschafter zusammen, die mindestens 500 DM betragen und in DM durch 100 teilbar sein müssen. Einzelne Stammanlagen können indes verschieden groß sein, was in der Praxis auch sehr häufig vorkommt (vgl. § 5 Abs. 1 - 3 GmbHG). Der Aktie bei der AG als Gesellschaftsanteil entspricht bei der GmbH der Geschäftsanteil. Geschäftsanteil bezeichnet dabei gem. § 14 GmbHG den Betrag der übernommenen Stammeinlage. Dieser Geschäftsanteil ist wie die Aktie frei veräußerlich und vererblich (§ 15 GmbHG). Jedoch kann in der Satzung der GmbH die Veräußerung des Geschäftsanteils gem. § 15 Abs. 5 GmbHG von der Genehmigung der übrigen Gesellschaft abhängig gemacht werden (sog. winkulierte Geschäftsanteile). Darüber hinaus ist im Gegensatz zur Aktie der Geschäftsanteil teilbar, was etwa bei der Veräußerung und Vererbung von Bedeutung sein kann. Eine derartige Teilung bedarf indes gem. § 17 GmbHG der Genehmigung der Gesellschaft. Der Geschäftsanteil kann sodann nicht in einem

---

[148] Vgl. *Hueck*, S. 326, 327.

Wertpapier verbrieft werden, wodurch ein unkontrollierbarer Gesellschafterwechsel verhindert werden soll.[149]

Für die Gründung einer GmbH sind bei der normalen Mehrpersonengründung mindestens zwei Gründer erforderlich und ausreichend, die einen Gesellschaftsvertrag gem. § 2 Abs. 1 GmbHG in notarieller Form abfassen. Jedoch besteht gem. § 1 GmbHG auch die Möglichkeit, eine „Ein-Mann"-GmbH zu gründen. Gründer können natürliche oder juristische Personen sein, sowie Personenhandelsgesellschaften also OHG oder KG und darüber hinaus auch andere Gesamthandelsgemeinschaften, nämlich BGB-Gesellschaft und Erbengemeinschaft.[150] Dieser Gesellschaftsvertrag muß nach § 3 Abs. 1 GmbHG einen bestimmten Mindestinhalt aufweisen: Firma, Sitz, Gegenstand des Unternehmens, Betrag des Stammkapitals und Beträge der Stammeinlagen sind essentiell. Die Firma, also der Name des Unternehmens muß immer gem. § 4 GmbHG den Rechtsformzusatz "mit beschränkter Haftung" enthalten; dazu kann auch mit GmbH abgekürzt werden.[151] Ferner sind die Gesellschafter bzw. Gründer frei, den Gesellschaftsvertrag darüber hinausgehend auszugestalten. Im Gesellschaftsvertrag muß auch eine Übernahme der Stammeinlagen durch die Gründer enthalten sein (§ 3 Abs. 1 Nr. 4, § 5 Abs. 1 GmbHG). Alle Stammeinlagen müssen von den Gründern selbst übernommen werden und der Gesamtbetrag mit dem Stammkapital übereinstimmen (§ 5 Abs. 3 S. 3 GmbHG). Damit soll verhindert werden, daß zu Lasten etwaiger Gläubiger das Stammkapital nicht vollständig aufgebracht wird. Dieser Grundsatz der Aufbringung und Erhaltung des Stammkapitals findet sich in einer Reihe von Vorschriften, vor allem in § 9 für Sachgründung und ganz allgemein in

---

149 Vgl. *Hueck*, S. 330.
150 Vgl. *Hueck*, S. 331; BGHZ 78, 311.
151 Vgl. BGHZ 62, 230.

§ 19 Abs. 2, 3 und § 30 GmbHG.[152] In dem Gesellschaftsvertrag oder auch durch späteren Beschluß der Gesellschafter müssen mindestens ein oder auch mehrere Geschäftsführer bestellt werden, die für die Gesellschaft handeln. Geschäftsführer können gem. § 6 GmbHG nur natürliche unbeschränkt geschäftsfähige Personen sein. Schließlich ist die GmbH von den Geschäftsführern gem. §§ 7 Abs. 1, 78 GmbHG zur Eintragung in das Handelsregister anzumelden. Erst durch die (konstitutive) Eintragung entsteht die GmbH als juristische Person (§ 11 Abs. 1 GmbHG). Da die GmbH nicht in einem einzigen Akt, sondern durch mehrere aufeinanderfolgende Schritte gegründet wird, ergeben sich Zeitverzögerungen. Ab dem Stadium zwischen Errichtung der GmbH durch Abschluß des notariellen Gesellschaftsvertrages und der Eintragung in das Handelsregister besteht die künftige GmbH als Vorgesellschaft, auch Vor-GmbH genannt. Hinsichtlich der Haftung der Vor-GmbH gibt es zahlreiche widerstreitende Meinungen, weil es an einer gesetzlichen Regelung fehlt.[153]

Zwar ist eine persönliche Haftung der Gesellschafter grundsätzlich ausgeschlossen, jedoch besteht nach § 11 Abs. 2 GmbHG eine sog. **Handelnden- oder Handlungshaftung** für denjenigen, der im rechtsgeschäftlichen Verkehr mit Dritten für künftige GmbH oder die Vorgesellschaft gehandelt hat. Handelnder i.S.d. Regelung ist indes nur, wer als Geschäftsführer oder wie ein solcher für die Vorgesellschaft bzw. die künftige GmbH tätig wird.[154] Sodann hat die Rechtsprechung für die Fälle, in denen die Gesellschafter die Rechtsform einer GmbH nur benutzt haben, um Gläubiger zu schädigen, die sog. **Durchgriffshaftung** entwickelt. In diesem Fall haften

[152] Vgl. BGHZ 68, 195; *Hueck*, S. 332.

[153] Zunächst ist von der Vor-GmbH die Vorgründungsgesellschaft zu trennen, auf die in der Regel das Recht der BGB-Gesellschaft Anwendung findet. Auf die Vorgesellschaft bzw. Vor-GmbH wird von der h. M. im wesentlichen bereits GmbH-Recht angewendet, soweit dies paßt. Vgl. BGHZ 72, 45, 48; *Hueck*, S. 347 ff.

[154] Vgl. BGHZ 47, 25, *Hueck*, S. 340/341 m. w. N.

unter bestimmten Voraussetzungen auch die Gesellschafter einer GmbH persönlich. Allerdings kann eine derartige Durchbrechung des sonst geltenden Trennungsprinzips zwischen Gesellschaft und Gesellschaftern insbesondere zwischen Gesellschaftsvermögen und Privatvermögen der einzigen Gesellschafter nur in besonderen Einzelfällen anwendbar sein, weil ansonsten die Rechtsform der GmbH als juristische Person hinfällig würde.[155]

Die Regeln für die **Beendigung** der GmbH sind in den §§ 60 ff. GmbHG geregelt und denen der AG ähnlich: Zunächst sind der Zeitablauf (§ 60 Abs. 1 Nr. 1), der mit mindestens einer drei Viertel Mehrheit gefaßte Beschluß der Gesellschafter sowie die Öffnung eines Konkursverfahrens gem. § 60 Abs. 1 Nr. 3 GmbH zu nennen. Darüber hinaus können § 60 Abs. 2 GmbHG weitere Auflösungsgründe im Gesellschaftsvertrag vorgesehen sein. Eine Besonderheit gegenüber dem Aktienrecht ist die Auflösungsklage gem. § 61 GmbH, die zur Auflösung der GmbH durch gerichtliches Gestaltungsurteil führen kann, wodurch ein Minderheitenschutz gewährleistet werden soll. Jedoch muß für eine solche Auflösungsklage gem. § 61 Abs. 1 GmbHG ein wichtiger Grund in den Verhältnissen der Gesellschaft liegen oder die Erreichung des Gesellschaftszwecks unmöglich sein. In der Praxis wird indes von der Auflösungsklage nur selten Gebrauch gemacht.[156]

Die **Vertretung** der GmbH wird gerichtlich und außergerichtlich durch den Geschäftsführer vorgenommen (§ 35 GmbHG). Durch sämtliche von dem Geschäftsführer ausdrücklich oder konkludent vorgenommene Rechtsgeschäfte wird die Gesellschaft berechtigt und verpflichtet (§ 36 GmbHG). Eine Beschränkung der Vertretungsmacht gegenüber Dritten hat gem. § 37 Abs. 2 GmbHG keine Wirkung, jedoch können sich bei einer Beschränkung

---

[155] Zum Haftungsdurchgriff wegen Rechtsformmißbrauch oder der Verletzung von Treu und Glauben vgl. BGHZ 68, 315 sowie *Hueck*, S. 367 ff. m. w. N.
[156] Vgl. *Hueck*, S. 345/346.

der Vertretungsbefugnis die oder der Geschäftsführer gegenüber der Gesellschaft gem. § 27 Abs. 1 GmbHG schadensersatzpflichtig machen. Neben dem Geschäftsführer ist die Gesellschafterversammlung, auf der die Beschlüsse der Gesellschafter gem. § 48 GmbHG gefaßt werden, das zweite wichtige Organ der GmbH.

Sodann gibt es gem. § 52 GmbHG die Option, einen Aufsichtsrat zu bestellen. Allerdings ist die Einrichtung eines Aufsichtsrates aufgrund der gesetzlichen Regelung der Mitbestimmung der Arbeitnehmer dann zwingend vorgesehen, wenn die GmbH mehr als 500 Arbeitnehmer beschäftigt.[157]

Auf die weiteren Details des GmbH-Rechts, das ebenso wie das Aktienrecht, weit verzweigt ist und beinahe eine eigene Rechtsmaterie bildet, kann hier nicht weiter eingegangen werden; insofern sei auf die reichhaltige Spezialliteratur verwiesen.[158]

VII.4. Gesellschaftsrechtliche Mischformen

VII.4.a) Publikums-KG

In der Praxis hat sich seit der zweiten Hälfte der 60er Jahre eine ganz atypisch ausgestaltete Form der KG herausgebildet und erhebliche wirtschaftliche und rechtliche Bedeutung erlangt. Im Gegensatz zum Normaltyp der KG ist die sog. Publikums- oder auch Massen-KG nicht auf einen relativ eng umgrenzten, geschlossenen Gesellschafterkreis beschränkt, sondern wendet sich öffentlich, zumeist mit Prospektwerbung, an eine breites

[157] Vgl. § 77 Abs. 1 Betriebsverfassungsgesetz 1952; *Hueck*, S. 355/356 m. w. N.

[158] Vgl. Nw. bei *Hueck*, S. 347 ff.

Anlegerpublikum. Hieraus ergeben sich einige rechtliche Probleme, weil die Rechtsform der KG für Zwecke verwendet wird, für die rechtlich allein die Teilgesellschaften, primär die AG geschaffen und geeigneter sind. Insbesondere besteht die Gefahr, daß Kapitalanleger aufgrund gesellschaftsrechtlicher Schachtelkonstruktionen um die Möglichkeit einer Einsichtnahme in Geschäftsunterlagen oder Mitbestimmung gebracht werden. Aus diesem Grund hat die Rechtsprechung schrittweise ein Sonderrecht für die Publikums-KG entwickelt, das den zahlreichen in der Praxis vorkommenden Abwandlungen von Publikums-KGen Rechnung trägt.[159]

VII.4.b) GmbH & Co KG

Die GmbH & Co KG läßt sich allgemein definieren als KG, deren einziger Komplementär eine GmbH ist. Die Zulässigkeit einer GmbH & Co KG ist in Rechtsprechung und Literatur ganz allgemein anerkannt.[160] Das Besondere an der GmbH & Co KG ist, daß hier eine mitgliedschaftliche Verbindung von Personengesellschaft und Kapitalgesellschaft vorliegt, so daß man von einer Typenvermischung sprechen kann. Hiedurch öffnen sich weite Spielräume für die Ausgestaltung der Rechtsbeziehungen, die eine flexible Anpassung der GmbH & Co KG an die Verhältnisse im einzelnen Fall möglich macht. Ferner sind steuerliche Gesichtspunkte für die Bildung einer GmbH & Co KG oftmals maßgebend. Allerdings sind diese seit der Körperschaftssteuerreform von 1976 zurückgegangen, weil hierdurch die

[159] Vgl. *Hueck*, S. 160 ff.; Die Publikums-KG ist regelmäßig eine GmbH & Co. KG, also mit einer GmbH als Komplementärin, vgl. hierzu BGH, NJW 1976, 894; ebenso ist in der Praxis das sog. Treuhandmodell verbreitet, wonach der KG nur ein Kommanditist als Treuhänder für die Anleger angehört, die dann als sog. Treugeber nur mittelbar durch ihn an der KG beteiligt sind. Dieser Treuhandkommanditist ist vielfach ein juristische Person (GmbH, woraus sich zahlreiche Probleme der Treugeber resultieren). Vgl. hierzu BGHZ 73, 294 sowie zum Recht zum Ausscheiden durch außerordentliche fristlose Kündigung BGHZ 63, 338.

[160] Seit RGZ 105, 101 von 1922; *Hueck*, S. 376.

doppelte steuerliche Belastung der von Kapitalgesellschaften ausgeschilderten Gewinne durch das Anrechnungsverfahren bei der Einkommenssteuer im wesentlichen beseitigt wurden. Trotzdem kommt es bei den Kapitalgesellschaften immer noch hinsichtlich der Vermögenssteuer zu einer Doppelbelastung, weil das Gesellschaftsvermögen bei der Gesellschaft selbst, die Beteiligung an dieser nochmal bei den einzigen Gesellschaftern der Vermögenssteuer unterfallen. Dagegen wird bei den Personengesellschaften das Gesellschaftsvermögen anteilig den Gesellschaftern zugerechnet und nur bei diesen steuerlich erfaßt. Außerdem wird eine Kapitalverkehrssteuer nur bei den Kapitalgesellschaftern erhoben.[161] Oftmals sprechen aber vielmehr gesellschaftsrechtliche Aspekte für die Errichtung einer GmbH & Co KG:

Im Vordergrund steht die Riskobegrenzung für die eigentlichen Gesellschafter durch die Haftungsbeschränkung auf das Stammkapital der GmbH, die sonst bei Personenhandelsgesellschaften nicht möglich ist. Hinsichtlich der Finanzierung läßt sich das Kommanditkapital viel einfacher als das Stammkapital bei einer GmbH verändern. Weiterhin von Vorteil ist bei der GmbH & Co KG, daß der Geschäftsführer der Komplementär-GmbH regelmäßig außerhalb des Gesellschafterkreises steht und damit leichter abgerufen oder ausgewechselt werden kann. Allerdings ermöglicht diese Rechtsform wegen der Undurchsichtigkeit der Verhältnisse auch riskante oder sogar bewußt unseriöse Finanzierungspraktiken zum Schaden der Gläubiger. Für den organisatorischen Aufbau der GmbH & Co KG gilt in erster Linie das Recht der KG. Demzufolge ist für Geschäftsführung und Vertretung gem. §§ 164, 170 HGB der Komplementär zuständig, also hier die GmbH, die wiederum durch ihren Geschäftsführer gem. § 35 GmbHG handelt. Aufgrund der Besonderheiten der GmbH & Co KG hat sich auch hier ein Sonderrecht inzwischen herausgebildet, das die Vorschriften des allgemeinen KG- und GmbH-Rechts ergänzt, wobei exemplarisch nur die

161 Vgl. *Hueck*, S. 35/36 m.w.N.

Firma herausgehoben werden soll, die gem. § 19 Abs. 5 HGB stets einen Rechtsformzusatz enthalten muß, der diese besondere gesellschaftsrechtliche Gestaltung verdeutlicht. Dieser von der Rechtsprechung zunächst entwickelte Grundsatz entspricht den Anforderungen an die Firma bei Kapitalgesellschaften (§ 4 AktG, § 4 Abs. 2 GmbHG) und soll mögliche Geschäftspartner warnen.[162]

VII.4.c) Partnerschaftsgesellschaft

Durch das Gesetz zur Schaffung von Partnerschaftsgesellschaften vom 25. Juli 1994 (PartGG) ist eine neue, registerfähige gesellschaftsrechtliche Rechtsform für die gemeinsame Berufsausübung von Freiberuflern geschaffen worden. Die Partnerschaft steht allen Freien Berufen offen, wobei der Begriff des Freien Berufs in § 1 Abs. 2 PartGG sehr weit gefaßt ist.[163] Die Partnerschaft ist indes eine reine Berufsausübungsgesellschaft, weshalb § 1 Abs. 4 PartGG auf die subsidiär anwendbaren Normen der BGB-Gesellschaft (§§ 705 ff. BGB) verweist.

Angehörige einer solchen Partnerschaftsgesellschaft können gem. § 1 Abs. 1 S. 3 PartGG nur natürliche Personen sein. Im Gegensatz zu den Personengesellschaften und Personenhandelsgesellschaften bedarf der Gesellschaftsvertrag gem. § 3 Abs. 1 PartGG der Schriftform. Sodann ist die Gesellschaft zur Eintragung in das beim Amtsgerichten zu führende Partnerschaftsregister anzumelden. Nach § 7 Abs. 1 PartGG wird die Partnerschaft im Verhältnis zu Dritten mit ihrer (konstitutiven) Eintragung in das

---

[162] Vgl. BGHZ 62, 216, 226 sowie zum Sonderrecht der GmbH & Co KG *Hueck*, S. 282 ff.

[163] Hierzu zählen Ärzte, Zahärzte, Tierärzte, Heilpraktiker, Krankengymnasten, Hebammen, Masseure, Diplom-Psychologen, Wirtschaftsprüfer, Ingenieure, Architekten, Journalisten, Künstler, Schriftsteller etc. Vgl. im Detail *Karsten Schmidt*, NJW 1995, S. 1, 2.

Partnerschaftsregister wirksam. Demzufolge handelt es sich vor der Eintragung Dritten gegenüber um eine Gesellschaft bürgerlichen Rechts und erst ab der Eintragung um eine Partnerschaft.[164]

Der Name der Partnerschaft muß den Namen mindestens eines Partners, den Zusatz "und Partner" oder "Partnerschaft" sowie die Berufsbezeichnung aller in der Partnerschaft vertretenen Berufe enthalten und darf weder den Namen eines Dritten noch einen irreführenden Zusatz enthalten (§ 2 Abs. 1, 2 i.V.m. §§ 18 Abs. 2, 19 Abs. 3, 4 HGB). Ansonsten gelten die übrigen Regelungen zum Recht der Firma nach dem HGB, so daß es sich um einen von den übrigen Firmen oder Partnerschaften hinreichend unterscheidenden Namen handeln muß.[165]

Das wirklich Neue und eventuell auch der entscheidende Anreiz für die Wahl einer Partnerschaftsgesellschaft ist die Möglichkeit von Haftungsbeschränkungsmöglichkeiten in § 8 Abs. 2 und Abs. 3 PartGG: Hiernach ist es möglich, die (vertragliche und deliktische) Haftung auf den den Mandanten bzw. Patienten betreuenden Partner sowie auf den im Rahmen des vom jeweiligen Standesrecht zugelassenen Höchstbetrag zu beschränken, sofern für diesen Höchstbetrag zugleich eine Berufshaftpflichtversicherung abgeschlossen wird.[166] Das Gesellschaftsvermögen haftet indes wie bei einer GbR oder einer OHG in jedem Fall. Ob sich diese neue Gesellschaftsform in der Praxis indes besser bewähren wird als die o.g. EWIV muß sich noch zeigen.[167]

---

[164] Vgl. *Schmidt*, NJW 1995, S. 1, 4.

[165] Interessanterweise dürfen Gesellschaften, die ohne Partnerschaften i.S.d. neuen Gesetzes zu sein, den Zusatz Partnerschaft und Partner führen, wie bei Anwaltskanzleien sehr häufig der Fall, diese Bezeichnung nur noch bis einschl. 1997 führen, vgl. *Schmidt*, NJW 1995, S. 1, 5 m.w.N..

[166] Vgl. *Schmidt*, NJW 1995, S. 1, 6 sowie im Detail *Sotiropoulos*, ZIP 1995, S. 1879 ff..

[167] Wegen erheblicher Widersprüche zwischen Gesellschafts- und Standesrecht sowie der unzureichenden Haftungsbegrenzung hat die Partnerschaftsgesellschaft für Angehöriger freier Berufe bislang nur sehr wenig Erfolg; von Juli 1995 bis Januar 1996 hat es in ganz Deutschland lediglich 150 Registeranmeldungen

VII.5. Aspekte für die Wahl einer Gesellschaftsform

Der kurze Überblick über Personen- und Kapitalgesellschaften sowie Mischformen hat gezeigt, wie vielfältig die Wahlmöglichkeiten sind, einen rechtlich wirksamen gesellschaftlichen Zusammenschluß zu bewirken. Der folgende Fall mit einer in der Praxis typischen Konstellation soll dazu dienen, die Vor- und Nachteile der verschiedenen Gesellschaftsformen zu beleuchten:

Fall: *"Weinhandel"*

D ist begeisterter Weinliebhaber und als solcher ein besonderer Freund der Weine aus dem kalifornischen Napa Valley sowie der italienischen Barolos und Chiantis. Nachdem er von zahlreichen Besuchen vor Ort wieder einmal nach Deutschland zurückgekehrt ist, beschließt er seinem Ärger über die durch Importeure übermäßig verteuerten Weine ein Ende zu bereiten und selbst die begehrten Tropfen direkt vom jeweiligen Weingut zu importieren. Da D der Ansicht ist, daß auch andere Weinliebhaber ein ähnliches Interesse an ausgezeichneten Weinen zu vernünftigen Preisen haben, möchte er nebenberuflich einen halbwegs professionellen Weinhandel aufbauen. Leider fehlt ihm das zum Weinkauf und Marketing erforderliche Startkapital. Außerdem möchte er wegen des unsicheren Marktes und der bereits etablierten Konkurrenz im Weinhandel sein finanzielles Risiko minimieren.

---

gegeben, s. Frankfurter Allgemeine Zeitung vom 03.02.1995, "Die Partnerschaftsgesellschaft wird noch nicht akzeptiert", S. 14.

Bei der abendlichen Verkostung der gerade aus Spanien mitgebrachten Rotweine erzählt D seinem wohlhabenden Freund, dem Zahnarzt B, von seiner Idee, der sofort begeistert ist und sich möglichst risikolos finanziell beteiligen möchte.

Welche Formen eines gesellschaftlichen Zusammenschlusses wären für D und B wohl ratsam?

Lösungsvorschlag:

Grundsätzlich ist bei der Wahl der für D und B richtigen Gesellschaftsform einer Balance zwischen Organistionsaufwand, Kapitaleinsatz und Haftungsrisiko zu suchen. Daneben sind auch stets steuerliche Aspekte mit ins Kalkül zu ziehen, jedoch ist hierbei zu beachten, daß das Steuerrecht in weit größerem Maße änderungsanfällig ist durch politische Stimmungswechsel als das Gesellschaftsrecht.

1. BGB-Gesellschaft:

Die einfachste Form einer Gesellschaft wäre für D und B sicherlich die Gründung einer BGB-Gesellschaft i.S.d. §§ 705 ff. BGB. Steuerlich würde sich eine solche Gesellschaft neutral auswirken, weil die BGB-Gesellschaft keine juristische Person ist und auch kein Handelsgewerbe betreibt, somit also weder der Körperschafts- noch Gewerbesteuer unterfällt. Vielmehr fallen Gewinn und Verlust unmittelbar bei den Gesellschaftern an, die diese individuell zu versteuern haben. Der große Nachteil einer BGB-Gesellschaft ist indessen die persönliche Haftung der Gesellschafter, die dadurch begründet ist, daß die BGB-Gesellschaft eben nicht separat von den Gesellschaftern existiert, wie etwa eine juristische Person. Demzufolge kommt es zu einer unmittelbaren, gesamtschuldnerischen und auf das Ganze bezogenen Haftung der einzelnen BGB-Gesellschafter, die sich Dritten gegenüber nicht ausschließen läßt.[168] Demzufolge wäre für den vorliegenden Fall sicherlich die BGB-Gesellschaft keine geeignete Gesellschaftsform für D und B, weil beide lediglich Kapitaleinsatz, aber kein volles unternehmerisches Risiko, jedenfalls keine persönliche Haftung, tragen wollen.

2. OHG:

Eine OHG paßt für die vorliegende Fallkonstellation ebenfalls nicht, weil es auch hier bei der persönlichen Haftung der Gesellschafter bleibt (vgl. § 128 HGB) und Gegenstand der OHG zudem das Betreiben eines Handelsgewerbes sein muß, was wegen des hier eher als Hobby geplanten An- und Verkaufs von Wein sehr fraglich ist.

3. KG:

Zwar hat die KG als Gesellschaftsform gegenüber der OHG den Vorteil, daß lediglich der Komplementär, also ein Gesellschafter, persönlich haftet (vgl. § 161 i. V. m. § 128 HGB), jedoch ist wiederum auch für die KG Voraussetzung, daß ein Handelsgewerbe betrieben wird, was eben ein auf Dauer angelegte und zur Gewinnerzielung gedachte planmäßige Tätigkeit erfordert. Darüberhinaus stünden B und D immer noch vor dem Pro-

---

168 Gleichwohl wäre es möglich, individuell gegenüber jedem möglichen Vertragspartner die Haftung der einzelnen Gesellschafter so mäßig zu begrenzen oder auch für leicht fahrlässig verursachte Schäden (vgl. § 276 Abs. 2 BGB) zu begrenzen, was indes jeweils an dem Maßstab der Sittenwidrigkeit gem. § 138 BGB oder des AGBG gemessen werden muß.*

blem, wer sich denn nun der persönlichen Haftung als Komplementär unterwerfen sollte, wohingegen der andere als Kommanditist lediglich mit seiner festgelegten Einlage haften würde.

4. Partnerschaftsgesellschaft:

Eine Partnerschaftsgesellschaft scheidet schon allein deshalb aus, weil D keinem der im Partnerschaftsgesellschaftsgesetz genannten freien Berufe angehört und er sich zusammen mit B auch nicht zur Berufsausübung zusammenschließen will.

5. AG:

Eine Aktiengesellschaft ist als juristische Person sehr gut geeignet, eine persönliche Haftung der Gesellschafter, also der Aktionäre auszuschließen, jedoch eignet sich die AG generell nicht für kleinere gesellschaftliche Zusammenschlüsse: Zunächst ist ein Stammkapital von 100.000 DM aufzubringen, sodann sind Vorstand und Aufsichtsrat zu bestellen, darüber hinaus gibt es als drittes rssentielles Organ einer AG die Hauptversammlung der Aktionäre. Es gälte also für B und D zumindest pro forma eine ganze Zahl von Positionen zu besetzen, was angesichts des Umfangs des geplanten Geschäftes wohl viel zu aufwendig wäre. Außerdem müßte das Stammkapital nicht nur aufgebracht, sondern auch permanent erhalten werden, so daß dieser Betrag dem eigentlichen Geschäftsbetrieb stets fehlte.

6. GmbH

Auch bei der GmbH handelt es sich um eine juristische Person, so daß die persönliche Haftung der Gesellschafter grundsätzlich ausgeschlossen ist, sofern die juristische Person nicht zum Nachteil der Gläubiger mißbraucht wird (Durchgriffshaftung). Zudem ist die Struktur der GmbH recht unkompliziert und bei 50.000,-DM Stammkapital und (mindestens) einem Geschäftsführer leicht lenkbar. Damit ist die GmbH die ideale Gesellschaftsform für kleinere und mittlere Unternehmungen, wie sie auch B und D anstreben. Das Problem der doppelten Besteuerung, einmal der Gesellschafter (Einkommenssteuer und sodann der GmbH als juristische Person (Körperschaftssteuer), ist zudem seit 1977 mit dem Anrechnungsverfahren weitgehend entschärft worden, so daß nur noch marginale steuerrechtliche Unterschiede im Vergleich zu Personengesellschaften verblieben sind.[169] Allerdings unterfiele die GmbH als Kapitalgesellschaft kraft ihrer Rechtsform der Gewerbesteuer.[170]

7. GmbH & Co KG

Auch eine GmbH & Co KG ist als Gesellschaftsform für D und B theoretisch denkbar, zumal sie steuerrechtlich als Personengesellschaft gilt. Eine GmbH & Co. KG bietet sich aber nur dann an, wenn eine Vielzahl von Gesellschaftern ohne persönliche Haftung beteiligt werden sollen, jedoch die einfachen Strukturen einer GmbH als lenkende und persönlich haftende Komplementärin beibehalten werden sollen. Ansonsten ist die sukzessive Gründung von zwei Gesellschaften für B und D angesichts des beabsichtigten Geschäft viel zu aufwendig.

---

[169] Bei dem im einzelnen recht komplizierten Anrechnungsverfahren wird die Körperschaftssteuer als Vorauszahlung mit der später fälligen Einkommenssteuer der Gesellschafter verrechnet, so daß es bei den Gesellschaftern nur zu einer Einfachbelastung kommt, vgl. *Arndt/Zierlinger*, Steuerrecht, S. 99.

[170] Vgl. § 2 Abs. 2 Gewerbesteuergesetz sowie *Arndt/Zierlinger*, aaO., S. 127.

8. KG a.A.

Eine KG a.A. bietet sich in aller Regel nur dann an, wenn eine Personengesellschaft sukzessive in eine Kapitalgesellschaft überführt werden soll, und zwar mit dem Ziel, irgendwann als AG an der Börse notiert zu werden. Mit der KG a.A. können über die Wahl der Komplementärin die Zügel in der Hand einer oder mehrerer Personen gehalten werden und größeres Kapital über die Ausgabe von Kommanditaktionärsanteilen angeworben werden. Indes eignet sich diese Form ebenso wie die AG aufgrund des Grundkapitals von 100.000,- DM (vgl. § 278 Abs. 3 i.V.m. § 7 AktG) nicht für kleinere und mittlere Unternehmungen und somit auch nicht für die von B und D beabsichtigten, hobbymäßigen Geschäfte.

Ergebnis:

Die Balance zwischen Haftungsbegrenzung, Gründungsaufwand und leichter Lenkbarkeit läßt sich bei dem als Nebenerwerb oder Hobby geplanten Weinhandel für B und D gesellschaftsrechtlich am besten in der Form einer GmbH herstellen. Alle anderen Gesellschaftsformen führen entweder zu einer (unerwünschten) persönlichen Haftung der Gesellschafter oder sind vom Aufwand und/oder Lenkbarkeit her zu kompliziert.

VIII. Gerichtliche Durchsetzung von Rechtsansprüchen - Zivilprozeßrecht

VIII.1. Quellen des Zivilprozeßrechts und Gerichtsorganisation

Neben der Zivilprozeßordnung vom 13.01.1877 sind wesentliche Rechtsquellen für den Zivilprozeß das Gerichtsverfassungsgesetz (GVG) vom 27.01.1877, das Gesetz über die Angelegenheiten der freiwilligen Gerichtsbarkeit (FGG) vom 17.05.1898, die Konkursordnung (KO) vom 10.02.1877, die Bundesrechtsanwaltsordnung (BRAO) vom 01.08.1959, das Rechtspflegergesetz vom 05.11.1969 (RechtspflG) und das Gesetz über die Zwangsversteigerung und Zwangsverwaltung (ZVG) vom 20.05.1898.

Der Aufbau der Gerichte sowie sachliche und funktioinelle Zuständigkeit sind im GVG geregelt: Rechtsstreitigkeiten, die die streitige Zivilgerichtsbarkeit betreffen, fallen in die sachliche Zuständigkeit von zwei verschiedenen Zivilgerichten: Sofern der Streitwert unter 10.000,- DM liegt, sind für die Klage die Amtsgerichte gem. § 23 Nr. 1 GVG zuständig mit der Möglichkeit einer Berufung vor dem jeweils örtlich zuständigen Landgericht, sofern der Streitwert über 1.500,- DM liegt (§ 511 a ZPO). In einigen anderen Fällen, d. h. bei einem Streitwert von über 10.000,- DM, ist die Klage gem. § 71 GVG beim Landgericht zu erheben, wobei die Möglichkeit einer Berufung zum örtlich zuständigen Oberlandesgericht (§ 119 Abs. 1 Nr. 3 GVG) besteht. In letzterem Fall ist auch eine Revision zum BGH gem. § 133 GVG möglich, wenn der Streitwert über 60.000,- DM liegt oder das Oberlandesgericht wegen der Bedeutung des Falles ausnahmsweise eine Revision zum Bundesgerichtshof zuläßt (§ 546 ZPO).

Handelsrechtliche Streitigkeiten werden auf Antrag innerhalb der jeweiligen Landgerichte durch eine spezielle Kammer für Handelssachen entschieden (funktionelle Zuständigkeit). Die Kammer für Handelssachen sind mit einem Berufsrichter sowie zwei Handelsrichtern besetzt, die ihrerseits Kaufleute und damit Experten in Fragen der handelsrechtlichen Praxis sind (§§ 95 ff. GVG). Allerdings folgen auch die Kammern für Handelssachen den normalen Verfahrensvorschriften der streitigen Zivilgerichtsbarkeit.

Ohne schon in Detailfragen des Zivilprozeßrechts einsteigen zu wollen, sei aber klargestellt, daß es in Deutschland kein einheitliches Gerichtssystem und kein einheitliches Prozeßrecht für alle Arten des Zivilverfahrens gibt. Zudem umfaßt der Begriff Zivilprozeß zwei Abschnitte, und zwar zunächst das Erkenntnisverfahren (§§ 1 - 591 ZPO), das mit einer Gerichtsentscheidung, sehr häufig einem Urteil, endet. Sofern sich die unterlegene Partei nicht freiwillig dem rechtskräftigen Urteil beugt, kann es sodann zu einer Durchsetzung des Urteils unmittelbar durch oder unter Überwachung des Gerichts im Vollstreckungsverfahren (§§ 704 - 945 ZPO) kommen.

VIII.2. Funktion des Zivilprozesses

Da der Staat das Gewaltmonopol hat, ist der Zivilprozeß der rechtliche Mechanismus, der vom Staat angeboten wird, um individuelle Rechte und Ansprüche auf der Grundlage des materiellen Privatrechts mittels eines staatlichen Gerichtes durchzusetzen. In Kurzfassung: Der Zivilprozeß ist das legale Mittel, um individuelle private Rechte durchzusetzen.[171]

Desweiteren findet sich eine implizite Legaldefinition von Zivilprozeß in § 13 GVG, der den Zivilgerichten die Zuständigkeit für alle zivilrechtlichen Angelegenheiten zuweist. Diese generelle Regel diente ursprünglich dazu, die Zuständigkeit der staatlichen Gerichte von der Zuständigkeit von Verwaltungseinrichtungen in Angelegenheiten des öffentlichen Rechts abzu-

---

171 S. *Jauernig*, S. 2 ff.

grenzen. Seit Inkrafttreten von § 40 Abs. 1 VwGO gibt es indes unabhängige Verwaltungsgerichte, die für alle öffentlich-rechtlichen Angelegenheiten zuständig sind. Für das Verfahren vor den Verwaltungsgerichten gelten spezielle Verfahrensregeln, die in der Verwaltungsgerichtsordnung (VwGO) und dem Verwaltungsverfahrensgesetz (VwVfG) geregelt sind.[172]

Allerdings sagt § 13 GVG auch ausdrücklich, daß die Zivilgerichte nur zuständig sind, wenn es sich in dem betreffenden Fall um eine Zivilsache handelt. Nach der Subjektionstheorie gehört eine Rechtsbeziehung oder ein Rechtsverhältnis zum Privatrecht, wenn die Parteien sich gleichgeordnet gegenüber stehen, wohingegen eine öffentlich-rechtliche Streitigkeit vorliegt, wenn eine Partei aufgrund besonderer staatlicher Autorität übergeornet ist (Über-Unterordnungsverhältnis).[173] Das Gericht selbst bestimmt ex officio anhand der Klagschrift, ob die Sache entweder zum öffentlichen oder zum privaten Recht gehört. Hierbei ist es irrelevant, ob der Kläger die Klage als öffentlich-rechtlich oder privatrechtlich „verkleidet", weil das Gericht auf den wahren Rechtsgrund der Klage abstellt.[174]

Neben der ordentlichen Gerichtsbarkeit, zuständig für Zivilsachen, und der Verwaltungsgerichtsbarkeit, zuständig für öffentlich-rechtliche Angelegenheiten, gibt es noch die Strafgerichtsbarkeit, die für strafrechtliche Fälle zuständig ist. Letztere dient zwar primär dazu, ein gesellschaftlich nicht zu tolelierendes Verhalten zu verfolgen (General- und Spezialprävention), jedoch gibt es auch im Strafprozeß ausnahmsweise die Möglichkeit, in dem sog. Adhäsionsverfahren (§§ 403 ff. StPO), dem Opfer einer Straftat durch das Strafgericht einen Schadensersatzanspruch zusprechen zu lassen. Hierbei wendet das Strafgericht zivilrechtliche Schadensersatzregeln an. Jedoch

---

[172] Vgl. *Jauernig*, S. 7/8.

[173] Vgl. BGHZ 35, 177; Im Falle eines Vertrages zwischen der Verwaltung oder einem anderen Träger öffentlicher Rechte und Pflichten und einer Privatperson bestimmt sich die Rechtsnatur nach der Art des gerichtlich geltend gemachten Anspruchs selbst, s. BGHZ 108, 287; Jauernig, S. 9.

[174] Vgl. BGH, NJW 1992, 1759.

ist dieses Verfahren in der Praxis nicht sehr häufig, die verletzte Partei bevorzugt üblicherweise nach Abschluß des Strafverfahrens Schadensersatzansprüche vor einem Zivilgericht durchzusetzen.[175]

Obwohl Arbeitsgerichtssachen, insbesondere im Individualarbeitsrecht Arbeitsverträge, genuin zivilrechtliche Angelegenheiten betreffen, gehören sie nicht in die Zuständigkeit der ordentlichen (Zivil-) Gerichte). Arbeitsgerichte sind nach §§ 2 ff. Arbeitsgerichtsgesetz ausschließlich zuständig über zivilrechtliche Staatlichkeiten zwischen Arbeitgebern und Arbeitnehmern aufgrund des Arbeitsvertrages oder auch zwischen Gewerkschaften und Arbeitgebern aufgrund von (kollektiven) Tarifverträgen.[176]

Desweiteren gibt es noch zwei Bereiche, die von ihrer Rechtsnatur her zum Zivilprozeßrecht gehören, für die indes spezielle Zweige der Zivilgerichte zuständig sind und hierbei zudem spezielle prozessuale Regeln befolgen:

1. Familiensachen, d.h. Scheidungssachen und Unterhaltsangelegenheiten für Ehegatten, Feststellung eines Eltern-Kind-Verhältnisses und Gewährung von Unterhalt für Minderjährige, die zwar ebenfalls zur Zuständigkeit der Zivilgerichte gehören, aber speziellen Regeln im 6. Buch der ZPO folgen (§§ 606 - 644 ZPO). Im Gegensatz zum normalen zivilprozessualen Verfahren hat das Familiengericht die Kompetenz, inquisitorisch tätig zu werden (§ 616 ZPO, "Untersuchungsmaxime"), d.h., das Gericht kann ex officio Nachforschungen anstellen und es nicht auf die von den Parteien vorgebrachten Tatsachen beschränken.[177]

2. Sodann ist das Zivilverfahren aufgeteilt in ein streitiges und ein nichtstreitiges Verfahren: Das nichtstreitige Verfahren umfaßt Angelegenheiten einer eher administrativen Natur, z. B. Grundbuchsachen, Vormund-

[175] Vgl. *Jauernig*, S. 11/12.
[176] S. hierzu im Detail *Jaurnig*, S. 16/17.
[177] S. im Detail *Jauernig*, S. 320 ff.

schaftssachen, Nachlaßsachen oder das Führen des Handelsregisters und des Güterstandsregisters. Letztere Zuständigkeiten sind im Gesetz über Angelegenheiten der freiwilligen Gerichtsbarkeit von 1898 (FGG) geregelt. Nach dem FGG sind in Angelegenheiten der freiwilligen Gerichtsbarkeit ausschließlich die Amtsgerichte zuständig, die im wesentlich weitgehender Weise ein inquisitorisches Verfahren anwenden können als der strikte Beibringungsgrundsatz durch die Parteien nach der ZPO zuläßt.[178]

Innerhalb der streitigen Zivilgerichtsbarkeit unterscheidet die ZPO, wie oben erwähnt, zwischen dem Erkenntnisverfahren, auch Klage- oder Urteilsverfahren genannt (§§ 1 - 591 ZPO), und dem Vollstreckungsverfahren (§§ 704 - 945 ZPO). Teile des Vollstreckungsverfahrens betreffen aber auch spezielle Verfahrensregeln für einstweilige, sichernde Maßnahmen: Zum einen, um die zukünftige Vollstreckung eines Urteils zu sichern (Arrest, §§ 916 - 934 ZPO) und zum anderen, um ohne die Hauptsache vorwegzunehmen Rechtsbeziehungen zu regeln, wenn das Abwarten des späteren Urteils wegen einer drohenden Veränderung des bestehenden Zustandes unzumutbar ist (einstweilige Verfügung, §§ 935 - 945 ZPO).

Darüber hinaus gibt es spezielle Regeln für Ansprüche, die auf die Zahlung von Geld aus Urkunden oder Wechseln gerichtet sind (Urkunden- und Wechselprozeß, 5. Buch der ZPO, §§ 592 - 605 a ZPO). Die Regeln für den Urkunden- und Wechselprozeß sollen ein besonders schnelles Verfahren ermöglichen, indem nur begrenzte Beweismittel zugelassen und abgekürzte Lagerungsfristen vorgesehen sind. Der Kläger hat insofern ein Wahlrecht und muß daher in der Klagschrift besonders beantragen, daß das Verfahren als Urkunden- bzw. Wechselprozeß durchgeführt werden soll.[179]

---

[178] S. im Detail zum FGG etwa *Habscheid*, .S. 1 ff. m.w.N..
[179] Vgl. *Jauernig*, S. 324 ff.

VIII.3. Prozeßvoraussetzungen

Bevor ein Gericht eine Sachentscheidung treffen kann, d.h. darüber, ob die Klage rechtlich begründet ist, muß die Klage zunächst einmal zulässig sein. Absolute **Prozeßvoraussetzungen**, die das Gericht ex officio beachten muß, sind teilweise positive Bedingungen, die erfüllt sein müssen und teilweise negative Bedingungen, die nicht vorliegen dürfen. Absolute Prozeßvoraussetzungen sind daher von relativen zu unterscheiden, die zwar ebenfalls ein Sachurteil ausschließen, aber vom Gericht nur dann beachtet werden müssen, wenn die Gegenpartei eine entsprechende Einrede erhebt.

Zunächst muß das Gericht zuständig in einem weiten Sinne sein, einschließlich der internationalen, örtlichen und sachlichen Zuständigkeit:

Die **örtliche Zuständigkeit** ergibt sich aus den §§ 12, 13 ZPO, wonach grundsätzlich das Gericht am Wohnsitz des Beklagten zuständig ist (allgemeiner Gerichtsstand). Sodann gibt es besondere Gerichtsstände, so etwa den Gerichtsstand des Erfüllungsortes der streitigen (vertraglichen) Verpflichtung (§ 29 ZPO). Bei Ansprüchen aus unerlaubter Handlung (Delikt) ist sowohl das Gericht am Handlungs- als auch am Erfolgsort zuständig (§ 32 ZPO).[180] Zwischen mehreren Gerichtsständen hat der Kläger freie Wahlmöglichkeit (§ 35 ZPO). Darüberhinaus gibt es noch ausschließliche Gerichtsstände, so etwa in Mietstreitigkeiten (§ 29a ZPO), die den übrigen vorgehen und auch nicht durch Parteivereinbarung abgeändert werden können (§ 40 Abs. 2 S. 1 ZPO). Ansonsten können die Parteien unter bestimmten, eng gefaßten Voraussetzungen auch die örtliche Zuständigkeit eines nach den allgemeinen Vorschriften unzuständigen Gerichts vereinbaren (sog. Prorogation, § 39 ZPO).[181]

---

180 Vgl. *Jauernig*, S. 34.

181 Allerdings können die Parteien kein Rechtsmittelgericht unter Umgehung der funktionell zuständigen ersten Instanz vereinbaren, also etwa das Landgericht in

Die **sachliche Zuständigkeit** hat eine weite Bedeutung: Der Rechtsstreit muß zivilrechtlicher Natur sein und das Gericht selbst in erster Instanz innerhalb der gesetzlich bestimmten Vorschriften für die Hauptsache zuständig sein (s.o.). In vermögensrechtlichen Streitigkeiten ist gem. §§ 23 Nr. 1, 71 Abs. 1 GVG bis einschließlich DM 10.000,- das Amtsgericht sachlich zuständig, darüber das Landgericht.[182]

Ferner müssen die Parteien eines Zivilprozesses sowohl **partei-** als auch **prozeßfähig** sein (vgl. §§ 50, 51 ZPO):

Parteifähig ist gem. § 50 ZPO jedermann, der rechtsfähig ist (vgl. § 1 BGB). Die Prozeßfähigkeit gem. § 52 ZPO korrespondiert mit der bürgerlich rechtlichen Geschäftsfähigkeit nach §§ 1, 114 ff. BGB, womit volljährige natürliche Personen sowie juristische Personen prozeßfähig sind. Minderjährige müssen sich daher durch ihre gesetzlichen Vertreter vor Gericht vertreten lassen (etwa durch ihre Eltern gem. §§ 1626, 1629 BGB).

Zwar können die Parteien selbst vor dem Amtsgericht auftreten, jedoch müssen sie sich bereits gem. §§ 273 Abs. 2 Nr. 1, 275, Abs. 1 ZPO vor den Landgerichten durch einen dort zugelassenen Rechtsanwalt vertreten lassen. Diese sog. **Postulationsfähigkeit** führt dazu, daß das Landgericht von etwaigen Schriftsätzen oder mündlichen Äußerungen der Naturalparteien selbst grundsätzlich keine Notiz nimmt, sondern auf einen entsprechenden Vortrag des beauftragten Rechtsanwalt wartet.

Ferner ist der Beginn eines neuen Zivilprozesses gem. § 261 Abs. 3 ZPO unzulässig, wenn die Klage bereits anderweitig rechtshängig ist (**lis alibi**

X anstelle des Amtsgerichts in X, weil dadurch der Instanzenzug verkürzt würe, vgl. im Detail *Jauernig*, S. 35ff. m.w.N..

[182] Zu vermögensrechtlichen Streitigkeiten zählen alle Klagebegehren, die auf Geld oder in Geldeswert ausdrückbare Leistung gehen, vgl. BGHZ 14, 74; zu den nichtsvermögensrechtlichen Streitigkeiten zählen etwa Widerrufs- und Unterlassungsklagen zum Schutz der persönlichen Ehre, sofern sie nicht in wesentlicher Weise auch wirtschaftliche Belange wahren sollen, vgl. BGH, NJW 1991, 847, *Jauernig*, S. 31.

pendens). Ebenso ist eine zweite Klage wegen eines bereits rechtskräftig entschiedenen Anspruchs aufgrund der fortwirkenden materiellen Rechtskraft als sog. **res iudicata** unzulässig (vgl. § 322 ZPO). Allerdings handelt es sich sowohl bei der anderweitigen Rechtshängigkeit (lis alibi pendens) und anderweitiger Rechtshängigkeit (res iudicata) um relative (negative) Prozeßvoraussetzungen, die das Gericht nur beachtet, wenn eine entsprechende Prozeßrüge erhoben wird. Gleiches gilt, wenn die Parteien per Vertrag ein anderes Gericht für zuständig (Gerichtsstandsvereinbarung/Prorogation, § 38 ZPO) oder die staatliche Gerichtsbarkeit insgesamt durch eine Schiedsgerichtsvereinbarung nach §§ 1025 ff. ZPO für sachlich unzuständig erklärt haben. Ebenso muß die fehlende örtliche Zuständigkeit ausdrücklich gerügt werden. Sofern der Beklagte die Unzuständigkeit nicht im ersten Termin zur mündlichen Verhandlung rügt, gilt nach dem **Grundsatz der rügelosen Einlassung** die örtliche Unzuständigkeit gem. §§ 39, 504 ZPO als geheilt.

Die Mehrheit aller Klagen erfüllt indes sämtliche prozessualen Voraussetzungen, so daß kein Grund für eine spezifische Prüfung besteht. Üblicherweise werden sie in der Klagschrift gar nicht erwähnt. Gleichwohl, wenn eine Prozeßvoraussetzung fehlt, wird die Klage durch ein Prozeßurteil gem. § 280 ZPO als unzulässig abgewiesen.

VIII.4. Gründzüge des Erkenntnisverfahrens

VIII.4.a) Der normale Gang eines Zivilverfahrens

Ein Zivilverfahren (Zivilprozeß) kann nur durch die Klagschrift des Klägers eingeleitet werden und niemals ex officio durch ein Gericht. In seiner Klagschrift muß der Kläger vorbringen, daß seine Rechte verletzt worden sind. Ein solches Vorbringen ist grundsätzlich ausreichend, um eine Klage zu begründen. Aufgrund der Maxime "ne eat iudex ultra petita partium" haben die Parteien das Verfahren insofern in der Hand, als daß sie den Streitgegenstand, also die tatsächlichen und rechtlichen Aspekte wegen derer der Rechtsstreit geführt wird, bestimmen. Das Gericht ist daher auch an das übereinstimmende tatsächliche Vorbringen der Parteien und vor allem an den Klagantrag gebunden (vgl. § 308 ZPO). Demzufolge bestimmt der Kläger in seiner Klagschrift, welche Ansprüche er gerichtlich durchsetzen möchte, woran das Gericht sodann gebunden ist. Somit ist es also allein Aufgabe der Parteien, die für sie eventuell streitenden zivilrechtlichen Normen durchzusetzen, gemeinhin ausgedrückt als "Wo kein Kläger, da kein Richter!".

Eine zivilrechtliche Klage wird erhoben, indem der Kläger eine Klagschrift (§ 253 ZPO) bei dem zuständigen Gericht einreicht, was er sowohl schriftlich als auch zur Niederschrift eines Urkundsbeamten der Geschäftsstelle machen kann. Allerdings ist dies nur im Verfahren vor den Amtsgerichten möglich. Sofern der Streitgegenstand vor das Landgericht gehört, etwa bei einem Streitwert von über DM 10.000,- (vgl. § 23 Nr. 1 i.V.m. § 71 GVG), kann die Klage nur durch einen am entsprechenden Landgericht zugelassenen Rechtsanwalt als Prozeßvertreter erhoben werden (vgl. § 78 ZPO). Die Klagschrift muß nach §§ 253, 130 Nr. 3, 5 ZPO nicht nur das Gericht, die Parteien und die Streitigkeit benennen, sondern auch die Tatsachen, auf denen der Klaganspruch beruht und etwaige Beweismittel. Ferner muß die Klage einen genau formulierten Klagantrag enthalten, der im Fall eine zusprechenden Urteils in dieser Form durchgesetzt werden könnte. Unabhängig davon steht es dem Kläger frei, seinen Klaganspruch in der Klagschrift mit entsprechenden Rechtsnormen zu begründen. Letzteres ist indes keineswegs notwendig, weil das Gericht ex officio nach den alten römisch-rechtlichen Maximen "iura novit curia" und "da mihi factum dabo tibi ius" die entsprechenden Rechtsnormen anwenden muß.[183] Allerdings wird das Gericht erst dann tätig, wenn der Kläger den erforderlichen Gerichtskostenvorschuß eingezahlt hat, der sich in der Höhe am Streitwert orientiert.[184]

Da es eines der Ideale und inhärenten Ziele des Zivilprozesses ist, eine Entscheidung in eine einzigen mündlichen Verhandlung zu erreichen, kann das Gericht zwischen einem frühen ersten Termin zur mündlichen Verhandlung gem. § 275 ZPO und einem schriftlichen Vorverfahren nach § 276 ZPO wählen. In jedem Fall hat das Gericht die Möglichkeit, den Parteien aufgeben, Zeugen oder sonstige Beweismittel zu benennen, damit auch etwaige Beweisfragen in der einen möglichen Verhandlung geklärt werden kann. Hierzu kann das Gericht Fristen bestimmen, innerhalb derer sich die Parteien zu den jeweiligen Schriftsätzen der Gegenseite zu äußern haben (vgl. § 275 Abs. 1, 4 ZPO). Jedoch muß in jedem Fall zwischen der Zustellung Klagschrift beim Beklagten und dem Termin der mündlichen Verhandlung eine angemessene Zeit liegen. Vor dem Landgericht beträgt diese Frist grundsätzlich zwei Wochen (§ 274 Abs. 2 ZPO).

Das erstinstanzliche Zivilverfahren verfolgt ferner folgende übergeordnete Ziele:

Die entscheidungserheblichen Tatsachen sollen aufgedeckt und in die Entscheidungsfindung aufgenommen werden. Diese Tatsachen sollen mit der Wahrheit übereinstimmen und das Urteil, das auf dieser tatsächlichen Basis ergeht, muß in Einklang mit der Rechtsordnung stehen. Sodann ist

---

[183] In der Praxis sehen es die traditionell überlasteten Gerichte bei rechtlich komplizierten Streitfällen jedoch durchaus gern, wenn in den Schriftsätzen dezidierte rechtliche Ausführungen gemacht werden, die dann nicht selten in der Urteilsbegründung wieder auftauchen.

[184] Sofern indes durch gerichtlichen Beschluß einer bedürftigen Person nach §§ 114 ff. ZPO Prozeßkostenhilfe (früher „Armenrecht") gewährt wird, entfällt zugleich auch die Pflicht, einen Gerichtskostenvorschuß einzuzahlen.

der Befriedungsgrundsatz zu nennen, d.h., der Streit soll beigelegt werden entweder durch einen Vergleich oder durch eine gerichtliche Entscheidung. Die Vorhersehbarkeit und hierdurch bedingt Rechtssicherheit sind ebenso bedeutend wie die Notwendigkeit eines schnellen Verfahrens. Diese Grundsätze finden sich innerhalb der ZPO in zahlreichen Kompromißlösungen wieder, ein schnelles Verfahren war vor allem das Ziel einer der bedeutendsten Reformen der ZPO, der sog. "Beschleunigungsnovelle" von 1976.[185]

VIII.4.b) Grundsätze des Zivilverfahrens

Das Verfahren nach Zustellung der Klagschrift sowie die Rolle der Parteien und des Gerichtes wird durch folgenden Grundsätze oder Maximen beherrscht:

- Dispositionsmaxime,
- Verhandlungs- oder Parteimaxime,
- Wahrheitspflicht der Parteien,
- Mündlichkeitsgrundsatz,
- Öffentlichkeitsgrundsatz,
- Unmittelbarkeitsgrundsatz,
- Grundsatz einer einheitlichen mündlichen Verhandlung,
- Beschleunigungsmaxime,
- Grundsatz des rechtlichen Gehörs sowie
- Anspruch auf den gesetzlichen Richter.

Diese Maximen scheinen auf den ersten Blick sehr abstrakt zu sein, sind aber in Wahrheit das Rückgrat des deutschen (streitigen) Zivilverfahrensrechts:

---

[185] S. zu dem Umfang der Beschleunigungsnovelle und vor allem der Präklusion, d.h. dem Ausschluß von verspätetem Vorbringen, *Jauernig* S. 97/98.

VIII.4.b)aa) Dispositionsmaxime

Nach dieser grundlegenden Maxime des Zivilverfahrens bestimmen die Parteien beinahe das gesamte Verfahren: Ob und welche Art von Zivilverfahren begonnen werden, obliegt nach dem deutschen Zivilprozeßrecht allein der Disposition der einzelnen Privatperson. Wie bereits erwähnt, bestimmt der Kläger mit seiner Klagschrift den Streitgegenstand. Allerdings verlangt die ZPO vom Kläger mehr als bloß grob seinen Anspruch darzustellen. Hieraus folgt, daß eine Klagschrift ohne einen genauen Klaganspruch oder Antrag nach § 252 Abs. 2 Nr. 2 ZPO unvollständig ist und daher vom Gericht als unzulässig abgewiesen wird. Ein präziser Klagantrag vereinfacht den Beklagten und dem Gericht die Arbeit. Ferner ist das Gericht an den Klagantrag gebunden und darf nicht ein Urteil fällen, das hierüber hinaus geht (vgl. § 308 Abs. 1 ZPO).[186] Sodann haben die Parteien indes nicht nur den Anfang des Zivilverfahrens, sondern auch den weiteren Verlauf in der Hand: Der Kläger kann seine Klage ganz oder teilweise zurücknehmen. Die Parteien können sich außergerichtlich vergleichen und den Rechtsstreit übereinstimmend für erledigt erklären, der Beklagte kann die Klage anerkennen (§ 307 ZP), der Kläger kann auf den geltend gemachten Anspruch verzichten (§ 306 ZPO) und nach Abschluß des Erkenntnisverfahrens kann die unterlegene Partei mittels Berufung in die nächste Instanz gehen, sofern dies zulässig ist (vgl. § 511 a ZPO). Diese Dispositionsfreiheit der Parteien ist nur in wenigen Fällen eingeschränkt, in denen es zu Unstimmigkeiten mit dem materiellen Recht kommt, insbesondere in Familiensachen (Scheidung) sowie Kindschaftssachen. In letzteren

---

[186] Das Gericht kann allerdings dem Kläger weniger zusprechen als beantragt; sodann ist es in der Praxis sehr gebräuchlich und auch zulässig, daß das Gericht dem Kläger im Rahmen der richterlichen Hinweispflicht nach § 139 ZPO ein Hinweis gibt, die Klage entsprechend zu ändern, s. *Jauernig*, S. 74.

Fällen sind ein Anerkenntnis und ein gerichtlicher Vergleich unzulässig (vgl. §§ 617, 640 Abs. 1 ZPO).

VIII.4.b)bb) Verhandlungs- oder Parteimaxime

Das deutsche Zivilverfahrensrecht folgt dem Verhandlungs- bzw. Beibringungsgrundsatz, was bedeutet, daß es allein Sache der Parteien ist, Behauptungen aufzustellen und Beweismittel beizubringen. Im Gegensatz hierzu verhält sich der Untersuchungsgrundsatz (Inquisitionsmaxime), der im Verwaltungsgerichts- und Strafverfahren Anwendung findet, wonach das Gericht ex officio die Initiative zu ergreifen hat, die entscheidungsrelevanten Tatsachen aufzudecken. Im Zivilverfahrensrecht findet die Inquisitionsmaxime nur ausnahmsweise in Familien- und Kindschaftssachen Anwendung.[187] Somit wird im Zivilprozeßrecht grundsätzlich das verfassungsrechtliche Prinzip der Autonomie und Verantwortlichkeit der Einzelperson (Art. 2 GG) reflektiert.

Da es im Zivilprozeß Pflicht der Parteien ist, alle relevanten Tatsachen aufzudecken, darf das Gericht keine Tatsachen in seinem Urteil berücksichtigen, die die Parteien nicht vorgetragen haben. Ferner sind nur solche Tatsachen zu beweisen, die die Gegenseite bestritten hat. Mithin werden zugestandene, d.h. nicht bestrittene, Tatsachen im Urteil ohne weitere Nachprüfung als wahr angenommen (vgl. §§ 288, 138 Abs. 3 ZPO). Hieraus folgt für das Gericht das Problem, inwieweit es Tatsachen berücksichtigen darf oder sogar muß, von denen es ex officio oder privat Kenntnis erhalten hat. Desweiteren stellt sich die Frage, wie das Gericht zu verfahren hat, wenn es nach Prüfung der Klagschrift oder der Replik des Beklagten

---

[187] S. etwa § 616 Abs. 1 ZPO für Familiensachen als ein Beispiel für den ausnahmsweise anzuwendenden inquisitorischen Grundsatz; ähnlich in Kindschaftssachen §§ 640 ff. ZPO, s. hierzu im Detail *Jauernig*, S. 320 ff., 329 ff.

zu dem Schluß kommt, daß der geltend gemachte Anspruch oder die Einrede nicht mit dem vorgetragenen Tatsachen in Einklang zu bringen ist. In allen diesen Fällen ist das Gericht aufgrund der richterlichen Hinweispflicht gem. §§ 139, 278 Abs. 3 ZPO verpflichtet, die Parteien auf die (fehlenden) Tatsachen hinzuweisen, um sie sodann in das Urteil einfließen lassen zu können. Nach der h.M. besteht jedoch eine derartige Hinweispflicht dann nicht, wenn die Parteien durch einen Anwalt vertreten sind und nicht selbst in der mündlichen Verhandlung präsent sind.[188] Ob und wie ein Gericht seiner Hinweispflicht nach § 139 ZPO nachkommt, hängt individuell von dem betreffenden Gericht ab. Der **Grundsatz der Prozeßökonomie**, der auch § 139 ZPO zugrundeliegt, gebietet es, den Parteien Hilfestellung zu geben, wenn dadurch ein neues, zusätzliches Zivilverfahren verhindert werden kann. Allerdings darf dieser Grundsatz nicht zu einer einseitigen Hilfestellung zu Gunsten einer Partei führen, weil stets die Unabhängigkeit des Gerichts zu wahren ist.[189]

VIII.4.b)cc) Wahrheitspflicht der Parteien

Der Grundsatz der Parteiherrschaft (Verhandlungsmaxime) ist begrenzt durch die Pflicht der Parteien, die Wahrheit zu sagen und sämtliche entscheidungsrelevanten Tatsachen vollständig vorzutragen (§ 138 Abs. 1 ZPO). Obwohl § 138 Abs. 1 ZPO nicht nur eine Obliegenheit, sondern eine richtige Pflicht statuiert, findet sich keine unmittelbare Sanktion oder Mittel, um einen Bruch dieser Pflicht zu verfolgen. Ferner bedeutet Wahrheitspflicht nicht, daß eine Partei den Wahrheitsgehalt jeglicher Tatsache zunächst dezidiert nachprüfen muß, bevor sie selbige vor Gericht vortragen

---

[188] Vgl. BGH, NJW 1984, 310, NJW 1989, 171; *Jauernig*, S. 77, 280.

[189] Anderenfalls kann die andere Partei den Richter oder das Gericht wegen Befangenheit ablehnen, vgl. BVerfGE 52, 154.

kann. Denn es ist Aufgabe des Gerichts, nach Abschluß der Beweisaufnahme die vorgebrachten Beweise zu würdigen (vgl. § 286 ZPO).[190] Die Pflicht der Parteien, sämtliche entscheidungsrelevanten Tatsachen vollständig aufzudecken, soll verhindern, daß eine Partei wertvolle Tatsachen zurückhält, auch dann, wenn diese Tatsachen für sie ungünstig sind.[191] Aber selbst diese Pflicht ist in ihrer Wirkung eher begrenzt, weil eine Partei nicht verpflichtet ist, Tatsachen aufzudecken, die eventuell zu einer strafrechtlichen Verfolgung, einem ungüstigen persönlichen Eindruck führen oder der Gegenseite die Möglichkeit geben könnten, eine Widerklage zu erheben.[192]

VIII.4.b)dd) Mündlichkeitsgrundsatz

Weiterer Grundsatz des Zivilverfahrens ist die Mündlichkeit, eine Maxime mit vielen Ausnahmen: Die Teile des Zivilverfahrens, die jederzeit zu einem späteren Zeitpunkt greifbar sein müssen, sind gleichwohl schriftlich abzufassen, wenn diese den Streitgegenstand bestimmen, also die Klagschrift (§ 253 Abs. 5 ZPO), sämtliche Arten von Rechtsmitteln (Berufung, Revision, z.B. § 518 ZPO) sowie das Urteil (§ 373 ZPO). Dennoch ist nach § 128 Abs. 1 ZPO das Verfahren vor dem Gericht selbst mündlich. Auch wenn die oftmals zahlreichen vorbereitenden Schriftsätze schriftlich vorliegen müssen, ist es der mündliche Vortrag während der (mündlichen) Verhandlung, der für die Entscheidung des Gerichts maßgeblich ist. Es gilt der **Grundsatz der notwendigen mündlichen Verhandlung** mit der Folge, daß kein Urteil ohne vorherige mündliche Verhandlung ergehen darf. Trotz der greifbaren Vorteile eines mündlichen Verfahrens, nämlich die rasche

---

190 Vgl. BGH, BB 1964, 150, NJW 1971, 284 ff.
191 S. BGH, NJW 1983, 828.
192 Vgl. *Jauernig*, S. 89.

Klärung der Hauptstreitpunkte sowie die Möglichkeit, einen persönlichen Eindruck der Parteien zu gewinnen, weicht die Praxis vieler Gerichten hiervon oftmals erheblich ab. Denn mit der Erlaubnis des Gerichts dürfen die Parteien sich in der mündlichen Verhandlung beinahe vollständig auf ihre vorbereitenden Schriftsätze beziehen (vgl. § 137 Abs. 3 ZPO). Darüber hinaus kann das Gericht sogar ein schriftliches Verfahren in speziellen Fällen anordnen etwa wenn die Parteien diesem zustimmen (§ 128 Abs. 2 ZPO) oder wenn der Streitwert nicht höher als 1.500,- DM ist. Sodann bilden bei einem Versäumnisurteil nach § 331 a ZPO allein die sich in der Akten befindlichen Schriftsätze der Parteien die Grundlage für das Urteil[193] und das Mahnverfahren ist vollständig schriftlich (§§ 688 ff. ZPO). Da der Mündlichkeitsgrundsatz nicht verfassungsmäßig garantiert ist, werden die besagten Ausnahmen als rechtsgültige Durchbrechung der Grundregel im § 128 Abs. 1 ZPO angesehen.[194]

VIII.4.b)ee) Öffentlichkeitsgrundsatz

Der Grundsatz, daß auch ein Zivilverfahren sein muß (§ 169 S. 2 GVG) erlaubt dem Gericht ausnahmsweise, die Öffentlichkeit von der mündlichen Verhandlungen oder Teilen hiervon auszuschließen. Ein solcher Ausschluß ist nur zulässig im Interesse der öffentlichen Sicherheit und Ordnung, inbesondere wenn die Sicherheit des Staates oder der allgemeinen Sittlichkeit gefährdet ist (vgl. § 172 Nr. 1 GVG). Desweiteren darf die Öffentlichkeit im Einzelfall ausgeschlossen werden, wenn wichtige Geschäfts, Betriebs-, Erfindungs- oder Steuergeheimnisse zur Sprache kommen, durch dessen Erörterung in der Öffentlichkeit überwiegende schutzwürdige Interessen

---

[193] Weitere Beispiele für ein schriftliches Zivilverfahren sind §§ 307 Abs. 2, 331 Abs. 3 ZPO und für eine Entscheidung nach Lage der Akten §§ 251 aa, 331 ZPO.

[194] Vgl. BVerfGE 15, 307; *Jauernig*, S. 91.

des Einzelnen verletzt würden (vgl. § 172 Nr. 2 GVG). Ferner kann die Öffentlichkeit ausgeschlossen werden, wenn Tatsachen aus dem Familienleben der Parteien oder der Zeugen erörtert werden (vgl. §§ 171 b, 172 Nr. 3 GVG). Der letztgenannte Grund bringt es auch mit sich, daß die Öffentlichkeit in Verhandlungen in Familien- und Kindschaftssachen gem. § 170 GVG grundsätzlich ausgeschlossen ist. Gleichwohl ist die Urteilsverkündung gem. § 173 Abs. 1 GVG in jedem Falle öffentlich. Nur durch einen speziellen Beschluß kann die Öffentlichkeit aus den o.g. Gründen auch von der Urteilsverkündung ausgeschlossen werden (vgl. § 173 Abs. 2 GVG).

Die öffentliche Verhandlung erfüllt essentielle Zwecke, und zwar zum einen, um die Judikative allgemein zu kontrollieren, und zum anderen, um das Vertrauen der Bürger in die Gerichte zu gewährleisten. Daher ist eine Verletzung des Öffentlichkeitsgrundsatzes auch ein absoluter Revisionsgrund gem. § 551 Nr. 6 ZPO. Allerdings gilt der Öffentlichkeitsgrundsatz nur für die streitige Zivilgerichtsbarkeit, nicht jedoch für die freiwillige (unstreitige) Gerichtsbarkeit.[195]

Ergänzend zu dem allgemeinen Öffentlichkeitsgrundsatz existiert der spezielle **Parteiöffentlichkeitsgrundsatz**, der besagt, daß die Parteien stets einen Anspruch darauf haben, offiziell von Handlungen und dem Vorbringen der anderen Partei oder dem Gericht Kenntnis zu erhalten.[196] Darüber hinaus können die Parteien gem. § 299 Abs. 2 ZPO auch Einsicht in die Gerichtsakten in dem betreffenden Fall verlangen.

[195] Trotz der seit einiger Zeit andauernden Diskussion über die Zulässigkeit einer Übertragung mittels Fernsehen oder Radio direkt aus dem Gerichtssaal gilt immer noch § 169 S. 2 GVG, wonach Aufnahmen während der mündlichen Verhandlung oder auch der Urteilsverkündung weder für Fernsehen noch für Radio erlaubt sind, vgl. *Jauernig*, S. 92 m.w.N.; somit werden US-amerikanische Verhältnisse ("O.J. Simpson") so schnell wohl keinen Einzug in die deutsche Gerichtslandschaft halten.

[196] S. BGH, NJW 1961, 363.

VIII.4.b)ff) Unmittelbarkeitsgrundsatz

Die mündliche Verhandlung findet vor dem erkennenden Gericht gem. § 128 Abs. 1, 309 ZPO statt. Der Grundsatz eines unmittelbaren Verfahrens findet ebenso gem. § 355 ZPO bei der Beweisaufnahme Anwendung. Zweck dieser Maxime ist es, sicherzustellen, daß das Gericht, das das Urteil fällt, auch die Möglichkeit erhält, die Parteien und Zeugen in Person zu sehen und zu hören. Denn die Erfahrung zeigt, daß in zweifelhaften oder komplizierten Tatsachenfragen schlicht das persönliche Erscheinungsbild einer Partei oder eines Zeugen den Hinweis für die "richtige" Entscheidung geben kann, insbesondere dann, wenn es um die Glaubhaftigkeit bzw. Glaubwürdigkeit bei der Beweiswürdigung geht.

VIII.4.b)gg) Beschleunigungsmaxime

Ein rasches Verfahren ist schon sei jeher eines der Hauptanliegen des Zivilverfahrens und war daher auch Gegenstand zahlreicher Rechtsreformen. Was indes ein schnelles Verfahren wirklich ausmacht, ist zweifelhaft. Ein Verfahren, das zu sehr auf Geschwindigkeit abstellt, beinhaltet die Gefahr, daß Ungerechtigkeiten das Ergebnis sind, weil den Parteien lediglich schnelle und flache Lösungen via Urteile angeboten werden und nicht nach einer wohl ausgewogenen Streitbeilegung. Auf der anderen Seite stellt die Verzögerung eines Falles entweder durch die Legislative, die Parteien oder die Gerichte ein ernstzunehmendes Problem dar, weil es zu einer schleichenden Justizverweigerung erwachsen kann, was wiederum gegen Art. 6 Abs. 1 MRK verstieße, der jedermann das Recht gibt, in angemessener Zeit mit seinem Fall gehört zu werden.[197]

---

[197] S. zum Maßstab eines schnellen Verfahrens gem. Art. 6 MRK die Ausdehnung durch den EUGH für Menschenrechte, NJW 1984, 2749 ff., 1989, 650 ff.

Zudem ist, wie bereits erwähnt, das Idealbild eines Zivilverfahrens ein einziger Termin, an dem die mündliche Verhandlung, die Beweisaufnahme und die Urteilsverkündung stattfindet. Dieser Konzentrationsgrundsatz, ein Teil der Beschleunigungsmaxime, ist in § 272 Abs. 1 ZPO (Haupttermin) normiert. Innerhalb der ZPO gibt es vor allem vier Mechanismen, die das Verfahren beschleunigen sollen:

(1) Vorbereitung der Hauptverhandlung durch einen frühen ersten mündlichen Termin oder ein schriftliches Vorverfahren gem. § 272 Abs. 2 ZPO. Das Gericht ist frei, entweder den einen oder den anderen Weg zu beschreiten, um das Hauptverfahren vorzubereiten. Allerdings kann der gesamte Prozeß bereits innerhalb des Vorverfahrens zum Ende gebracht werden, etwa dann, wenn im frühen ersten mündlichen Termin ein Vergleich vor Gericht geschlossen wird oder ein Versäumnisurteil gegen den Beklagten gem. § 331 Abs. 1, Abs. 2 ZPO oder sogar ein endgültiges Urteil ergeht.[198]

(2) Rechtzeitige und vollständige Vorbereitung des Hauptverfahrens durch vorangegangene Schriftsätze der Parteien. Auch wenn das Gericht sich nicht für irgendeine Art des Vorverfahrens nach § 272 Abs. 2 ZPO entscheidet, sind die Parteien verpflichtet, die Hauptverhandlung durch Schriftsätze vorzubereiten. Insbesondere hat der Beklagte eine schriftliche Erwiderung innerhalb der Frist abzugegeben, die ihm durch das Gesetzt wurde (vgl. §§ 275 Abs. 1, Abs. 3, 276 Abs. 1 S. 2, 277 Abs. 1 - 3 ZPO). Wenn der Beklagte dieses versäumt, ist es ihm später im Verfahren weiteres rechtliches oder tatsächliches Vorbringen untersagt (sog. Präklusion, § 296 Abs. 1 ZPO).

(3) Allgemeine Verfahrenförderungspflicht: Die Parteien sind verpflichtet, so früh wie möglich ihre Anträge zu stellen und sonstiges Vorbringen mitzuteilen. Maßstab für ein rechtzeitiges Vorbringen ist eine sorgfältige

[198] Vgl. zu einem abschließenden Urteil bereits während des Vorverfahrens BGHZ 88, 182.

Person gedacht in dem speziellen Verfahren (vgl. § 282 Abs. 1 ZPO). Zwar besteht keine Pflicht für die Parteien, alles dem Gericht zu unterbreiten, daß eventuell entscheidungserheblich sein könnte, darf keine Partei ihre Anträge oder sonstiges vorbringen bis zum letzten Moment des mündlichen Verfahrens zurückhalten. Falls die Zulassung eines derartig späten Vorbringen die Entscheidung in dem Fall verzögern und diese Verspätung durch grobe Fahrlässigkeit verursacht wurde, kann das verspätete Vorbringen ebenfalls nach § 296 Abs. 2 ZPO zurückgwiesen werden.

(4) Prozeßförderungspflicht des Gerichts: Aus der Frage- und Aufklärungspflicht gem. § 139 ZPO sowie der Pflicht, den Prozeß so vorzubereiten, daß er möglichst in einem Termin zur mündlichen Verhandlung abgehandelt werden kann (§§ 273, 275 Abs. 2 ZPO), folgt der allgemeine Grundsatz der Prozeßförderungspflicht des Gerichts.[199] Um dieser Pflicht nachzukommen, stehen dem Gericht für die Vorbereitung des Termins zur mündlichen Verhandlung gem. § 273 ZPO zahlreiche Mechanismen zur Verfügung. Hierzu zählt etwa die Anordnung des persönlichen Erscheinens der Parteien in der mündlichen Verhandlung gem. § 273 Abs. 2 Nr. 3 ZPO, was besonders sinnvoll ist, wenn es um die Klarstellung von tatsächlichen Umständen geht.[200] Das Gericht kann zudem aufgrund von § 273 ZPO die Vorlage von Dokumenten durch die Parteien anordnen oder auch bei Behörden um Information oder Dokumente nachsuchen.

Insgesamt kann das Ziel eines beschleunigten Verfahrens allerdings nur erreicht werden, wenn entsprechende Sanktionen zur Verfügung stehen. Zwar ist es dem Gericht möglich, nach § 296 Abs. 2 ZPO verspätetes Vorbringen auszuschließen und neues Vorbringen ist grundsätzlich gem. § 296 a ZPO nach dem Ende des letzten Termins zur mündlichen Verhandlung ausgeschlossen; jedoch ist darauf hinzuweisen, daß es bereits seit Jahren

---

[199] S. im Detail BVerfGE 81, 270.

[200] S. etwa OLG Stuttgart, JZ 1978, 689 ff.

einen Streit um die Frage der „richtigen" Definition des Begriffes "Verzögerung" in § 296 Abs. 1, Abs. 2 ZPO gibt. Die h.M. bevorzugt jedenfalls den eingeschränkten oder relativen Verzögerungsbegriff, bei dem eine Verzögerung des Rechtsstreites nur dann vorliegt, wenn dieser bei Zulassen des verspäteten Vorbringens länger dauern würde als bei rechtzeitigem Vorbringen.[201] Letztere Ansicht ist im Gegensatz zu dem absoluten Verzögerungsbegriff auch vorzugswürdig, weil das verspätete Vorbringen den Rechtsstreit abkürzen kann, wenn es geeignet ist, einen Folgeprozeß zu verhindern (Prozeßökonomie). Außerdem wird so auch der verfassungsmäßig garantierte Grundsatz des rechtlichen Gehörs gem. Art. 103 Abs. 1 GG (audiatur et altera pars) hinreichend gewahrt.[202]

VIII.4.b)hh) Grundsatz einer einheitlichen mündlichen Verhandlung

Der Grundsatz einer einheitlichen mündlichen Verhandlung spiegelt den Wunsch wider, das Verfahren in eine einzigen mündlichen Verhandlung zu einem Ende zu bringen (§ 272 Abs. 1 ZPO). In praxi gibt es indes nur wenig Zivilverfahren, das dergestalt beendet werden kann, es sei, es handelt sich um kleine Ansprüche oder einfach gelagerte Fälle. Dies ist sogar vom Gesetz vorgesehen, wenn man daran denkt, daß das Gericht ein frühen Termin zur mündlichen Verhandlung gem. § 275 Abs. 2 ZPO als Vorverfahren setzen kann, woraufhin normalerweise auch noch ein mündlicher Haupttermin gem. § 278 Abs. 1 ZPO folgt. Aber auch in anderen Fällen folgen dem Haupttermin oftmals noch zusätzliche mündliche Verhandlungen, wenn dies notwendig erscheint (vgl. § 278 Abs. 4 ZPO). Allerdings betrachtet die ZPO sämtliche Termine zur mündlichen Verhandlung als eine Einheit, womit wiederum dem Grundsatz einer einheitlichen

---

201 Vgl. BVerfGE 75, 316 f.; LG Frankfurt a.M., NJW 1979, 2111 f.

202 Vgl. BVerfG, NJW 1992, 681; *Jauernig*, S. 99.

mündlichen Verhandlung nach § 272 Abs. 1 ZPO genügend Rechnung getragen wird. Auch wenn sich die mündliche Verhandlung über mehrere Tage hinzieht, wird sie als Einheit angesehen. Hierdurch erhalten alle prozessualen Anträge und sämtliches Vorbringen der Parteien vom Anfang bis zum Ende des Verfahrens ihre Gültigkeit. Eine Ausnahme hiervon gilt für Fälle, in denen die Besetzung des Gerichts wechselt, etwa durch Krankheit eines Richters, weil ein Richter nur die Tatsachen in sein Urteil einfließen lassen darf, die ihm auch vorgetragen wurden (§ 309 ZPO). In einem solchen Fall müssen alle vorgetragenen Tatsachen, Ansprüche oder Anträge in einem neuen mündlichen Verfahren in zusammengefaßter Form dem neueintretenden Richter präsentiert werden.[203]

VIII.5. Fundamentale Garantien im Zivilprozeß

VIII.5.a) Anspruch auf rechtliches Gehör (audiatur et altera pars)

Die wichtigste prozessuale Garantie ist der Anspruch auf rechtliches Gehör, der nicht ohne guten Grund als essentieller Bestandteil jeglichen rechtsstaatlichen Verfahrens angesehen wird. Dieses grundsätzliche prozessuale Recht jedermanns war bereits in der ursprünglichen ZPO von 1877 enthalten. Nunmehr findet sich dieses Recht in den Vorschriften der §§ 136, 139, 278 Abs. 3, 283, 285, 335 Abs. 1 Nr. 3, 4, 1034 Abs. 1, 1041 Abs. 1 Nr. 4 ZPO. Die Europäische Menschenrechtskonvention vom 04.11.1950 in Art. 6 Abs. 1 MRK und auch das Grundgesetz in Art. 103 Abs. 1 GG enthalten eine entsprechende Garantie dieses Anspruchs für jedermann. Daher kann eine Person, deren Anspruch auf rechtliches Gehör verletzt worden ist, nach Erschöpfung des Rechtsweges eine Verfassungs-

[203] Vgl. BGHZ 53, 257 f., BGH, NJW 1972, 1202.

beschwerde gem. Art. 93 Abs. 1 Nr. 4 a GG beim BVerfG, dem höchsten deutschen Gericht, erheben. Ebenso ist die Versagung rechtlichen Gehörs stets Berufungsgrund i.S.d. § 511 ZPO, und zwar auch in Fällen, wo der Berufungsstreitwert von DM 1.500,- gem. § 511 a Abs. 1 ZPO nicht erreicht ist. Einschränkend hat das BVerfG aber entschieden, daß das rechtliche Gehör in jeder Stufe des Verfahrens nachgeholt werden kann, wenn es zuvor versagt worden war, um so auch die Flut potentieller Verfassungsbeschwerden einzudämmen.[204]

Voraussetzung für die Durchsetzung des Anspruchs auf rechtliches Gehör ist die Kenntnis vom Verfahren. Daher ist die Zustellung der Klagschrift oder auch sonstiger Schriftsätze im gesamten Zivilverfahren ein sehr bedeutender Aspekt. Die Zustellung von Schriftsätzen wird deshalb grundsätzlich von Amts wegen durchgeführt, wobei es das primäre Ziel ist, den Schriftsatz an den Beklagten persönlich zuzustellen (§ 170 ZPO). Wenn allerdings eine persönliche Zustellung unmöglich ist, kann eine Ersatzzustellung durchgeführt werden, etwa an eine andere empfangsberechtigte Person (vgl. im Detail §§ 181 f. ZPO). Sofern der Aufenthalt des Beklagten unbekannt ist, kann sogar gem. § 203 ZPO öffentlich zugestellt werden, was mittels Veröffentlichung im Bundesanzeiger und/oder einer Bekanntmachung in anderen Mitteilungsblättern oder Tageszeitungen sowie einer Nachricht an der jeweiligen Gerichtstafel geschieht (§§ 204, 205 ZPO). Da eine solche öffentliche Zustellung sehr leicht den Anspruch auf rechtliches Gehör verletzen kann, ist die betreffende Partei, im weiteren Verlauf des Verfahrens so schnell wie möglich zu hören. Zudem ist unter speziellen Voraussetzungen eine Wiederaufnahme des Verfahrens analog § 579 Abs. 4 ZPO nach einem Endurteil zulässig, wenn eine Partei nicht hinreichend von dem Verfahren in Kenntnis gesetzt wurde.[205]

---

[204] Vgl. BVerfG BB 1990, 859; *Jauernig*, S. 103.

[205] Vgl. *Jauernig*, S. 291.

VIII.5.b) Justizanspruch

Da das Grundgesetz davon ausgeht, daß Deutschland auf der Grundlage des Rechtsstaatsprinzips regiert wird und das Gewaltmonopol beim Staat liegt, müssen die Parteien zur Rechtsdurchsetzung einen Anspruch auf gerichtliche Durchsetzung haben. Dieser Anspruch besteht nicht nur aus dem freien Zugang zu einem ordentlichen Gericht, sondern gibt den Parteien ebenso einen Anspruch auf effektive gerichtliche Durchsetzung der (berechtigt) geltend gemachten Recht. Daher ist der Staat verpflichtet, für unabhängige Richter zu sorgen, die die Fälle auf der Grundlage des Rechtsstaatsprinzips entscheiden, also nach sorgfältiger Untersuchung der rechtlichen und tatsächlichen Grundlage des Rechtsstreits.[206] Sofern ein Gericht sich nicht an das Rechtsstaatsprinzip hält, kann die betroffene Partei nach Erschöpfung des Rechtsweges wiederum Verfassungsbeschwerde beim BVerfG einlegen. Denn das Rechtsstaatsprinzip und der Anspruch auf effektiven Rechtsschutz finden sich ebenfalls im Grundgesetz verankert, und zwar in den Artt. 1 Abs. 3, 19 Abs. 4, 20, 28, 92 GG. Ferner findet sich ein Anspruch auf (effektiven) Rechtsschutz, der jedermann zusteht, auch in Art. 6 Abs. 1 MRK.[207]

Ein zentrales Problem des Anspruchs auf Rechtsschutz ist, daß ein Rechtsstreit Geld kostet. Da in Deutschland für die Anwälte die Vereinbarung eines Erfolgshonorars standeswidrig ist, muß der Kläger in aller Regel auf die Anwaltskosten einen Vorschuß zahlen, bevor dieser rechtliche Schritte einleitet. Ferner hat der Kläger auch einen Gerichtskostenvorschuß zu leisten. Allerdings hat ein Großteil der deutschen Bevölkerung mittlerweile eine Rechtsschutzversicherung, die die Anwalts- und Gerichtskosten abdeckt, sofern der Gegenstand des Rechtsstreits eingeschlossen ist und die

[206] Vgl. *Rosenberg/Schwab/Gottwald*, S. 14.
[207] Vgl. im Detail *Rosenberg/Schwab/Gottwald*, S. 14.

Rechtsverfolgung Aussicht auf Erfolg bietet.[208] Jedoch kostet auch eine Rechtsschutzversicherung Geld und somit stellt sich die Frage, ob der Zugang zu Gerichten faktisch nur den wohlhabenden Parteien oder jedermann gewährt werden soll. Da eine Versagung des Anspruchs auf Rechtsschutz für die ärmere Partei gegen ihre verfassungsmäßig garantierten Rechte verstieße, hat der deutsche Gesetzgeber eine Lösung dahingehend gefunden, den bedürftigen Parteien **Prozeßkostenhilfe** zu gewähren (§§ 114 ff. ZPO). Allerdings ist das deutsche System der Prozeßkostenhilfe nur ein Kompromiß und erleichtert lediglich die Kostenbürde in den grundsätzlich Ratenzahlung gewährt wird. Das Gericht wird nur in außergewöhnlichen Fällen, in denen die finanzielle Bedürftigkeit sehr gravierend ist, eine vollständige Übernahme der Prozeßkosten durch den Staat anordnen. In jedem Fall ist die Voraussetzung für die Gewährung von Prozeßkostenhilfe, daß der beabsichtigte Rechtsstreit hinreichende Aussicht auf Erfolg bietet und nicht mutwillig ist (vgl. 114 ZPO).[209] Zudem muß die Partei, die Prozeßkostenhilfe erhalten möchte, einen entsprechenden Antrag bei dem zuständigen Gericht stellen. Da letzteres Gericht in aller Regel auch für die Hauptsachentscheidung zuständig ist, wird der Prozeßkostenhilfeantrag oftmals durch Anwälte dazu benutzt, auf schnelle und billige Weise zu testen, wie das Gericht wohl letztlich den Fall entscheiden würde.

---

[208] In den meisten Rechtsschutzversicherungen sind wegen der Häufigkeit Familien- und Erbstreitigkeiten vom Versicherungsschutz ausgenommen. Weitere Voraussetzung für die spätere Einstandspflicht ist in der Regel, daß die Versicherung im Einzelfall -auf entsprechende Anfrage des Anwalts- eine Deckung zusagt.

[209] S. zu der Schwierigkeit, die Erfolgsaussichten vorauszusagen BVerfGE 81, 357; BGH, NJW-RR 1989, 703.

VIII.5.c) Grundsatz des gesetzlichen Richters

Eine weitere prozessuale Maxime ist der Grundsatz des gesetzlichen Richters nach Artt. 20 Abs. 3, 19 GG, wonach die Person des Richters, der in den jeweiligen Rechtsstreit das Urteil zu fällen hat, im voraus gesetzlich fixiert sein muß. Dieses Prinzip beeinhaltet zudem, daß niemand seinem gesetzlichen Richter entzogen werden darf. Hierdurch soll verhindert werden, daß der Staat sein Gewaltmonopol durch die Gerichte willkürlich handhabt.

VIII.5.d) Anspruch auf ein faires Verfahren

Der Anspruch auf ein faires Verfahren findet sehr indirekt im verfassungsmäßig garantierten Prinzipien, dem Rechtsstaatsprinzip (Artt. 20 Abs. 3, 1 Abs. 3 GG), dem Gleicheitsgrundsatz (Art. 3 GG) und dem Anspruch auf rechtliches Gehör (Art. 103 Abs. 1 GG). Der Anspruch auf ein faires Verfahren wird oftmals auch unmittelbar mit dem Gleichheitsgrundsatz nach Art. 3 GG in Verbindung gebracht, weil das Gericht hiernach allen Parteien gleiche Möglichkeiten einräumen muß, ihren Fall entsprechend der gesetzlichen Vorgaben zu präsentieren.

VIII.5.e) Gleichheitsgrundsatz

Der Gleichheitsgrundsatz des Art. 3 GG bindet das Gericht insofern, als daß es gleichgelagerte Fälle gleich zu entscheiden hat. Dies ist insbesondere dann wichtig, wenn das Gericht von seiner eigenen ständigen Rechtsprechung abweichen will. Obwohl es wie bereits oben ausgeführt im deutschen Zivilrecht keine rechtliche Präjudizienbindung gibt, sind die Gerichte jedoch wegen Art. 3 GG nicht frei, gleich gelagerte Fälle - Beurteilungsspielraum vorausgesetzt - "nach Lust und Laune" zu entscheiden. Die essentielle Rechtssicherheit und Vorhersehbarkeit von Entscheidungen gepaart mit dem Gleichheitsgrundsatz des Art. 3 GG gebieten es daher, gleiche Fälle gleich zu entscheiden, sofern nicht sachliche Gründe für ein Abweichen im Einzelfall vorliegen.[210]

VIII.5.f) Bindung des Richters an Gesetz und Recht

Der Grundsatz, daß die rechtsprechende Gewalt an Gesetz und Recht gebunden ist, findet sich nicht umsonst als verfassungsrechtliche Garantie in Art. 20 Abs. 3 GG. Die Erfahrungen des Dritten Reiches haben gezeigt, daß eine Bindung der Richter an die geschiedenen, "legal" erlassenen Gesetze nicht ausreicht. Unter Recht ist daher nicht nur das Gewohnheitsrecht oder auch Richtergewohnheitsrecht zu verstehen, sondern allgemeinere Rechtsprinzipien. Die Judikative soll somit bei Verfehlungen und/oder Überschreitungen des Gesetzgebers als unabhängige Kontrollinstanz fungieren, die nicht nur blindlings dem Wortlaut des (positiven) Gesetzesrechts folgt.[211]

VIII.6. Einstweiliger Rechtsschutz: Arrest und einstweilige Verfügung

Gerichtliche Verfahren sind regelmäßig auf die Durchsetzung von subjektiven Rechten gerichtet. Diese können nicht nur dadurch vereitelt werden, daß ein Schuldner bestimmte Ansprüche nicht erfüllt. Sie können auch dadurch vereitelt werden, daß Ansprüche untergehen und objektiv nicht

[210] Vgl. *von Münch*, Art. 3 Rn 3.
[211] Vgl. *Konrad Hesse*, Rn 496.

mehr erfüllt werden können. Nicht selten versuchen Schuldner die Erfüllung von Ansprüchen unmöglich zu machen, indem sie z.B. einen Gegenstand, dessen Herausgabe geschuldet ist, veräußern oder ihr Eigentum an Gegenständen verschleiern. In diesem Falle würde, wäre ein Gläubiger allein auf das gerichtliche Verfahren in der Hauptsache angewiesen, der staatlich gewährte Rechtsschutz leerlaufen. Aus diesem Grund bestehen Möglichkeiten des einstweiligen Rechtsschutzes, nämlich Arrest und einstweilige Verfügung.[212]

Der **Arrest** sichert gem. § 916 Abs. 1 ZPO eine Geldforderung oder einen Anspruch, der in eine Geldforderung übergehen kann, wenn zu besorgen ist, daß ohne einen solchen Arrest die Vollstreckung des Urteils vereitelt oder wesentlich erschwert werden würde (Arrestgrund, § 917 ZPO).[213] Dem Arrestbeklagten wird durch Erlaß des Arrestbeschlusses (dinglicher Arrest, § 917 ZPO) die Verfügung über sein Vermögen untersagt. Dieser Beschluß kann gem. §§ 928 ff. ZPO mit den Mitteln der normalen Zwangsvollstreckung vollzogen werden. Darüberhinaus gibt es auch den, in der Praxis sehr seltenen, persönlichen Arrest (§ 918 ZPO), bei dem der Arrestbeklagte nach Maßgabe des § 933 ZPO in Haft genommen werden kann.[214]

Einstweilige Verfügungen bestehen in der Form der Sicherungsverfügung gem. § 935 ZPO und der Regelungsverfügung nach § 940 ZPO. Sinn der Sicherungsverfügung ist es, zu verhindern, daß ein zu regelnder Zustand während des Prozesses dauerhaft verändert wird oder ein Rechtsverhältnis, das streitig ist, vor Abschluß eines Prozesses dauerhaft und mit

---

212 Wegen der Unterschiedlichkeit des Rechtsschutzzieles schließen sich Arrest und einstweilige Verfügung gegenseitig aus, sind also alternativ, vgl. *Thomas/Putzo*, Vorbem. § 916 Rn 6-8.

213 Vgl. *Thomas/Putzo*, § 916 Rn 4 sowie zum Arrestgrund *ders.*, § 917 Rn 1.

214 Vgl. *Thomas/Putzo*, § 933 Rn 1.

nicht rückgängig zu machenden Folgen verändert wird. Die Regelungsanordnung hingegen dient der einstweiligen Regelung eines Streitgegenstandes.[215] Eine solche Regelung ist vor Abschluß einer Hauptsache nicht selten z. B. erforderlich, wenn sich Eltern in der Situation der Trennung und Scheidung nicht über das Sorgerecht für ihre Kinder einigen können.

Entscheidungen über einstweiligen Rechtsschutz ergehen in einem vereinfachte Verfahren. Sie sind auch möglich, ohne daß beide Parteien angehört werden. Auf der anderen Seite ist zu beachten, daß sie auch einfacher als Hauptsacheentscheidungen angreifbar sind.

VIII.7. Grundzüge des Vollstreckungsverfahrens

Das gesamte gerichtliche Verfahren ist auf die tatsächliche Durchsetzung eines Anspruchs gerichtet. Dieses geschieht regelmäßig nicht durch das Gericht selbst. Es bedarf einer eigenen Vollstreckungshandlung. Sofern - wie in einer Vielzahl von Fällen - der Anspruch in einer Geldforderung besteht, besteht die Vollstreckung aus der Pfändung und Verwertung eines Vermögensgegenstandes oder eines Rechtes des Schuldners. Die Pfändung hat eine doppelte Wirkung: Zum einen wird durch sie dem Schuldner die Verfügungsbasis über das Vollstreckungsobjekt entzogen und dieses zur Befriedigung des Gläubigers sichergestellt. Diese Wirkung der Pfändung heißt Verstrickung. Zum anderen entsteht durch die Pfändung ein eigenes Pfandrecht für den Gläubiger, das Pfändungspfandrecht.[216] Die Pfändung erfolgt bei beweglichen Gegenständen durch einen Gerichtsvollzieher. Forderungen werden durch das Gericht gepfändet. Die Verwertung beweglicher Gegenstände gestaltet sich, sofern es sich um Geld handelt, außeror-

[215] Vgl. zur Sicherungsverfügung *Thomas/Putzo*, § 935 Rn 5 ff. sowie zur Regelungsverfügung *ders.*, § 940 Rn 1, 5.

[216] Vgl. *Jauernig*, Zwangsvollstreckungs- und Konkursrecht, § 16.

dentlich einfach: Dieses wird an den Gläubiger übersandt. Bei sonstigen beweglichen Gegenständen erfolgt die Verwertung durch Versteigerung. In diesem Fall wir der Erlös an den Gläubiger ausgekehrt. Die Pfändung von beweglichen Gegenständen unterliegt zum Schutz des Schuldners erheblichen und in der Praxis bedeutsamen Einschränkungen. Die Verwertung von Forderungen erfolgt durch Überweisung. Für die Verwertung von unbeweglichen Gegenständen, zu denen neben Schiffen trotz praktischer Beweglichkeit auch Flugzeuge und in das Schiffahrtsregister eingetragene Seeschiffe gehören, erfolgt durch eine Zwangshypothek, die Zwangsverwaltung oder die Zwangsversteigerung (vgl. §§ 866 - 869 ZPO).

VIII.8. Mahn- und Vollstreckungsbescheid

Als besonderes Verfahren ist das Mahnverfahren für die Zahlung von Geld separat im 7. Buch der ZPO geregelt (§§ 688 - 703 d ZPO). Für dieses Verfahren sind die Amtsgerichte (§ 689 Abs. 1 ZPO) oder die Arbeitsgerichte (§ 46 a ArbGG) zuständig. Das Mahnverfahren gilt im allgemeinen als ein relativ einfaches, billiges und schnelles Verfahren, um säumige Schuldner zur Zahlung zu bewegen.[217] Denn auch zügig geführt nimmt ein normales zivilrechtliches Verfahren wenigstens ca. drei Monate in Anspruch. Nicht so selten ist es dem Schuldner in einem Vierteljahr möglich, seine Vermögensgegenstände dem Zugriff eines Gläubigers dauerhaft zu entziehen. Um dem Gläubiger die Möglichkeit zu schaffen, rascher zu einem vollstreckbaren Titel zu kommen, besteht die Einrichtung des Mahnverfahrens. Bei dem Mahnverfahren handelt es sich um eine Möglichkeit, einen zivilrechtlichen Anspruch ohne sachliche Prüfung durch das Gericht mit einem vollstreckbarem Titel zu versehen. Es kann deshalb als eine

---

[217] S. *Jauernig*, S. 316/317.

Form der Selbsttitulierung von Forderungen bezeichnet werden. Zulässig ist es gem. § 688 Abs. 1 ZPO nur wegen Zahlungsforderungen in DM. Das Verfahren beginnt durch einen Antrag des Gläubigers bei dem Amtsgericht, an dem er seinen allgemeinen Gerichtsstand hat. Über den Antrag entscheidet gem. § 20 Nr. 1 RPflG der Rechtspfleger, also kein Richter. Der Rechtspfleger prüft, ob der Antrag zulässig ist. Er prüft insbesondere, ob es sich um eine bezifferte Geldforderung handelt, ob diese unabhängig von einer Gegenleistung besteht und ob die erforderlichen Angaben zu den Parteien gemacht worden sind. Sofern die Voraussetzungen vorliegen, wird ein Mahnbescheid erlassen. Dieser wird dem Schuldner zugestellt. Sofern der Schuldner gegen den Mahnbescheid keinen Widerspruch einlegt, ergeht ein Vollstreckungsbescheid. Legt der Schuldner auch gegen den Vollstreckungsbescheid keinen Einspruch ein, entsteht ein vollstreckbarer Titel.[218] In dem Fall, in dem der Schuldner gegen den Mahnbescheid Widerspruch oder gegen den Vollstreckungsbescheid Einspruch einlegt, wird in das ordentliche gerichtliche Verfahren übergangen, in dem wiederum der Richter entscheidet. Für den Gläubiger liegt ein besonderer Vorteil des Mahnbescheidverfahrens darin, daß es kostengünstiger ist als ein ordentlicher Prozeß. Auf der anderen Seite ist zu bedenken, daß sich, sofern der Schuldner Widerspruch oder Einspruch einlegt, durch ein Mahnbescheidsverfahren der Weg zu einem vollstreckbaren Titel verzögern kann. Dies erklärt zugleich, warum gerichtliche Verfahren in der Bundesrepublik Deutschland nicht stets mit dem Mahnbescheidsverfahren beginnen.

[218] Da bis zu diesem Zeitpunkt der geltend gemachte Zahlungsanspruch nicht ein einziges Mal auf seine materiell-rechtliche Substanz geprüft wurde, ist mit dem Mahnverfahren in der Vergangenheit oft Mißbrauch getrieben worden, so daß der BGH eine auf § 826 BGB (vorsätzlich sittenwidrige Schädigung) gestützteDurchbrechung der Rechtskraft (§ 322 ZPO) und damit die Unwirksamkeit des Vollstreckungsbescheids entwickelte, vgl. BGHZ 101, 380; *Thomas/Putzo*, § 322 Rn 52. m.w.N..

Fall: „*Das gestohlene Schiff*"

Herr Maier aus Hamburg verlangt von Herrn Schmid aus Rostock DM 10.000,- als Schadensersatz. Schmid hatte von Maier ein wertvolles Schiffsmodell für eine Ausstellung geliehen. Die Ausstellung sollte vom 10.04.1995 bis zum 25.04.1995 dauern. Das Schiffsmodell war am 27.04.1995 am Abend gestohlen worden, obwohl es durch Alarmanlagen gesichert war. Maier meint, er habe Schmid das Schiff nur unter der Bedingung geliehen, daß dieser es am 26.04.1995 nach Hamburg zurückschicke. Schmid meint, er habe das Schiffsmodell bis zum 30.04.1995 behalten dürfen. Beide glauben Zeugen für den Inhalt der Absprache zu haben.

Maier will wissen

- wo er gegen Schmid klagen muß,
- ob er den Prozeß ohne Anwalt selbst führen darf
- ob wegen der unklaren Beweislage der Prozeß sinnvoll ist und
- was der Prozeß bis zur rechtskräftigen Klärung der Ansprüche kosten werde.

Lösungsvorschlag:

1. Frage:

Wo die Klage zu erheben ist, hängt davon ab, wo ein Gerichtsstand besteht, Dieses ist in der Zivilprozeßordnung geregelt. Dort wird zwischen ausschließlichen allgemeinen und besonderen Gerichtsständen unterschieden. Das Vorliegen ausschließlicher

Gerichtsstände ist besonders dann zu prüfen, wenn die Klage sich auf Grundstücke oder andere unbewegliche Sachen bezieht. Darum geht es im vorliegenden Fall nicht. So bleibt hier nur zu prüfen, ob besondere Gerichtsstände vorliegen. Besondere Gerichtsstände können unter vielerlei Gesichtspunkten bestehen. Hier kommt insbesondere § 29 Abs. 1 ZPO in Betracht. Dort heißt es:

> "Für Streitigkeiten aus einem Vertragsverhältnis und über dessen Bestehen ist das Gericht des Ortes zuständig, an dem die streitige Verpflichtung zu erfüllen ist."

Maier und Schmid würden über sich aus einem Vertragsverhältnis ergebende Schadenersatzansprüche streiten. Zu erfüllen wäre das Vertragsverhältnis für Schmid in Rostock gewesen, das er das Schiffsmodell hätte wegschicken müssen. So kommt hier als besonderer Gerichtsstand des Erfüllungsortes Rostock in Betracht. Es ist davon auszugehen, daß Schmid in Rostock wohnt. Er hat deshalb gem. § 13 ZPO, in dem es heißt:

> "Der allgemeine Gerichtsstand einer Person wird durch den Wohnsitz bestimmt."

seinen allgemeinen Wohnsitz in Rostock. Gem. § 35 ZPO kann Maier zwischen den verschiedenen Gerichtsständen wählen. Dieses Recht läuft jedoch hier leer, da sowohl der besondere wie auch der allgemeine Gerichtsstand in Rostock besteht. Welches Gericht in Rostock sachlich zuständig ist, richtet sich gem § 71 Abs. 1 ZPO i.V.m. § 23 Nr. 1 GVG nach dem Wert des Anspruches (Streitwert). Nach § 23 GVG ist das erstinstanzliche Gericht für Streitigkeiten mit einem Wert *bis zu* DM 10.000,- das Amtsgericht. Sofern der Wert diese Summe übersteigt, ist das erstinstanzliche Gericht das Landgericht. Hier wird der Wert von DM

10.000,- nicht überschritten. Die Klage ist somit vor dem Amtsgericht Rostock zu erheben.

2. Frage:

Ob ein Anwalt zwingend einzuschalten ist oder nicht entscheidet sich daran, vor welchem Gericht das Verfahren geführt wird. Vor dem Landgericht und allen Gerichten des höheren Rechtszuges müssen sich die Parteien in zivilgerichtlichen Verfahren durch einen bei dem Prozeßgericht zugelassenen Rechtsanwalt als Bevollmächtigten vertreten lassen, so ist es in § 78 Abs. 1 ZPO geregelt. Maier könnte gegen Schmid Klage vor dem Amtsgericht erheben. Eine anwaltliche Vertretung ist also nicht erforderlich.

3. Frage:

Um festzustellen, ob die Beweislage für den Maier günstig ist oder nicht, ist zunächst zu überprüfen, wer was beweisen muß. Gem. § 280 BGB hat der Schuldner dem Gläubiger den durch die Nichterfüllung entstehenden Schaden dann zu ersetzen, wenn die Leistung infolge eines von dem Schuldner zu vertretenden Umstandes unmöglich wird. Zwischen den Parteien bestand ein Verwahrungsvertrag i.S.d. § 688 BGB mit einer Rückgabeverpflichtung des Schmid aus § 695 BGB. Die Rückgabe des Schiffsmodells ist unstreitig unmöglich. Wenn streitig ist, ob die Unmöglichkeit der Leistung die Folge eines von dem Schuldner zu vertretenden Umstandes ist, trifft die Beweislast den Schuldner (vgl. § 282 BGB). Wenn eine Sache gestohlen worden ist, ist je nach den Umständen des Einzelfalles denkbar, daß es dem Schuldner gelingt, zu beweisen, daß er die Unmöglichkeit nicht zu vertreten hat. Für eine während des Verzuges durch Zufall eintretende Unmöglichkeit der Leistung ist der Schuldner auch dann zusätzlich verantwortlich, wenn der Schaden bei rechtzeitiger Leistung nicht eingetreten wäre, wie es § 287 Abs. 2 BGB bestimmt. Diese Beweislastregel würde Maier dann helfen, wenn er beweisen könnte, daß das Schiff bereits zu dem frühen Termin hätte zurückgegeben werden müssen. Zusätzlich hätte Maier die Höhe des Schadens zu beweisen. Sollte er gegen Schmid einen Anspruch wegen einer unerlaubten Handlung gem. § 823 BGB geltend machen wollen, müßte er die Eigentumsverletzung, das Verschulden und den Schaden beweisen. Im Ergebnis bleibt festhalten, daß Maier ein erhebliches Beweisrisiko trägt.

4. Frage:

Grundsätzlich hat gem. § 91 ZPO die unterliegende Partei die Kosten des Rechtsstreits zu tragen. Sie hat auch die Kosten des Gegners zu tragen, swoeit diese zur zweckentsprechenden Rechtsverfolgung oder -verteidigung notwendig waren. Hier würden pro Instanz drei Gerichtsgebühren und sechs Rechtsanwaltsgebühren entstehen. Eine Gerichtsgebühr beträgt bei einem Streitwert von DM 10.000,- DM 235,-, eine Rechtsanwaltsgebühr DM 595,-. An Rechtsanwaltsgebühren würden also mit Auslagenpauschale und Umsatzsteuer insgesamt DM 4.197,50 entstehen. An das Gericht wären DM 705,00 in der ersten Instanz zu zahlen. In der zweiten Instanz ergeben sich etwa ein Drittel höhere Rechtsanwaltsgebühren. Wäre Maier arm etwa im Sinne des Sozialhilferechts und wäre die Klage nicht mutwillig und hätte zudem hinreichende Aussicht auf Erfolg, könnte er nach §§ 114 ff. ZPO Prozeßkostenhilfe mit der Folge beantragen, daß aufgrund eines entsprechenden Gerichtsbeschlusses die Gerichtsgebühren für ihn entfielen und seine anwaltliche Vertretung aus der Staatskasse bezahlt würde.

IX. Grundzüge des Internationalen Privat- und Prozeßrechts

IX.1. Das Kollisionsproblem

Das IPR wird in der deutschen Rechtspraxis von "Nichteingeweihten" oft mit einer Ehrfurcht behandelt, die diesem Rechtsgebiet gar nicht zukommt und auch gar nicht zukommen darf, wenn man sich die auf der wachsenden Mobilität der Bevölkerung beruhende, ständig steigende Zahl von Fällen mit Auslandsberührung vor Augen führt. IPR ist das staatliche Recht, das sagt, welchen Staates Recht bei Sachverhalten mit Auslandsberührung, also internationalen Streitigkeiten i.S.d. Art. 3 Abs. 1 S. 1 EGBGB, angewendet werden soll[219]. Beim IPR handelt es sich also um eine Art "Metarecht", das dem deutschen Rechtsanwender den Weg zu den anwendbaren deutschen oder ausländischen Rechtsnormen weist. Allerdings ist der Begriff "Internationales Privatrecht" etwas mißverständlich und bedarf der Erläuterung: Das IPR regelt zwar internationales Sachverhalte, ist aber durchaus nicht international in dem Sinne, daß es einheitlich, als besondere supranationale Rechtsmaterie, in allen Staaten gleich gilt. Vielmehr verfügt jeder Staat über sein eigenes IPR.

Natürlich kommt sogleich auch die Frage auf, warum denn solche Komplikationen nötig sind, wo doch das deutsche Recht eine ausreichende Regelungsdichte und -qualität bereithält, also stets auch auf internationale

219 Vgl. *Kegel*, S. 3/4.

Sachverhalte das materielle deutsche Recht angewendet werden könnte. Und in der Tat sind die dem heutigen IPR so geläufigen Begriffe wie *internationalprivatrechtliche Gerechtigkeit* und vor allem der "*Sitz des Rechtsverhältnisses*" erst Produkte des 19. Jahrhunderts und vor allem mit dem Namen Friedrich Carl von Savigny verknüpft, der diese Lehre als erster für das deutsche IPR fruchtbar machte[220]. Daß überhaupt fremdes Recht von deutschen Gerichten angewendet werden soll, ist zudem auch auf den Grundsatz der „comitas“ zwischen souveränen Staaten (comity of nations) zurückzuführen, also auf gegenseitige Ehrerbietung und Achtung eines fremden Rechtssystems.

IX.2. Das Qualifikationsproblem

Wenn man einen Fall mit Auslandsberührung einer Lösung zuführen möchte, so stellt sich die Frage nach dem anwendbaren Recht, die sich mittels des IPR und seiner einschlägigen Kollisionsnormen beantworten läßt. Problematisch kann indes sein, gerade die "einschlägigen" IPR-Normen aufzufinden: Die Kollisionsnormen verwenden sog. Systembegriffe, wie etwa Geschäftsfähigkeit (Art. 7 EGBGB) oder Form von Rechtsgeschäften (Art. 11 EGBGB). Mit Qualifikation bezeichnet man im IPR die Zuordnung eines Sachverhalts zum Anwendungsbereich einer Kollisionsnorm, die dann sagt, welches Sachrecht zur Lösung des Rechtsproblems anzuwenden ist. Allerdings können die Systembegriffe, wie auch

[220] Siehe zu Friedrich Carl von Savigny und seinem Einfluß auf das deutsche IPR *Kegel*, S. 118 ff.; allerdings ist der Grundsatz vom Sitz des Rechtsverhältnisses im internationalen Deliktsrecht zugunsten einer flexiblen Regel im Sinne eines "Heimwärtsstrebens" weitgehend aufhoben worden: Abweichend von der grundlegenden Tatortregel (lex loci delicti commissi) gibt es zahlreiche Ausnahmen zugunsten der Anwendbarkeit deutschen Rechts, auch wenn sich der Tatort im Ausland befand (sog. Auflockerung des Deliktsstatuts), vgl. im einzelnen Kropholler, IPR, S. 447 ff. m.w.N..

andere gesetzlich festgeschriebene Begriffe, zu Zweifeln führen, weil in den verschiedenen Rechtsordnungen dieselben Sachverhalte anderen Rechtsnormen des nationalen Rechts zugeordnet werden (sog. Qualifikationsproblem).[221] Der "klassische" Fall hierzu ist die Verjährung nach deutschem und nach englischem und US-amerikanischen Recht: Die Verjährung ist im deutschen Zivilrecht materiell-rechtlich geregelt mit den allgemeinen Verjährungsregeln in §§ 194 ff. BGB. Demgegenüber geht das common law von einer Verjährung nicht des Anspruchs, sondern des Klagerechts (limitation of actions) aus.[222] Daher kann es von entscheidender Bedeutung sein, ob man die Verjährung als materiell-rechtlich oder prozeßrechtlich qualifiziert. In dem berühmten "Tennessee-Wechsel"-Fall[223] hatte das Reichsgericht zwar das materielle Wechselrecht des Staates Tennessee für anwendbar erklärt, das keine Verjährungsregel enthielt, jedoch das dortige Prozeßrecht unberücksichtigt gelassen, obwohl dies eine sechsjährige Verjährungsfrist vorsah. Da das nach der lex fori-Regel grundsätzlich auf Verfahrensfragen anzuwendende deutsche Zivilprozeßrecht keine Verjährungsregeln enthielt, war der in Tennessee ausgestellte Wechsel nach Ansicht des RG unverjährbar. Damit war das RG zu einem Ergebnis gelangt, das in Widerspruch zum übereinstimmenden Inhalt beider Rechtsordnungen stand, nämlich daß Wechselforderungen grundsätzlich verjähren.[224]

Auch bei sonstigen vertraglichen Schuldverhältnissen stellt sich die grundlegende Frage, wie ein Vertrag zu qualifizieren ist, ob als Kauf-, Miet-, Dienstvertrag etc.. Um hier nicht sogleich die internationalprivat-

---

221 Vgl. Kegel, S. 240; *Kropholler*, IPR, S. 101ff.

222 Nach dem englischen Limitation Act 1980 gilt ein vertragsrechtlicher Anspruch allgemein nach sechs Jahren ab Entstehung des Klaggrundes (accrual of the cause of action) als unklagbar, vgl. James, S. 344.

223 RGZ 7, 21.

224 Vgl. *Kegel*, S. 113; in nachfolgenden Entscheidungen wurde die Verjährung nach dem Vertrags- bzw. Schuldstatut beurteilt, auch wenn das ausländische Recht die Verjährung prozessual regelte, vgl. RGZ 145, 21 (englischer Wechsel), BGH, NJW 1960, 1720 (Kaufpreisforderung nach dem Recht von Louisiana).

rechtliche Gerechtigkeit und das sachlich beste (nächste) Recht auszuschalten, ist bei der Lösung der Qualifikationsfrage Vorsicht geboten: Die h.M. in Rechtsprechung und Literatur favorisiert daher eine funktionelle Qualifikation auf der Grundlage der lex fori, bei der solche Rechtsinstitute, die der lex fori unbekannt sind, etwa die Morgengabe nach islamischen Recht, funktionell den deutschen Kollisionsnormen zugeordnet werden können.[225]

IX.3. Anwendbares Recht bei internationalen Schuldverträgen

IX.3.a) Freie Rechtswahl oder engste Verbindung

Mit der IPR-Reform von 1986 ist in das EGBGB das Römische Schuldvertragsübereinkommen von 1980, also Internationales Einheitsrecht, inkorporiert worden (Artt. 27 - 37 EGBGB), das inzwischen in der ganzen EU das Kollisionsrecht für sämtliche Arten von Schuldverträgen vereinheitlicht hat.[226]

Für Schuldverträge, also etwa Kauf-, Miet- oder Dienstverträge, gilt der Grundsatz der **Rechtswahlfreiheit** als Ausdruck der internationalprivatrechtlichen Parteiautonomie: Die Parteien eines internationalen Vertrages sind gem. Art. 27 Abs. 1 EGBGB frei, das anwendbare materielle Recht (sog. lex causae) ausdrücklich oder konkludent zu wählen, solange sie damit nicht zwingenden Normen des nach den allgemeinen Kollisionsregeln anzuwendenden Rechts "entfliehen" wollen (vgl. Art. 27 Abs. 3

[225] Vgl. BGHZ 29, 137, 139; wegweisend BGHZ 47, 324, 336 sowie *Kropholler*, IPR, S. 110 ff. m.w.N.; zu den verschiedenen Qualifikationstheorien s. *Kegel*, S. 246 ff. ebenfalls m.w.N..

[226] Vgl. Text der Art. 27 ff. EGBGB bei *Jayme/Hausmann*, Nr. 1, S. 11 sowie des Römischen EWG-Übereinkommens über das auf vertragliche Schuldverhältnisse anzuwendende Recht vom 19.06.1980 (BGBl. 1986 II, 810) bei *Jayme/Hausmann*, Nr. 43, S. 104ff.

EGBGB).[227] Das gewählte Recht braucht daher auch keine sonstige Beziehung zum Sachverhalt oder Vertrag zu haben.

Machen die Parteien von ihrer Rechtswahlfreiheit keinen Gebrauch, kommt gem. Art. 28 Abs. 1 EGBGB das Recht zur Anwendung, mit dem der Vertrag die engsten (rechtlichen) Verbindungen aufweist. Allerdings wird gem. Art. 28 Abs. 2 EGBGB widerleglich vermutet, daß der Vertrag mit dem Recht am Wohnsitz der Vertragspartei die engste Verbindung aufweist, die die **vertragstypische Leistung** erbringt.[228] Vertragstypisch ist gerade die Leistung, die den betreffenden Vertrag von anderen Vertragstypen unterscheidet. Da bei fast allen Schuldverträgen die Leistung der einen Seite lediglich in einer Geldzahlung besteht, kann dies regelmäßig nicht die vertragstypische Leistung sein. Vertragstypisch ist dagegen etwa beim Kaufvertrag die Übergabe der Kaufsache durch den Verkäufer oder beim Mietvertrag die Überlassung der Mietsache durch den Vermieter, so daß das Recht am Wohnsitz des Verkäufers bzw. Vermieters zur Anwendung kommt. Außerdem gibt es abweichend hiervon für Verbraucherverträge (Art. 29 EGBG) und Arbeitsverträge (Art. 30 EGBG) Sonderanknüpfungen, die den vermeintlich schwächeren Vertragsteil besonders schützen sollen.

IX.3.b) Internationales Einheitsrecht beim Warenkauf

Für internationale Warenkaufverträge gilt in der Bundesrepublik Deutschland seit dem 01.01.1991 das Wiener UN-Kaufrecht (CISG), bei dem es sich um ein 1980 in Wien geschlossenes internationales Übereinkommen handelt, das mit seinen auf Betreiben der UNCITRAL neu geschaffenen, supranationalen Normen materielles Einheitsrecht in den Vertragsstaaten

---

[227] Im traditionellen englischen IPR wird dies bildhaft als "evasion of laws" bezeichnet, vgl. Cheshire & North, S. 480 f. sowie Lord Wright in Vita Food Products Inc. v. .Unus Shipping Co. [1939] AC 277, 290.

[228] Vgl. zur vertragstypischen Leistung *Kegel,* S. 488 ff..

geschaffen hat.[229] Da diesem Übereinkommen mittlerweile weltweit 50 Staaten angehören, kann man es schon jetzt als eines der erfolgreiches Projekte internationaler Rechtsvereinheitlichung bezeichnen.[230] Wegen Art. 3 Abs. 2 EGBGB beanspruchen die Regelungen des CISG Vorrang gegenüber dem unvereinheitlichten IPR, so daß das CISG direkt zur Anwendung gelangt und nicht die Artt. 27 ff. EGBGB, wenn die räumlichen, sachlichen und zeitlichen Anwendungsvoraussetzungen vorliegen:

Hinsichtlich des räumlichen Anwendungsbereichs des CISG gibt es aus deutscher Sicht zwei Möglichkeiten: Nach Art. 1 Abs. 1 a) CISG sind die Regeln des CISG anwendbar, wenn die Vertragsparteien ihren Wohnsitz (Niederlassung) oder ihren gewöhnlichen Aufenthalt (vgl. Art. 10 b) CISG) in zwei verschiedenen Vertragsstaaten haben (sog. autonome Anknüpfung). Alternativ kommt das Übereinkommen gem. Art. 1 Abs. 1 b) CISG zur Anwendung, wenn die Regeln des unvereinheitlichten IPR des Forums das Recht eines Vertragsstaates als Vertragsstatut (lex causae) bestimmen (sog. Vorschaltlösung), sofern dieser Staat eine derartige Anknüpfung nicht nach Art. 95 CISG ausgeschlossen hat.[231] In beiden Fällen ist nicht erforderlich, daß die Waren, der Kaufgegenstand, zusätzlich noch über eine Staatsgrenze gebracht werden.[232]

---

229 Das CISG hat gem. Art. 99 CISG in der Bundesrepublik Deutschland zugleich auch den „Vorgänger", das Haager Einheitskaufrecht (EAG/EKG) abgelöst.

230 Vgl. deutschen Text bei *Jayme/Hausmann*, Nr. 48, S. 122 ff.; sowie den authentischen englischen und französischen Text bei *Herber/Czerwenka*, Anh. 1, S. 417 ff.. Da es sich bei dem deutschen Text nur um eine nicht-authentische Übersetzung handelt, kommt diesem bei der Auslegung der Übereinkommens nur eine ganz untergeordnete Bedeutung zu.

231 Einen derartigen Vorbehalt haben China, die frühere CSSR (nunmehr von der Tschechischen und Slowakischen Republik übernommen) sowie die USA erklärt, vgl. von Caemmerer/Schlechtriem-Schlechtriem, Anhang I, S. 801/802.

232 Vgl. *von Caemmerer/Schlechtriem-Herber*, Art. 1 Rn 3, 7; *Herber/Czerwenka*, Art. 1 Rn 9.

Sachlich ist das CISG nach Art. 1 Abs. 1 CISG auf Warenkaufverträge (contracts for the sale of goods) anwendbar.[233] Der Begriff der Waren (goods/marchandises) war insofern umstritten, als unklar war, ob hierunter auch unkörperliche Computersoftware fallen kann. Inzwischen ist aber aufgrund einer autonomen, international einheitlichen Auslegung nach Art. 7 Abs. 1 CISG geklärt, daß der Begriff „goods/marchandises" sämtliche handelbaren, eigentumsfähigen Gegenstände umfaßt, ohne daß es auf eine körperliche Anfaßbarkeit ankäme.[234]

Das CISG unterscheidet darüber hinaus nicht zwischen Kauf- und Privatleuten. Allerdings sind gem. Art. 2 a) CISG Verbraucherkaufverträge (für den persönlichen oder Haushaltsgebrauch) vom Anwendungsbereich ausgeschlossen. Zeitlich kommt das Übereinkommen nach Art. 100 CISG zur Anwendung, wenn der Vertrag an oder nach dem Tag geschlossen wurde, an dem es für den in Art. 1 Abs. 1 a) oder b) CISG jeweils in Frage kommenden Vertragsstaat in Kraft getreten ist.

Die Parteien sind jedoch nach Art. 6 CISG frei, die Vorschriften des CISG zu modifizieren oder sogar vollständig auszuschließen (sog. Derogation). In einem solchen Fall kommen subsidiär wieder die Regeln des unvereinheitlichten IPR zum Tragen.

Inzwischen gibt

IX.4. Internationale Zuständigkeit deutscher Gerichte, Anerkennung und Vollstreckung ausländischer Gerichtsentscheidungen

Die internationale Zuständigkeit eines deutschen oder ausländischen Gerichtes, ist immer dann entscheidend, wenn es darum geht, das ergangene

233 Bei einem derartigen Warenkaufvertrag i.S.d. CISG muß als Hauptverpflichtung des Verkäufers gem. Art. 30 CISG die Übergabe der Waren und als Hauptverpflichtung des Käufers gem. Art. 53 CISG die Kaufpreiszahlung gegeben sein.

234 Vgl. *Diedrich*, RIW 1993, S. 441, 452.

Gerichtsurteil auch in einem anderen Land anerkennen und gegebenenfalls vollstrecken zu lassen, etwa weil der Schuldner dort über Vermögen verfügt. Voraussetzung für eine derartige Anerkennung und Vollstreckung ist stets, daß das Gericht für den Rechtsstreit auch international zuständig war.

Die internationale Zuständigkeit deutscher Gerichte bestimmt sich grundsätzlich durch dieselben Regeln, die auch für die örtliche Zuständigkeit bei rein innerstaatlichen Streitigkeiten gelten, also nach den §§ 12-37, 606, 606 b und 242 ZPO. Dies gilt aber nur dann, wenn keine staatsvertraglichen Regelungen vorhanden sind, die ansonsten gem. Art. 25 GG Vorrang genießen.

Die Anerkennung eines ausländischen Urteils wird daher in Deutschland prinzipiell versagt, wenn es dem ausländischen Gericht etwa an der Zuständigkeit über den Rechtsstreit nach den Regeln des deutschen Rechts fehlte (vgl. § 328 ZPO). Allerdings ist diese Grundregel in Ehesachen gem. § 606 a ZPO abgemildert. Die Vollstreckung eines ausländischen Urteils setzt gem. §§ 722, 723 ZPO voraus, daß ein deutsches Gericht dieses für vollstreckbar erklärt hat (sog. Exequatur-Verfahren). Jedoch finden diese Regeln nur ausnahmsweise Anwendung, weil die Bundesrepublik Deutschland zahlreiche bilaterale Abkommen bezüglich der Anerkennung und Vollstreckung ausländischer Gerichtsentscheidungen mit zahlreichen verschiedenen ausländischen Staaten abgeschlossen hat. Außerdem ist die Bundesrepublik Deutschland auch Mitgliedsstaat des sehr praxisrelevanten (multilateralen) Brüsseler Übereinkommens über die gerichtliche Zuständigkeit und Vollstreckung gerichtlicher Entscheidungen in Zivil- und Handelssachen vom 27.09.1968 (EuGVÜ) sowie dem Luganer Übereinkommen über die gerichtliche Zuständigkeit und Vollstreckung gerichtlicher Entscheidungen in Zivil- und Handelssachen vom 16.09.1988. Mitgliedsstaaten des EuGVÜ sind inzwischen sämtliche EU-Staaten. Das Luganer

Übereinkommen stimmt fast wortgleich mit dem EuGVÜ überein und sollte den EFTA-Staaten untereinander, aber auch im Verhältnis zu den EU-Staaten, ein einheitliches internationales Zivilprozeßrecht schaffen. EuGVÜ und Luganer Übereinkommen finden nur auf Zivil- und Handelssachen Anwendung, wohingegen Steuer-, Zoll-, Verwaltungs-, Familien- und Erbschaftsangelegenheiten ausdrücklich ausgeschlossen sind.[235]

Sowohl nach den traditionellen Regeln über die internationale Zuständigkeit nach §§ 12 ff. ZPO als auch nach Art. 2 ff. EuGVÜ gilt das Wohnsitzprinzip, d.h. international Zuständig sind stets die Gerichte am Wohnsitz bzw. der Niederlassung des Beklagten. (actor sequitur forum rei).[236] Sofern hiernach die internationale Zuständigkeit des ausländischen Gerichtes fehlt, dessen Urteil in einem anderen Mitgliedsstaat des EuGVÜ oder Luganer Übereinkommens vollstreckt werden soll, liegt gem. Art. 28 EuGVÜ und Art. 28 Luganer Übereinkommen ein Anerkennungshindernis vor.[237]

Zusammenfassend läßt sich für die internationale Zuständigkeit deutscher Zivilgerichte folgendes festhalten:

Zunächst ist zu prüfen, ob staatsvertragliche Regelungen existieren, weil diese gem. Art. 25 GG Vorgang gegenüber rein innerstaatlichen Normen haben. Im Hinblick auf die Anerkennung und Vollstreckung von zivil- und handelsrechtlichen Gerichtsentscheidungen sind gegenüber den EU-

[235] Der Text von Art. 1 EuGVÜ lautet: "Dieses Übereinkommen ist in Zivil- und Handelssachen anzuwenden, ohne daß es auf die Art der Gerichtsbarkeit ankommt. Es erfaßt insbesondere nicht Steuer- und Zollsachen sowie verwaltungsrechtliche Angelegenheiten. Es ist nicht anzuwenden auf: 1. den Personenstand, die Rechts- und Handlungsfähigkeit sowie die gesetzliche Vertretung von natürlichen Personen, die ehelichen Güterstände, das Gebiet des Erbrechts einschließlich des Testamentsrechts; 2. Konkurse, Vergleiche und ähnliche Verfahren; 3. die soziale Sicherheit; 4. die Schiedsgerichtsbarkeit."; vgl. im Detail *Kropholler*, Europäisches Zivilprozeßrecht, Art. 1 Rn. 1, 6, 15, 20 ff., 28 ff., 34 ff., 37 ff. m.w.N..

[236] Vgl. *Kropholler*, Europäisches Zivilprozeßrecht, Art. 2 Rn. 1.

[237] Vgl. *Kropholler*, Europäisches Zivilprozeßrecht, Art. 28 Rn. 5 ff., 15 ff.

Mitgliedsstaaten das EuGVÜ und gegenüber den EFTA-Staaten das Luganer übereinkommen als einschlägige multilaterale Staatsverträge zu nennen. Allerdings gibt es hinsichtlich der internationalen Zuständigkeit auch zahlreiche bilaterale Übereinkommen, wie etwa das deutsch-schweizerische Abkommen vom 02.11.1929.[238] Sodann sind für die Abwicklung des internationalen Zivilrechtsverkehrs noch zwei sehr wichtige multilaterale Übereinkommen zu beachten, und zwar zum einen das Haager übereinkommen über die Zustellung gerichtlicher und außergerichtlicher Schriftstücke im Ausland in Zivil- oder Handelssachen vom 15.11.1965[239], zum anderen das Haager Übereinkommen über die Beweisaufnahme im Ausland in Zivil- und Handelssachen vom 18.03.1970.[240]

Bei der Anerkennung und Vollstreckung ausländischer Schiedssprüche ist für die Bundesrepublik Deutschland vor allem das multilaterale New Yorker UN-Übereinkommen über die Anerkennung und Vollstreckung ausländischer Schiedssprüche vom 10.06.1958 von Bedeutung.[241]

Sofern aber keine staatsvertraglichen Regelungen anwendbar sind, kommen subsidiär die innerstaatlichen Regeln zur Anwendung: Für internationale Zuständigkeit die §§ 12 ff. ZPO, für die Anerkennung ausländischer Gerichtsentscheidungen § 328 ZPO, für Ihre Vollstreckbarkeit §§ 722, 723 ZPO sowie für ausländische Schiedssprüche § 1044 i.V.m. § 1041 Abs. 2 ZPO.

---

238 Vgl. Jayme/Hausmann, Nr. 92, S. 379 ff.

239 Vgl. *Jayme/Hausmann*, Nr. 107, S. 457 ff.

240 Vgl. Text bei *Jayme/Hausmann*, Nr. 108, S. 464 ff. sowie das deutsche Ausführungsgesetz vom 22.12.1977 zu den Haager Übereinkommen vom 15.11.1965 und vom 18.03.1970, Nr. 108 a, S. 474 ff.

241 Vgl. Text bei *Jayme/Hausmann*, Nr. 124, S. 531.

Fall: "Internationaler Computerkauf"

Die Urban Tronic GmbH (Urban Tronic) mit Sitz in Hannover, Bundesrepublik Deutschland schließt am 07. Juli 1994 mit Herrn Kaufrausch (K), der in Kaunas, Litauen, mit Computern handelt, einen Vertrag über die Lieferung von 50 Graphikkarten (Hardware) für Commodore-Amiga Computer sowie 50 speziell für diese Graphikkarten entworfene Graphikprogramme (Software). Als einmaligen Paketpreis haben die Parteien DM 50.000,- vereinbart, zahlbar im voraus. Im Einzelverkauf kostet eine Graphikkarte DM 600,-, das Graphikprogramm DM 400,-. Die Lieferung ist für Anfang August 1994 vorgesehen und Urban Tronic liefert auch per Luftfracht pünktlich nach Kaunas.

Beim Auspacken der Waren stellt K jedoch fest, daß 10 Graphikkarten unsachgemäß eingepackt waren und durch den Transport irreparabel beschädigt wurden. Hierdurch mißtrauisch geworden, testet K die übrigen Graphikkarten einschließlich der Graphikprogramme. Dabei stellt sich heraus, daß zwar die restlichen Graphikkarten als solche einwandfrei sind, aber das Graphikprogramm zusammen mit der Graphikkarte lediglich einen pinkfarbenen Bildschirm produziert.

K teilt dies der Urban Tronic unverzüglich per Telefax mit und verlangt Nachlieferung fehlerfreier Ware, hilfsweise will er insgesamt vom Vertrag zurücktreten. Urban Tronic weigert sich jedoch beharrlich, auch nur einen Pfennig an K zu zahlen, geschweige denn fehlerfreie Ware zu liefern.

Wird K vor einem deutschen Gericht mit seiner Klage Erfolg haben?

Abwandlung:

Änderte sich die Rechtslage, wenn K seinen Wohnsitz in Rom, Italien hätte?

Lösungsvorschlag:

1. Zuständigkeit eines deutschen Gerichts

a) Internationale Zuständigkeit

Zuständigkeitsfragen und sonstige prozessuale Fragen einschließlich der Qualifikation richten sich stets nach der lex fori, also nach deutschem Recht.

aa) Vorrang von Staatsverträgen gem. Art. 25 GG

Zunächst wäre zu prüfen, ob aufgrund von Staatsverträgen gem. Art. 25 GG vorrangige Regelungen anwendbar sind. Jedoch fehlen derartige Staatsverträge im Verhältnis zu Litauen.

bb) Internationale folgt der örtlichen Zuständigkeit

Da es an Staatsverträgen fehlt, gilt für die internationale Zuständigkeit, daß ein deutsches Gericht grundsätzlich auch für einen internationalen Rechtsstreit zuständig ist, wenn es örtlich zuständig ist. Da die Urban Tronic GmbH ihren Sitz bzw. ihre Niederlassung in Hannover hat, ist gem. §§ 12, 17 ZPO (Gerichtsstand juristischer Personen) ein Zivilgericht in Hannover örtlich und damit auch international zuständig.

b) Sachliche Zuständigkeit

Da der Streitwert oberhalb von DM 10.000,- liegt, ist gem. § 71 Abs. 1 i.V.m. § 23 Nr. GVG das Landgericht Hannover sachlich zuständig.

c) Funktionelle Zuständigkeit

Auf Antrag einer der Parteien könnte der Rechtsstreit beim Landgericht Hannover vor eine auf handelsrechtliche Streitigkeiten spezialisierte Kammer für Handelssachen (KfH) gebracht werden. Hierzu müßte eine Handelssache gem. § 95 Abs. 1 Nr. 1 GVG vorliegen: Die Urban Tronic als GmbH ist gem. § 13 Abs. 3 GmbHG i.V.m. § 6 Abs. 1 HGB Formkaufmann und Herr Kaufrausch laut Sachverhalt Vollkaufmann i.S.d. § 1 Abs. 2 HGB. Mithin handelt es sich bei dem vorliegenden Vertrag um ein beiderseitiges Handelsgeschäft gem. §§ 343, 344 HGB, für das aufgrund einer handelsrechtlichen Streitigkeit i.S.d. § 95 GVG die Kammer für Handelssachen am Landgericht Hannover funktionell zuständig wäre.[242]

2. Anwendbares Recht

a) Qualifikation des Vertrages

Da es sich hier um den einmaliger Austausch von Ware gegen Geld handelt, liegt ein Kaufvertrag vor, zumal derartige Austauschverträge in allen Rechtssystemen als Kauf eingeordnet werden.

---

[242] Da sich diese Fragen der Zuständigkeit eines deutschen Gerichts allein auf prozeßrechtlicher Ebene abspielen, wird auch eine Qualifiktion des Kaufmannsbegriffs und des Handelsgeschäftes trotz Auslandsberührung an dieser Stelle ausschließlich nach der lex fori vorgenommen.

b) Anwendbarkeit von Staatsverträgen

Zwar haben gem Art. 3 Abs. 2 EGBGB staatsvertragliche Regelungen Vorrang vor den unvereinheitlichten Normen des EGBGB, jedoch galten weder das Haager Einheitskaufrecht (EAG/EKG) noch das CISG im Zeitpunkt des Vertragsschlusses im Verhältnis zu Litauen. Folglich kommen subsidiär die Artt. 27 ff. EGBGB zur Anwendung:

c) Römisches Schuldvertragsübereinkommen von 1980 i.d.F. der Art. 27 ff. EGBGB

aa) Freie Rechtswahl

Von der Möglichkeit einer ausdrücklichen oder konkludenten Rechtswahl gem. Art. 27 EGBGB haben die Partein hier keinen Gebrauch gemacht.

bb) Engste Verbindung des Vertrages mit einem Rechtssystem

Gem. Art. 28 Abs. 2 EGBGB gilt die gesetzliche Vermutung der engsten Verbindung zugunsten des Rechts am Wohnsitz (Niederlassung) oder dem gewöhnlichen Aufenthaltsort der Partei, die die vertragstypische Leistung erbringt. Da bei einem Warenkaufvertrag der Verkäufer durch Übergabe der geschuldeten Ware die vertragstypische Leistung erbringt, ist das Recht am Sitz der Urban Tronic, d.h. materielles deutsches Recht, anwendbar. Zum materiellen, unmittelbar anwendbaren deutschen Recht zählt auch das CISG, das somit über die Vorschaltlösung gem. Art. 1 Abs. 1 b) CISG zur Anwendung gelangen könnte, wenn ein Warenkaufvertrag i.S.d. CISG vorliegt.

cc) Warenkaufvertrag (contract for the sale of goods) i.S.d. Art. 1 Abs. 1 CISG

Ein Warenkaufvertrag liegt zwar nach deutschem Vorverständnis zwar vor (s.o.), aber die Anwendbarkeit des CISG auf unkörperliche Software könnte wegen des Begriffes „Waren“ (goods/marchandises) in Art. 1 Abs. 1 CISG problematisch sein. Jedoch wird inzwischen jeder handelbare, eigentumsfähige Gegenstand als „goods/marchandises“ angesehen, so daß das CISG nicht nur auf die körperliche Hardware, sondern auch auf die Software als Ware i.S.d. Art. 1 Abs. 1 CISG anwendbar ist. Darüberhinaus handelt es sich vorliegend weder um einen Verbraucherkaufvertrag i.S.d. Art. 2 a) CISG noch um einen Werk- oder Dienstvertrag i.S.d. Art. 3 CISG.

Da der Kaufvertrag nach dem Inkrafttreten des CISG für die Bundesrepublik Deutschland am 01.01.1991 abgeschlossen wurde, sind die materiellen Normen des CISG insgesamt anwendbar.

3. Materielle Normen des Wiener Kaufrechts

Fraglich ist, welche Rechtsbehelfe Herr Kaufrausch (K) aufgrund welcher Leistungsstörungen nach dem CISG geltend machen kann.

a) Transportschaden an den Graphikkarten

Die Verpackung der Ware ist gem. Art. 35 Abs. 1 CISG eine der Hauptverpflichtungen des Verkäufers und damit zugleich eine Voraussetzung für die Vertragsmäßigkeit der Ware. Nach Art. 35 Abs. 2 Nr. d) CISG hat der Verkäufer die für Ware dieser Art übliche Verpackung zu sorgen oder für eine solche, die auf angemessene Weise der Erhaltung und dem Schutz der Ware Rechnung trägt.

Da die Graphikkarten per Luftfracht befördert werden sollten, bedurften sie einer besonders stabilen Verpackung. Angesichts der Beschädigung der Graphikkarten durch den üblichen Transport, ist davon auszugehen, daß sie von Urban Tronic nicht für einen Lufttransport angemessen verpackt waren.

Sodann müßte K die Graphikkarten gem. Art. 38 CISG innerhalb einer den Umständen entsprechenden kurzen Frist untersucht sowie etwaige Vertragswidrigkeiten (lack of conformity of the goods) innerhalb einer angemessenen Frist der Urban Tronic gem. Art. 39 CISG angezeigt und spezifiziert haben. Indem K die Graphikkarten sofort nach Erhalt ausgepackt und ausprobiert sowie die Verpackungsschäden und das nicht vertragsgemäß funktionierende Programm unverzüglich per Telefax gerügt hat, ist er seinen Obliegenheiten aus Artt. 38, 39 CISG ordnungsgemäß nachgekommen.

Der Käufer hat bei einer Vertragswidrigkeit nach Art. 35 CISG, also auch bei unzureichender Verpackung, zahlreiche verschuldensunabhängige Ansprüche gegen den Verkäufer:

aa) **Anspruch auf Erfüllung**, d.h. **Ersatzlieferung**, wenn Vertragswidrigkeit eine wesentliche Vertragsverletzung ist (Art. 46 Abs. 2 CISG)

bb) **Nachbesserung** bei Zumutbarkeit derselben (Art. 46 Abs. 3 CISG).

cc) **Vertragsaufhebung** wegen fehlender Vertragsmäßigkeit der Ware, wenn wesentliche Vertragsverletzung vorliegt (Art. 49 Abs. 1 a) CISG).

dd) **Minderung** nach Art. 50 CISG.

ee) **Schadensersatz** nach Art. 74 CISG.

Eine wesentliche Vertragsverletzung (Legaldefinition in Art. 25 CISG) liegt indes nicht vor, weil sich die Vertragswidrigkeit an den Graphikkarten ohne großen Zeitverzug durch Nachbesserung nachträglich beseitigen läßt.

Folglich kommen in Hinblick auf die beschädigten Graphikkarten nur Nachbesserung, Minderung und Schadensersatz in Betracht.

b) Fehlerhaftes Graphikprogramm

Ein Graphikprogramm, das nur einen pinkfarbenen Bildschirm produziert, entspricht in Hinblick auf die Qualität nicht den Anforderungen des Vertrages, ist also nicht vertragsgemäß. Denn ein solches Programm eignet sich nicht für den Zweck, für den ein Graphikprogramm gewöhnlich gebraucht wird, nämlich das Darstellen und Ausdrucken von graphischen Darstellungen (Art. 35 Abs. 2 a) CISG.

Da der K ein solches Programm überhaupt nicht verwenden kann und auch nicht ersichtlich ist, ob eine Nachbesserung in absehbarer Zeit möglich ist und Urban Tronic eine solche Möglichkeit auch nicht in Aussicht stellt, liegt eine wesentliche Vertragsverletzung i.S.d. Art. 25 CISG vor.

Seiner Untersuchungs- und Rügeobliegenheit nach Artt. 38, 39 CISG ist er zudem ordnungsgemäß nachgekommen (s.o.).

Somit kann K gegen Urban Tronic wegen des fehlerhaften Programms folgende Rechtsbehelfe ausüben:

aa) **Anspruch auf Erfüllung**, d.h. **Ersatzlieferung** (Art. 46 Abs. 2 CISG)

bb) **Nachbesserung** bei Zumutbarkeit derselben (Art. 46 Abs. 3 CISG)

cc) **Vertragsaufhebung** (Art. 49 Abs. 1 a) CISG,

dd) **Minderung** nach Art. 50 CISG und

ee) **Schadensersatz** nach Art. 74 CISG.

Dabei stehen die Rechtsbehelfe aa) bis dd) alternativ zueinander, wohingegen er Schadensersatz stets kumulativ fordern kann.

Ergebnis:

Da Software und Hardware als Paket verkauft wurden und aufeinander abgestimmt sind und K nur wegen der fehlerhaften Software den Vertrag aufheben kann, nicht aber wegen der beim Transport beschädigten Graphikkarten, wäre es eine interessengerechte Lösung, daß K von Urban Tronic *einheitlich für den gesamten Vertrag gem. Art. 35 i.V.m. Artt. 46 III, 50, 74 CISG nur Nachbesserung, Minderung und/oder Schadensersatz* verlangen kann, nicht aber Aufhebung des gesamten Vertrags. Wenn man aber bedenkt, daß es sich um einen Paketkauf, also einen einheitlichen Vertrag über mehrere zusammengehörige Sachen, handelte, wäre gegebenenfalls vertretbar, dem K auch einen Anspruch auf Aufhebung des gesamten Vertrages einzuräumen.[243]

Abwandlung:

1. Zuständigkeit eines deutschen Gerichts

a) Vorrangige Staatsverträge

Hier könnte über Art. 25 GG das EuGVÜ vorrangig anwendbar sein, nach dessen Art. 2 Abs. 1 Personen mit Wohnsitz in einem Vertragsstaat sind vor Gerichten dieses Staates zu verklagen sind.

Die Bundesrepublik Deutschland und Italien sind Vertragsstaaten des EuGVÜ.

[243] Bei der zweiten Lösungsvariante würde sich aber ein (zu) großer Einfluß des vom innerstaatlichen deutschen Kaufrecht in § 469 BGB vorgezeichneten dogmatischen Weges bemerkbar machen.

Nach Art. 1 Abs. 1 EuGVÜ müßte es sich um eine Zivil- oder Handelssache, deren autonome Qualifikation bei dem vorliegenden Warenkaufvertrag unproblematisch ist.

Folglich ist für eine Klage gegen die Urban Tronic mit Sitz in Hannover nur ein deutsches Gericht international zuständig.

Hinsichtlich der örtlichen, sachlichen und funktionalen Zuständigkeit ändert sich sodann nichts gegenüber dem Ausgangsfall, so daß das Landgericht Hannover und auf entsprechenden Antrag die Kammer für Handelssachen ebendort zuständig ist.

2. Anwendbares Recht

Da es sich um einen internationalen Kaufvertrag handelt, kommt die Anwendbarkeit des CISG in Betracht.

a) Vertragsparteien mit Sitz in einem jeweils anderen Vertragsstaat gem. Art. 1 Abs. 1 a) CISG

Sowohl Italien als auch die Bundesrepublik Deutschland waren im Zeitpunkt des Vertragsschlusses Vertragsstaaten des CISG und sowohl K als auch Urban Tronic hatten respektive ihren Sitz bzw. Niederlassung in Deutschland und Italien.

b) Warenkaufvertrag i.S.d. Art. 1 Abs. 1 CISG

Ein derartiger Warenkaufvertrag liegt vor (s.o. Ausgangsfall).

3. Materielle Normen des Wiener Kaufrechts

Es gelten insofern die obigen Ausführungen zum Ausgangsfall.

Ergebnis der Abwandlung:

Das materiell-rechtliche Ergebnis ändert sich im Vergleich zum Ausgangsfall (s.o.) trotz verschiedener Länder und eines dadurch bedingten unterschiedlichen kollisionsrechtlichen "Einstiegs" nicht. Darin zeigt sich das beachtliche praktische Potential des CISG als Internationalem Einheitsrecht, weltweit in gleichgelagerten Fällen internationalen Entscheidungseinklang und damit im Vergleich zum unvereinheitlichten IPR höhere Rechtssicherheit im grenzüberschreitenden Handel zu produzieren.

Stichwortverzeichnis

A

B

C

D

E

F

G

H

L

M

N

O

P

Q

R

S

T

U

V

W

Z

www.ingramcontent.com/pod-product-compliance
Lightning Source LLC
LaVergne TN
LVHW042238300926
849161LV00003B/388